TRANZLATY

Sprache ist für alle da

Jezik je za sve

Der Ruf der Wildnis

Zov divljine

Jack London

Deutsch / Hrvatski

Ins Primitive
U primitivno doba

Buck las keine Zeitungen
Buck nije čitao novine.
Hätte er die Zeitung gelesen, hätte er gewusst, dass Ärger im Anzug war.
Da je čitao novine, znao bi da se spremaju problemi.
Nicht nur er selbst, sondern jeder einzelne Tidewater-Hund bekam Ärger.
Nije bilo problema samo za njega, već za svakog psa s plime.
Jeder Hund mit starken Muskeln und warmem, langem Fell würde in Schwierigkeiten geraten.
Svaki pas jakih mišića i s toplom, dugom dlakom bit će u nevolji.
Von Puget Bay bis San Diego konnte kein Hund dem entkommen, was auf ihn zukam.
Od Puget Baya do San Diega nijedan pas nije mogao izbjeći ono što ga je čekalo.
Männer, die in der arktischen Dunkelheit herumtasteten, hatten ein gelbes Metall gefunden.
Muškarci, pipajući u arktičkoj tami, pronašli su žuti metal.
Dampfschiff- und Transportunternehmen waren auf der Jagd nach der Entdeckung.
Parobrodske i transportne tvrtke su jurile za otkrićem.
Tausende von Männern strömten ins Nordland.
Tisuće muškaraca jurilo je u Sjevernu zemlju.
Diese Männer wollten Hunde, und die Hunde, die sie wollten, waren schwere Hunde.
Ti su muškarci htjeli pse, a psi koje su htjeli bili su teški psi.
Hunde mit starken Muskeln, die sie zum Arbeiten brauchen.
Psi s jakim mišićima za naporan rad.
Hunde mit Pelzmantel, der sie vor Frost schützt.
Psi s krznenim kaputom koji ih štiti od mraza.

Buck lebte in einem großen Haus im sonnenverwöhnten Santa Clara Valley.

Buck je živio u velikoj kući u suncem okupanoj dolini Santa Clara.

Der Ort, an dem Richter Miller wohnte, wurde sein Haus genannt.

Zvala se kuća suca Millera.

Sein Haus stand etwas abseits der Straße, halb zwischen den Bäumen versteckt.

Njegova kuća stajala je povučena od ceste, napola skrivena među drvećem.

Man konnte einen Blick auf die breite Veranda erhaschen, die rund um das Haus verläuft.

Mogla se vidjeti široka veranda koja se proteže oko kuće.

Die Zufahrt zum Haus erfolgte über geschotterte Zufahrten.

Do kuće se dolazilo šljunčanim prilazima.

Die Wege schlängelten sich durch weitläufige Rasenflächen.

Staze su se vijugale kroz prostrane travnjake.

Über ihnen waren die ineinander verschlungenen Zweige hoher Pappeln.

Iznad njih su se ispreplitale grane visokih topola.

Auf der Rückseite des Hauses ging es noch geräumiger zu.

U stražnjem dijelu kuće stvari su bile još prostranije.

Es gab große Ställe, in denen ein Dutzend Stallknechte plauderten

Bile su tu velike štale, gdje je desetak konjušara čavrljalo

Es gab Reihen von weinbewachsenen Dienstbotenhäusern

Bili su tu redovi kućica za sluge obloženih vinovom lozom

Und es gab eine endlose und ordentliche Reihe von Toilettenhäuschen

I postojao je beskrajan i uredan niz vanjskih pomoćnih zgrada

Lange Weinlauben, grüne Weiden, Obstgärten und Beerenfelder.

Dugi nasadi vinove loze, zeleni pašnjaci, voćnjaci i nasadi bobičastog voća.

Dann gab es noch die Pumpanlage für den artesischen Brunnen.

Zatim je tu bilo crpno postrojenje za arteški bunar.

Und da war der große Zementtank, der mit Wasser gefüllt war.

I ondje je bio veliki cementni spremnik napunjen vodom.

Hier nahmen die Jungs von Richter Miller ihr morgendliches Bad.

Ovdje su se dečki suca Millera okupali ujutro.

Und auch dort kühlten sie sich am heißen Nachmittag ab.

I rashladili su se tamo u vruće poslijepodne.

Und über dieses große Gebiet herrschte Buck über alles.

I nad ovim velikim područjem, Buck je bio taj koji je vladao cijelim njime.

Buck wurde auf diesem Land geboren und lebte hier sein ganzes vierjähriges Leben.

Buck je rođen na ovoj zemlji i ovdje je živio sve svoje četiri godine.

Es gab zwar noch andere Hunde, aber die spielten keine wirkliche Rolle.

Doista je bilo i drugih pasa, ali oni nisu bili zapravo važni.

An einem so riesigen Ort wie diesem wurden andere Hunde erwartet.

Na tako prostranom mjestu očekivali su se i drugi psi.

Diese Hunde kamen und gingen oder lebten in den geschäftigen Zwingern.

Ti su psi dolazili i odlazili ili su živjeli unutar prometnih uzgajivačnica.

Manche Hunde lebten versteckt im Haus, wie Toots und Ysabel.

Neki psi su živjeli skriveni u kući, poput Tootsa i Ysabel.

Toots war ein japanischer Mops, Ysabel ein mexikanischer Nackthund.

Toots je bio japanski mops, Ysabel meksički pas bez dlake.

Diese seltsamen Kreaturen verließen das Haus kaum.

Ova čudna stvorenja rijetko su izlazila iz kuće.

Sie berührten weder den Boden noch schnüffelten sie draußen an der frischen Luft.

Nisu dodirnuli tlo, niti njušili otvoreni zrak vani.

Außerdem gab es Foxterrier, mindestens zwanzig an der Zahl.

Bilo je tu i foksterijera, najmanje dvadeset na broju.

Diese Terrier bellten Toots und Ysabel im Haus wild an.

Ovi terijeri su žestoko lajali na Tootsa i Ysabel u zatvorenom prostoru.

Toots und Ysabel blieben hinter Fenstern, in Sicherheit.

Toots i Ysabel ostali su iza prozora, sigurni od zla.

Sie wurden von Hausmädchen mit Besen und Wischmopps bewacht.

Čuvale su ih kućne pomoćnice s metlama i krpama.

Aber Buck war kein Haushund und auch kein Zwingerhund.

Ali Buck nije bio kućni pas, a nije bio ni pas za pse.

Das gesamte Anwesen gehörte Buck als seinem rechtmäßigen Reich.

Cijeli posjed pripadao je Bucku kao njegovo zakonito kraljevstvo.

Buck schwamm im Becken oder ging mit den Söhnen des Richters auf die Jagd.

Buck je plivao u akvariju ili išao u lov sa sučevim sinovima.

Er ging in den frühen oder späten Morgenstunden mit Mollie und Alice spazieren.

Šetao je s Mollie i Alice u ranim ili kasnim satima.

In kalten Nächten lag er mit dem Richter vor dem Kaminfeuer der Bibliothek.

U hladnim noćima ležao je pred kaminom u knjižnici sa Sucem.

Buck ließ die Enkel des Richters auf seinem starken Rücken herumreiten.

Buck je vozio Sudčeve unuke na svojim snažnim leđima.

Er wälzte sich mit den Jungen im Gras und bewachte sie genau.

Valjao se u travi s dječacima, pomno ih čuvajući.

Sie wagten sich bis zum Brunnen und sogar an den Beerenfeldern vorbei.

Odvažili su se na fontanu, pa čak i prošli pored polja s bobicama.

Unter den Foxterriern lief Buck immer mit königlichem Stolz.

Među foksterijerima, Buck je uvijek hodao s kraljevskim ponosom.

Er ignorierte Toots und Ysabel und behandelte sie, als wären sie Luft.

Ignorirao je Tootsa i Ysabel, tretirajući ih kao da su zrak.

Buck herrschte über alle Lebewesen auf Richter Millers Land.

Buck je vladao svim živim bićima na zemlji suca Millera.

Er herrschte über Tiere, Insekten, Vögel und sogar Menschen

Vladao je životinjama, kukcima, pticama, pa čak i ljudima.

Bucks Vater Elmo war ein großer und treuer Bernhardiner gewesen.

Buckov otac Elmo bio je ogroman i odan bernard.

Elmo wich dem Richter nie von der Seite und diente ihm treu.

Elmo se nikada nije odvajao od Suca i vjerno mu je služio.

Buck schien bereit, dem edlen Beispiel seines Vaters zu folgen.

Buck se činio spremnim slijediti plemeniti primjer svog oca.

Buck war nicht ganz so groß und wog hundertvierzig Pfund.

Buck nije bio baš toliko velik, težio je sto četrdeset funti.

Seine Mutter Shep war eine schöne schottische Schäferhündin gewesen.

Njegova majka, Shep, bila je izvrstan škotski ovčar.

Aber selbst mit diesem Gewicht hatte Buck eine königliche Ausstrahlung.

Ali čak i s tom težinom, Buck je hodao s kraljevskom prisutnošću.

Dies kam vom guten Essen und dem Respekt, der ihm immer entgegengebracht wurde.

To je dolazilo od dobre hrane i poštovanja koje je uvijek dobivao.

Vier Jahre lang hatte Buck wie ein verwöhnter Adliger gelebt.

Četiri godine Buck je živio kao razmaženi plemić.

Er war stolz auf sich und sogar ein wenig egoistisch.

Bio je ponosan na sebe, pa čak i pomalo egoističan.

Diese Art von Stolz war bei den Herren abgelegener Landstriche weit verbreitet.

Takav ponos bio je uobičajen među udaljenim seoskim gospodarima.

Doch Buck hat es vermieden, ein verwöhnter Haushund zu werden.

Ali Buck se spasio od toga da postane razmaženi kućni pas.

Durch die Jagd und das Training blieb er schlank und stark.

Ostao je vitak i snažan kroz lov i vježbanje.

Er liebte Wasser zutiefst, wie Menschen, die in kalten Seen baden.

Duboko je volio vodu, poput ljudi koji se kupaju u hladnim jezerima.

Diese Liebe zum Wasser hielt Buck stark und sehr gesund.

Ta ljubav prema vodi održavala je Bucka jakim i vrlo zdravim.

Dies war der Hund, zu dem Buck im Herbst 1897 geworden war.

To je bio pas u kojeg se Buck pretvorio u jesen 1897.

Als der Klondike-Angriff die Menschen in den eisigen Norden trieb.

Kad je napad na Klondikeu povukao ljude na zaleđeni Sjever.

Menschen aus aller Welt strömten in das kalte Land.

Ljudi su iz cijelog svijeta hrlili u hladnu zemlju.

Buck las jedoch weder die Zeitungen noch verstand er Nachrichten.

Buck, međutim, nije čitao novine niti je razumio vijesti.

Er wusste nicht, dass es nicht gut war, Zeit mit Manuel zu verbringen.

Nije znao da je Manuel loš čovjek u njegovom društvu.

Manuel, der im Garten half, hatte ein großes Problem.

Manuel, koji je pomagao u vrtu, imao je ozbiljan problem.

Manuel war spielsüchtig nach der chinesischen Lotterie.

Manuel je bio ovisan o kockanju na kineskoj lutriji.

Er glaubte auch fest an ein festes System zum Gewinnen.

Također je čvrsto vjerovao u fiksni sustav za pobjedu.

Dieser Glaube machte sein Scheitern sicher und unvermeidlich.

To uvjerenje učinilo je njegov neuspjeh sigurnim i neizbježnim.

Um ein System zu spielen, braucht man Geld, und das fehlte Manuel.

Igranje po sustavu zahtijeva novac, kojeg Manuelu nije bilo.

Sein Gehalt reichte kaum zum Überleben seiner Frau und seiner vielen Kinder.

Njegova plaća jedva je uzdržavala njegovu ženu i mnogo djece.

In der Nacht, in der Manuel Buck verriet, war alles normal.

U noći kada je Manuel izdao Bucka, sve je bilo normalno.

Der Richter war bei einem Treffen der Rosinenanbauervereinigung.

Sudac je bio na sastanku Udruge uzgajivača grožđica.

Die Söhne des Richters waren damals damit beschäftigt, einen Sportverein zu gründen.

Sudčevi sinovi su tada bili zauzeti osnivanjem atletskog kluba.

Niemand sah, wie Manuel und Buck durch den Obstgarten gingen.

Nitko nije vidio Manuela i Bucka kako odlaze kroz voćnjak.

Buck dachte, dieser Spaziergang sei nur ein einfacher nächtlicher Spaziergang.

Buck je mislio da je ova šetnja samo obična noćna šetnja.

Sie trafen nur einen Mann an der Flaggenstation im College Park.

Na postaji za zastave, u College Parku, sreli su samo jednog čovjeka.

Dieser Mann sprach mit Manuel und sie tauschten Geld aus.

Taj je čovjek razgovarao s Manuelom i razmijenili su novac.

„Verpacken Sie die Waren, bevor Sie sie ausliefern", schlug er vor

„Zamotaj robu prije nego što je dostaviš", predložio je.

Die Stimme des Mannes war rau und ungeduldig, als er sprach.

Muškarčev glas bio je grub i nestrpljiv dok je govorio.

Manuel band Buck vorsichtig ein dickes Seil um den Hals.

Manuel je pažljivo svezao debelo uže oko Buckovog vrata.

„Verdreh das Seil, und du wirst ihn gründlich erwürgen"

"Zavrni uže i dobro ćeš ga zadaviti"

Der Fremde gab ein Grunzen von sich und zeigte damit, dass er gut verstanden hatte.

Stranac je promrmljao, pokazujući da je dobro razumio.

Buck nahm das Seil an diesem Tag mit ruhiger und stiller Würde an.

Buck je tog dana prihvatio uže s mirnim i tihim dostojanstvom.

Es war eine ungewöhnliche Tat, aber Buck vertraute den Männern, die er kannte.

Bio je to neobičan čin, ali Buck je vjerovao ljudima koje je poznavao.

Er glaubte, dass ihre Weisheit weit über sein eigenes Denken hinausging.

Vjerovao je da njihova mudrost daleko nadilazi njegovo vlastito razmišljanje.

Doch dann wurde das Seil in die Hände des Fremden gegeben

Ali tada je uže predano u ruke stranca.

Buck stieß ein leises, warnendes und zugleich bedrohliches Knurren aus.

Buck je tiho zarežao, upozoravajući s tihom prijetnjom.

Er war stolz und gebieterisch und wollte seinen Unmut zum Ausdruck bringen.

Bio je ponosan i zapovjednički nastrojen te je namjeravao pokazati svoje nezadovoljstvo.

Buck glaubte, seine Warnung würde als Befehl verstanden werden.

Buck je vjerovao da će njegovo upozorenje biti shvaćeno kao naredba.

Zu seinem Entsetzen zog sich das Seil schnell um seinen dicken Hals zusammen.

Na njegov šok, uže se brzo stegnulo oko njegovog debelog vrata.

Ihm blieb die Luft weg und er begann in plötzlicher Wut zu kämpfen.

Zrak mu je bio prekinuo i počeo se boriti u iznenadnom bijesu.

Er sprang auf den Mann zu, der Buck schnell mitten in der Luft traf.

Skočio je na čovjeka, koji je brzo sreo Bucka u zraku.

Der Mann packte Buck am Hals und drehte ihn geschickt in der Luft.

Čovjek je uhvatio Bucka za grlo i vješto ga zavrtio u zraku.

Buck wurde hart zu Boden geworfen und landete flach auf dem Rücken.

Buck je snažno pao na pod, sletjevši ravno na leđa.

Das Seil würgte ihn nun grausam, während er wild um sich trat.

Uže ga je sada okrutno davilo dok je divlje udarao nogama.

Seine Zunge fiel heraus, seine Brust hob und senkte sich, doch er bekam keine Luft.

Jezik mu je ispao, prsa su mu se nadimala, ali nije mogao udahnuti.

Noch nie in seinem Leben war er mit solcher Gewalt behandelt worden.

Nikada u životu nije bio tretiran s takvim nasiljem.

Auch war er noch nie zuvor von solch tiefer Wut erfüllt gewesen.

Također nikada prije nije bio ispunjen tako dubokim bijesom.

Doch Bucks Kraft schwand und seine Augen wurden glasig.

Ali Buckova moć je izblijedjela, a oči su mu postale staklaste.

Er wurde ohnmächtig, als in der Nähe ein Zug angehalten wurde.

Onesvijestio se baš kad je u blizini zaustavio vlak.

Dann warfen ihn die beiden Männer schnell in den Gepäckwagen.

Zatim su ga dvojica muškaraca brzo ubacila u prtljažni vagon.

Das nächste, was Buck spürte, war ein Schmerz in seiner geschwollenen Zunge.

Sljedeće što je Buck osjetio bila je bol u otečenom jeziku.

Er bewegte sich in einem wackelnden Wagen und war nur schwach bei Bewusstsein.

Kretao se u tresućim kolicima, tek jedva pri svijesti.

Das schrille Pfeifen eines Zuges verriet Buck seinen Standort.

Oštar vrisak zvižduka vlaka otkrio je Bucku njegov položaj.

Er war oft mit dem Richter mitgefahren und kannte das Gefühl.

Često je jahao sa Sucem i poznavao je taj osjećaj.

Es war der einzigartige Schock, wieder in einem Gepäckwagen zu reisen.

Bio je to onaj jedinstveni trzaj ponovnog putovanja u prtljažnom vagonu.

Buck öffnete die Augen und sein Blick brannte vor Wut.

Buck je otvorio oči, a pogled mu je gorio od bijesa.

Dies war der Zorn eines stolzen Königs, der vom Thron gejagt wurde.

To je bio gnjev ponosnog kralja koji je zbačen s prijestolja.

Ein Mann wollte ihn packen, doch stattdessen schlug Buck zuerst zu.

Čovjek je pružio ruku da ga uhvati, ali Buck je umjesto toga udario prvi.

Er versenkte seine Zähne in der Hand des Mannes und hielt sie fest.

Zarivao je zube u čovjekovu ruku i čvrsto je držao.

Er ließ nicht los, bis er ein zweites Mal ohnmächtig wurde.

Nije pustio sve dok se drugi put nije onesvijestio.

„Ja, hat Anfälle", murmelte der Mann dem Gepäckträger zu.

„Da, ima napadaje", promrmljao je čovjek nosaču prtljage.

Der Gepäckträger hatte den Kampf gehört und war näher gekommen.

Prtljažnik je čuo borbu i približio se.

„Ich bringe ihn für den Chef nach Frisco", erklärte der Mann.

„Vodim ga u 'Frisco zbog šefa", objasnio je čovjek.

„Dort gibt es einen tollen Hundearzt, der sagt, er könne sie heilen."

„Tamo ima dobar liječnik za pse koji kaže da ih može izliječiti."

Später in der Nacht gab der Mann seinen eigenen ausführlichen Bericht ab.

Kasnije te večeri čovjek je dao svoj potpuni izvještaj.

Er sprach aus einem Schuppen hinter einem Saloon am Hafen.

Govorio je iz šupe iza saloona na dokovima.

„Ich habe nur fünfzig Dollar bekommen", beschwerte er sich beim Wirt.

„Dobio sam samo pedeset dolara", požalio se vlasniku saloona.

„Ich würde es nicht noch einmal tun, nicht einmal für tausend Dollar in bar."

„Ne bih to ponovio, čak ni za tisuću dolara u gotovini."

Seine rechte Hand war fest in ein blutiges Tuch gewickelt.

Desna ruka mu je bila čvrsto omotana krvavom krpom.

Sein Hosenbein war vom Knie bis zum Fuß weit aufgerissen.

Nogavica mu je bila širom razderana od koljena do pete.

„Wie viel hat der andere Trottel verdient?", fragte der Wirt.

„Koliko je druga krigla dobila?" upitao je vlasnik saluna.

„Hundert", antwortete der Mann, „einen Cent weniger würde er nicht nehmen."

„Sto", odgovori čovjek, „ne bi uzeo ni centa manje."

„Das macht hundertfünfzig", sagte der Kneipenmann.

„To je ukupno sto pedeset", rekao je vlasnik saluna.

„Und er ist das alles wert, sonst bin ich nicht besser als ein Dummkopf."

„I vrijedi svega toga, inače nisam ništa bolji od glupana."

Der Mann öffnete die Verpackung, um seine Hand zu untersuchen.

Čovjek je otvorio omot kako bi pregledao ruku.

Die Hand war stark zerrissen und mit getrocknetem Blut verkrustet.

Ruka je bila teško oštećena i prekrivena krastom osušene krvi.

„Wenn ich keine Tollwut bekomme ...", begann er zu sagen.

„Ako ne dobijem hidrofobiju...", počeo je govoriti.

„Das liegt wohl daran, dass du zum Hängen geboren wurdest", ertönte ein Lachen.

„To će biti zato što si rođen za vješanje", začuo se smijeh.

„Komm und hilf mir, bevor du gehst", wurde er gebeten.

„Dođi i pomozi mi prije nego što kreneš", zamolili su ga.

Buck war von den Schmerzen in seiner Zunge und seinem Hals benommen.

Buck je bio ošamućen od boli u jeziku i grlu.

Er war halb erwürgt und konnte kaum noch aufrecht stehen.

Bio je napola zadavljen i jedva je mogao stajati uspravno.

Dennoch versuchte Buck, den Männern gegenüberzutreten, die ihm so viel Leid zugefügt hatten.

Ipak, Buck se pokušao suočiti s ljudima koji su ga toliko povrijedili.

Aber sie warfen ihn nieder und würgten ihn erneut.

Ali su ga bacili na pod i ponovno ga zadavili.

Erst dann konnten sie sein schweres Messinghalsband absägen.

Tek tada su mu mogli odrezati tešku mesinganu ogrlicu.

Sie entfernten das Seil und stießen ihn in eine Kiste.

Skinuli su uže i ugurali ga u sanduk.

Die Kiste war klein und hatte die Form eines groben Eisenkäfigs.

Sanduk je bio malen i oblikovan poput grubog željeznog kaveza.

Buck lag die ganze Nacht dort, voller Zorn und verletztem Stolz.

Buck je ležao tamo cijelu noć, ispunjen gnjevom i povrijeđenim ponosom.

Er konnte nicht einmal ansatzweise verstehen, was mit ihm geschah.

Nije mogao ni početi shvaćati što mu se događa.

Warum hielten ihn diese fremden Männer in dieser kleinen Kiste fest?

Zašto su ga ti čudni ljudi držali u ovom malom sanduku?

Was wollten sie von ihm und warum diese grausame Gefangenschaft?

Što su htjeli s njim i zašto ovo okrutno zatočeništvo?

Er spürte einen dunklen Druck, das Gefühl, dass das Unglück näher rückte.

Osjetio je mračan pritisak; osjećaj katastrofe koja se približava.

Es war eine vage Angst, die ihn jedoch schwer belastete.

Bio je to nejasan strah, ali teško mu je obuzeo duh.

Mehrmals sprang er auf, als die Schuppentür klapperte.

Nekoliko puta je skočio kad su vrata šupe zatresla.

Er erwartete, dass der Richter oder die Jungen erscheinen und ihn retten würden.

Očekivao je da će se pojaviti Sudac ili dječaci i spasiti ga.

Doch jedes Mal lugte nur das dicke Gesicht des Wirts hinein.

Ali samo je debelo lice vlasnika krčme svaki put provirilo unutra.

Das Gesicht des Mannes wurde vom schwachen Schein einer Talgkerze erhellt.

Muškovo lice bilo je obasjano slabim sjajem lojaste svijeće.

Jedes Mal verwandelte sich Bucks freudiges Bellen in ein leises, wütendes Knurren.

Svaki put, Buckov radosni lavež se pretvorio u tiho, ljutito režanje.

Der Wirt ließ ihn für die Nacht allein in der Kiste zurück

Vlasnik krčme ga je ostavio samog preko noći u sanduku.

Aber als er am Morgen aufwachte, kamen noch mehr Männer.

Ali kad se ujutro probudio, dolazilo je još ljudi.

Vier Männer kamen und hoben die Kiste vorsichtig und wortlos auf.

Četiri muškarca su došla i oprezno podigla sanduk bez riječi.

Buck wusste sofort, in welcher Situation er sich befand.

Buck je odmah shvatio u kakvoj se situaciji nalazi.

Sie waren weitere Peiniger, die er bekämpfen und fürchten musste.

Bili su to daljnji mučitelji protiv kojih se morao boriti i kojih se bojati.

Diese Männer sahen böse, zerlumpt und sehr ungepflegt aus.

Ti su muškarci izgledali opako, otrcano i vrlo loše dotjerano.

Buck knurrte und stürzte sich wild durch die Gitterstäbe auf sie.

Buck je zarežao i žestoko se bacio na njih kroz rešetke.

Sie lachten nur und stießen mit langen Holzstöcken nach ihm.

Samo su se smijali i bockali ga dugim drvenim štapovima.

Buck biss in die Stöcke, dann wurde ihm klar, dass es das war, was ihnen gefiel.

Buck je zagrizao štapiće, a onda shvatio da je to ono što im se sviđa.

Also legte er sich ruhig hin, mürrisch und vor stiller Wut brennend.

Tako je legao tiho, namrgođen i gorio od tihog bijesa.

Sie hoben die Kiste auf einen Wagen und fuhren mit ihm weg.

Digli su sanduk u kola i odvezli se s njim.

Die Kiste mit Buck darin wechselte oft den Besitzer.

Sanduk, s Buckom zaključanim unutra, često je mijenjao vlasnika.

Express-Büroangestellte übernahmen die Leitung und kümmerten sich kurz um ihn.

Službenici ekspresnog ureda preuzeli su stvar i kratko se pozabavili njime.

Dann transportierte ein anderer Wagen Buck durch die laute Stadt.

Zatim su druga kola prevezla Bucka preko bučnog grada.

Ein Lastwagen brachte ihn mit Kisten und Paketen auf eine Fähre.

Kamion ga je s kutijama i paketima odvezao na trajekt.

Nach der Überquerung lud ihn der Lastwagen an einem
Bahndepot ab.

Nakon što je prešao granicu, kamion ga je istovario na
željezničkom kolodvoru.

Schließlich wurde Buck in einen wartenden Expresswagen
gesetzt.

Konačno, Bucka su smjestili u čekajući ekspresni vagon.

Zwei Tage und Nächte lang zogen Züge den Schnellzug ab.

Dva dana i noći vlakovi su odvlačili ekspresni vagon.

Buck hat während der gesamten schmerzhaften Reise weder
gegessen noch getrunken.

Buck nije ni jeo ni pio tijekom cijelog mukotrpnog putovanja.

Als die Expressboten versuchten, sich ihm zu nähern,
knurrte er.

Kad su mu se brzi glasnici pokušali približiti, zarežao je.

Sie reagierten, indem sie ihn verspotteten und grausam
hänselten.

Odgovorili su ismijavajući ga i okrutno ga zadirkujući.

Buck warf sich schäumend und zitternd gegen die
Gitterstäbe

Buck se bacio na rešetke, pjenušajući se i tresući se

Sie lachten laut und verspotteten ihn wie Schulhofschläger.

glasno su se smijali i rugali mu se poput školskih nasilnika.

Sie bellten wie falsche Hunde und wedelten mit den Armen.

Lajali su poput lažnih pasa i mahali rukama.

Sie krähten sogar wie Hähne, nur um ihn noch mehr
aufzuregen.

Čak su kukurikali kao pijetlovi samo da ga još više uznemire.

Es war dummes Verhalten und Buck wusste, dass es
lächerlich war.

Bilo je to glupo ponašanje, a Buck je znao da je smiješno.

Doch das verstärkte seine Empörung und Scham nur noch.

Ali to je samo produbilo njegov osjećaj ogorčenja i srama.

Der Hunger plagte ihn während der Reise kaum.

Glad ga nije puno mučila tijekom putovanja.

Doch der Durst brachte starke Schmerzen und
unerträgliches Leiden mit sich.

Ali žeđ je donosila oštru bol i nepodnošljivu patnju.

Sein trockener, entzündeter Hals und seine Zunge brannten vor Hitze.

Suho, upaljeno grlo i jezik pekli su ga od vrućine.

Dieser Schmerz schürte das Fieber, das in seinem stolzen Körper aufstieg.

Ta je bol hranila groznicu koja je rasla u njegovom ponosnom tijelu.

Buck war während dieses Prozesses für eine einzige Sache dankbar.

Buck je bio zahvalan na jednoj jedinoj stvari tijekom ovog suđenja.

Das Seil um seinen dicken Hals war entfernt worden.

Uže mu je bilo skinuto s debelog vrata.

Das Seil hatte diesen Männern einen unfairen und grausamen Vorteil verschafft.

Uže je tim ljudima dalo nepravednu i okrutnu prednost.

Jetzt war das Seil weg und Buck schwor, dass es nie wieder zurückkommen würde.

Sada je uže nestalo, a Buck se zakleo da se nikada neće vratiti.

Er beschloss, sich nie wieder ein Seil um den Hals legen zu lassen.

Odlučio je da mu se više nikada nijedno uže neće omotati oko vrata.

Zwei lange Tage und Nächte litt er ohne Essen.

Dva duga dana i noći patio je bez hrane.

Und in diesen Stunden baute sich in ihm eine enorme Wut auf.

I u tim je satima u sebi nakupio ogroman bijes.

Seine Augen wurden vor ständiger Wut blutunterlaufen und wild.

Oči su mu postale krvave i divlje od neprestanog bijesa.

Er war nicht mehr Buck, sondern ein Dämon mit schnappenden Kiefern.

Više nije bio Buck, već demon s pucketavim čeljustima.

Nicht einmal der Richter hätte dieses verrückte Wesen erkannt.

Čak ni Sudac ne bi prepoznao ovo ludo stvorenje.

Die Expressboten atmeten erleichtert auf, als sie Seattle erreichten

Brzi glasnici su odahnuli s olakšanjem kad su stigli u Seattle

Vier Männer hoben die Kiste hoch und brachten sie in einen Hinterhof.

Četiri muškarca podigla su sanduk i odnijela ga u dvorište.

Der Hof war klein und von hohen, massiven Mauern umgeben.

Dvorište je bilo malo, okruženo visokim i čvrstim zidovima.

Ein großer Mann in einem ausgeleierten roten Pullover kam heraus.

Krupan muškarac izašao je u opuštenoj crvenoj džemperskoj košulji.

Mit dicker, kühner Handschrift unterschrieb er das Lieferbuch.

Potpisao je knjigu dostave debelim i smjelim rukopisom.

Buck spürte sofort, dass dieser Mann sein nächster Peiniger war.

Buck je odmah osjetio da je ovaj čovjek njegov sljedeći mučitelj.

Er stürzte sich heftig auf die Gitterstäbe, die Augen rot vor Wut.

Silovito je nasrnuo na rešetke, očiju crvenih od bijesa.

Der Mann lächelte nur finster und holte ein Beil.

Čovjek se samo mračno nasmiješio i otišao po sjekiru.

Er brachte auch eine Keule in seiner dicken und starken rechten Hand mit.

Također je donio palicu u svojoj debeloj i snažnoj desnoj ruci.

„Wollen Sie ihn jetzt rausholen?", fragte der Fahrer besorgt.

„Hoćeš li ga sada izvesti?" upitao je vozač zabrinuto.

„Sicher", sagte der Mann und rammte das Beil als Hebel in die Kiste.

„Naravno", rekao je čovjek, zabijajući sjekiru u sanduk kao polugu.

Die vier Männer stoben sofort auseinander und sprangen auf die Hofmauer.

Četvorica muškaraca su se odmah razbježala, skačući na dvorišni zid.

Von ihren sicheren Plätzen oben warteten sie, um das Spektakel zu beobachten.

Sa svojih sigurnih mjesta gore, čekali su da gledaju spektakl.

Buck stürzte sich auf das zersplitterte Holz, biss und zitterte heftig.

Buck se bacio na rascijepljeno drvo, grizući i silovito tresući.

Jedes Mal, wenn die Axt den Käfig traf, war Buck da, um ihn anzugreifen.

Svaki put kad bi sjekira pogodila kavez, Buck bi bio tamo da je napadne.

Er knurrte und schnappte vor wilder Wut und wollte unbedingt freigelassen werden.

Režao je i praskao od divljeg bijesa, željan da bude oslobođen.

Der Mann draußen war ruhig und gelassen und konzentrierte sich auf seine Aufgabe.

Čovjek vani bio je miran i staložen, usredotočen na svoj zadatak.

„Also gut, du rotäugiger Teufel", sagte er, als das Loch groß war.

„U redu, vraže crvenooki", rekao je kad je rupa postala velika.

Er ließ das Beil fallen und nahm die Keule in die rechte Hand.

Ispustio je sjekiru i uzeo palicu u desnu ruku.

Buck sah wirklich aus wie ein Teufel; seine Augen blutunterlaufen und lodernd.

Buck je zaista izgledao kao vrag; oči su mu bile krvave i gorjele su.

Sein Fell sträubte sich, Schaum stand ihm vor dem Mund, seine Augen funkelten.

Dlaka mu se nakostriješila, pjena mu se izbijala na usta, a oči su mu svjetlucale.

Er spannte seine Muskeln an und sprang direkt auf den roten Pullover zu.

Napeo je mišiće i skočio ravno na crveni džemper.

Hundertvierzig Pfund Wut prasselten auf den ruhigen Mann zu.

Sto četrdeset funti bijesa poletjelo je na mirnog čovjeka.

Kurz bevor er die Zähne zusammenbiss, traf ihn ein schrecklicher Schlag.

Neposredno prije nego što su mu se čeljusti stisnule, pogodio ga je strašan udarac.

Seine Zähne schnappten zusammen, nur Luft war im Spiel.

Zubi su mu škljocali samo u zraku

ein Schmerz durchfuhr seinen Körper

trzaj boli odjeknuo mu je tijelom

Er machte einen Überschlag in der Luft und stürzte auf dem Rücken und der Seite zu Boden.

Prevrnuo se u zraku i srušio se na leđa i bok.

Er hatte noch nie zuvor einen Knüppelschlag gespürt und konnte ihn nicht begreifen.

Nikada prije nije osjetio udarac palicom i nije ga mogao shvatiti.

Mit einem kreischenden Knurren, das teils Bellen, teils Schreien war, sprang er erneut.

Uz prodorno režanje, dijelom lavež, dijelom vrisak, ponovno je skočio.

Ein weiterer brutaler Schlag traf ihn und schleuderte ihn zu Boden.

Još jedan brutalan udarac ga je pogodio i bacio na tlo.

Diesmal verstand Buck – es war die schwere Keule des Mannes.

Ovaj put Buck je shvatio - bila je to čovjekova teška toljaga.

Doch die Wut machte ihn blind, und an einen Rückzug dachte er nicht.

Ali bijes ga je zaslijepio i nije pomišljao na povlačenje.

Zwölfmal stürzte er sich in die Luft, und zwölfmal fiel er.

Dvanaest puta se lansirao i dvanaest puta je pao.

Der Holzknüppel traf ihn jedes Mal mit unbarmherziger, vernichtender Kraft.

Drvena toljaga ga je svaki put udarala nemilosrdnom, lomljivom snagom.

Nach einem heftigen Schlag kam er benommen und langsam wieder auf die Beine.

Nakon jednog žestokog udarca, teturavo se podigao na noge, ošamućen i spor.

Blut lief aus seinem Mund, seiner Nase und sogar seinen Ohren.

Krv mu je tekla iz usta, nosa, pa čak i ušiju.

Sein einst so schönes Fell war mit blutigem Schaum verschmiert.

Njegov nekada lijepi kaput bio je umrljan krvavom pjenom.

Dann trat der Mann vor und versetzte ihm einen heftigen Schlag auf die Nase.

Tada je čovjek prišao i zadao mu žestoki udarac u nos.

Die Qualen waren schlimmer als alles, was Buck je gespürt hatte.

Bol je bila oštrija od svega što je Buck ikada osjetio.

Mit einem Brüllen, das eher an ein Tier als an einen Hund erinnerte, sprang er erneut zum Angriff.

S rikom više zvijerskom nego psećom, ponovno je skočio u napad.

Doch der Mann packte seinen Unterkiefer und drehte ihn nach hinten.

Ali čovjek ga je uhvatio za donju čeljust i uvrnuo je unatrag.

Buck überschlug sich kopfüber und stürzte erneut hart auf den Boden.

Buck se prevrnuo naglavačke i ponovno snažno pao.

Ein letztes Mal stürmte Buck auf ihn zu, jetzt konnte er kaum noch stehen.

Još jednom, Buck je jurnuo na njega, jedva stojeći na nogama.

Der Mann schlug mit perfektem Timing zu und versetzte den letzten Schlag.

Čovjek je udario s vještim tajmingom, zadavši konačni udarac.

Buck brach bewusstlos und regungslos zusammen.

Buck se srušio u hrpu, bez svijesti i nepomičan.

„Er ist kein Stümper im Hundezähmen, das sage ich", rief ein Mann.

„Nije on loš u dresingu pasa, to kažem", viknuo je čovjek.

„Druther kann den Willen eines Hundes an jedem Tag der Woche brechen."

„Druther može slomiti volju psa bilo koji dan u tjednu."

„Und zweimal an einem Sonntag!", fügte der Fahrer hinzu.

„I dvaput u nedjelju!" dodao je vozač.

Er stieg in den Wagen und ließ die Zügel knacken, um loszufahren.

Popeo se u kola i povukao uzde da krene.

Buck erlangte langsam die Kontrolle über sein Bewusstsein zurück

Buck je polako povratio kontrolu nad svojom sviješću

aber sein Körper war noch zu schwach und gebrochen, um sich zu bewegen.

ali tijelo mu je još uvijek bilo preslabo i slomljeno da bi se pomaknulo.

Er blieb liegen, wo er hingefallen war, und beobachtete den Mann im roten Pullover.

Ležao je tamo gdje je pao, promatrajući čovjeka u crvenom džemperu.

„Er hört auf den Namen Buck", sagte der Mann und las laut vor.

„Odaziva se na ime Buck", rekao je čovjek čitajući naglas.

Er zitierte aus der Notiz und den Einzelheiten, die mit Bucks Kiste geschickt wurden.

Citirao je poruku poslanu s Buckovim sandukom i detalje.

„Also, Buck, mein Junge", fuhr der Mann freundlich fort,

„Pa, Buck, sine moj", nastavi čovjek prijateljskim tonom,

„Wir hatten unseren kleinen Streit, und jetzt ist es zwischen uns vorbei."

"Posvađali smo se već malo, a sada je među nama gotovo."

„Sie haben Ihren Platz kennengelernt und ich habe meinen kennengelernt", fügte er hinzu.

„Naučio/la si gdje ti je mjesto, a ja sam naučio/la svoje", dodao je.

„Sei brav, dann wird alles gut und das Leben wird angenehm sein."

"Budi dobar i sve će biti dobro, a život će biti ugodan."

„Aber wenn du böse bist, schlage ich dir die Seele aus dem Leib, verstanden?"

„Ali budi zločest, i prebit ću te na smrt, razumiješ?"

Während er sprach, streckte er die Hand aus und tätschelte Bucks schmerzenden Kopf.

Dok je govorio, pružio je ruku i potapšao Bucka po bolnoj glavi.

Bucks Haare stellten sich bei der Berührung des Mannes auf, aber er wehrte sich nicht.

Bucku se kosa digla na čovjekov dodir, ali nije se opirao.

Der Mann brachte ihm Wasser, das Buck in großen Schlucken trank.

Čovjek mu je donio vode, koju je Buck popio u velikim gutljajima.

Dann kam rohes Fleisch, das Buck Stück für Stück verschlang.

Zatim je došlo sirovo meso, koje je Buck proždirao komad po komadu.

Er wusste, dass er geschlagen war, aber er wusste auch, dass er nicht gebrochen war.

Znao je da je poražen, ali je također znao da nije slomljen.

Gegen einen mit einer Keule bewaffneten Mann hatte er keine Chance.

Nije imao nikakve šanse protiv čovjeka naoružanog palicom.

Er hatte die Wahrheit erfahren und diese Lektion nie vergessen.

Naučio je istinu i nikada nije zaboravio tu lekciju.

Diese Waffe war der Beginn des Gesetzes in Bucks neuer Welt.

To oružje je bio početak zakona u Buckovom novom svijetu.

Es war der Beginn einer harten, primitiven Ordnung, die er nicht leugnen konnte.

Bio je to početak surovog, primitivnog poretka koji nije mogao poreći.

Er akzeptierte die Wahrheit; seine wilden Instinkte waren nun erwacht.

Prihvatio je istinu; njegovi divlji instinkti su sada bili probuđeni.

Die Welt war härter geworden, aber Buck stellte sich ihr tapfer.

Svijet je postao suroviji, ali Buck se hrabro suočio s tim.

Er begegnete dem Leben mit neuer Vorsicht, List und stiller Stärke.

Život je dočekao s novim oprezom, lukavošću i tihom snagom.

Weitere Hunde kamen an, an Seilen oder in Kisten festgebunden, so wie Buck.

Stiglo je još pasa, vezanih užadima ili sanducima kao što je bio Buck.

Einige Hunde kamen ruhig, andere tobten und kämpften wie wilde Tiere.

Neki su psi dolazili mirno, drugi su bjesnili i borili se kao divlje zvijeri.

Sie alle wurden der Herrschaft des Mannes im roten Pullover unterworfen.

Svi su dovedeni pod vlast čovjeka u crvenom džemperu.

Jedes Mal sah Buck zu und sah, wie sich ihm die gleiche Lektion erschloss.

Svaki put, Buck je promatrao i vidio kako se odvija ista lekcija.

Der Mann mit der Keule war das Gesetz, ein Herr, dem man gehorchen musste.

Čovjek s palicom bio je zakon; gospodar kojeg treba poslušati.

Er musste nicht gemocht werden, aber man musste ihm gehorchen.

Nije ga trebalo voljeti, ali ga je trebalo poslušati.

Buck schmeichelte oder wedelte nie mit dem Schwanz, wie es die schwächeren Hunde taten.

Buck se nikada nije ulizivao niti mahao kao što su to činili slabiji psi.

Er sah Hunde, die geschlagen wurden und trotzdem die Hand des Mannes leckten.

Vidio je pse koji su bili pretučeni i ipak su lizali čovjeku ruku.

Er sah einen Hund, der überhaupt nicht gehorchte oder sich unterwarf.

Vidio je jednog psa koji uopće nije htio poslušati niti se pokoriti.

Dieser Hund kämpfte, bis er im Kampf um die Kontrolle getötet wurde.

Taj se pas borio sve dok nije poginuo u borbi za kontrolu.

Manchmal kamen Fremde, um den Mann im roten Pullover zu sehen.

Stranci bi ponekad dolazili vidjeti čovjeka u crvenom džemperu.

Sie sprachen in seltsamem Ton, flehten, feilschten und lachten.

Govorili su čudnim tonovima, moleći, cjenkajući se i smijući se.

Als das Geld ausgetauscht wurde, gingen sie mit einem oder mehreren Hunden.

Kad bi se razmijenio novac, odlazili bi s jednim ili više pasa.

Buck fragte sich, wohin diese Hunde gingen, denn keiner kam jemals zurück.

Buck se pitao kamo su ti psi otišli, jer se nijedan nikada nije vratio.

Angst vor dem Unbekannten erfüllte Buck jedes Mal, wenn ein fremder Mann kam

Strah od nepoznatog ispunjavao je Bucka svaki put kad bi došao nepoznati čovjek

Er war jedes Mal froh, wenn ein anderer Hund mitgenommen wurde und nicht er selbst.

Bio je sretan svaki put kad bi uzeli još jednog psa, a ne njega samog.

Doch schließlich kam Buck an die Reihe, als ein fremder Mann eintraf.

Ali konačno je došao red i na Bucka dolaskom nepoznatog čovjeka.

Er war klein, drahtig und sprach gebrochenes Englisch und fluchte.

Bio je malen, žilav, govorio je lošim engleskim i psovao.

„Heilig!", schrie er, als er Bucks Gestalt erblickte.

„Sacredam!" viknuo je kad je ugledao Buckovu figuru.

„Das ist aber ein verdammter Rüpel! Wie viel?", fragte er laut.

„To je jedan prokleti nasilni pas! E? Koliko?" upitao je naglas.

„Dreihundert, und für diesen Preis ist er ein Geschenk."

„Tristo, a za tu cijenu je pravi poklon."

„Da es sich um staatliche Gelder handelt, sollten Sie sich nicht beschweren, Perrault."

„Budući da je to državni novac, ne biste se trebali žaliti, Perrault."

Perrault grinste über den Deal, den er gerade mit dem Mann gemacht hatte.

Perrault se nasmiješio dogovoru koji je upravo sklopio s tim čovjekom.

Aufgrund der plötzlichen Nachfrage waren die Preise für Hunde in die Höhe geschossen.

Cijena pasa je naglo porasla zbog nagle potražnje.

Dreihundert Dollar waren für so ein tolles Tier nicht unfair.

Tristo dolara nije bilo nepravedno za tako finu zvijer.

Die kanadische Regierung würde bei dem Abkommen nichts verlieren

Kanadska vlada ne bi ništa izgubila u sporazumu

Auch ihre offiziellen Depeschen würden während des Transports nicht verzögert.

Niti bi njihove službene pošiljke kasnile u tranzitu.

Perrault kannte sich gut mit Hunden aus und erkannte, dass Buck etwas Seltenes war.

Perrault je dobro poznavao pse i mogao je vidjeti da je Buck nešto rijetko.

„Einer von zehntausend", dachte er, als er Bucks Körperbau betrachtete.

„Jedan od deset deset tisuća", pomislio je dok je proučavao Buckovu građu.

Buck sah, wie das Geld den Besitzer wechselte, zeigte sich jedoch nicht überrascht.

Buck je vidio kako novac mijenja vlasnika, ali nije pokazao iznenađenje.

Bald wurden er und Curly, ein sanfter Neufundländer, weggeführt.

Ubrzo su on i Kovrčavi, krotki newfoundlandski pas, odvedeni.

Sie folgten dem kleinen Mann aus dem Hof des roten Pullovers.

Slijedili su malog čovjeka iz dvorišta crvenog džempera.

Das war das letzte Mal, dass Buck den Mann mit der Holzkeule sah.

To je bio posljednji put da je Buck ikada vidio čovjeka s drvenom palicom.

Vom Deck der Narwhal aus beobachtete er, wie Seattle in der Ferne verschwand.

S palube Narvala promatrao je kako Seattle nestaje u daljini.

Es war auch das letzte Mal, dass er das warme Südland sah.

To je ujedno bio i posljednji put da je ikada vidio topli Jug.

Perrault brachte sie unter Deck und ließ sie bei François zurück.

Perrault ih je odveo ispod palube i ostavio s Françoisom.

François war ein Riese mit schwarzem Gesicht und rauen, schwieligen Händen.

François je bio crnoliki div s grubim, žuljevitim rukama.

Er war dunkelhäutig und hatte eine dunkle Hautfarbe, ein französisch-kanadischer Mischling.

Bio je taman i tamnoput; mješanac Francusko-kanadskog podrijetla.

Für Buck waren diese Männer von einer Art, die er noch nie zuvor gesehen hatte.

Bucku su ovi ljudi bili vrsta kakvu nikada prije nije vidio.

Er würde in den kommenden Tagen viele solcher Männer kennenlernen.

U danima koji su dolazili upoznao bi mnogo takvih ljudi.

Er konnte sie zwar nicht lieb gewinnen, aber er begann, sie zu respektieren.

Nije ih zavolio, ali ih je počeo poštovati.

Sie waren fair und weise und ließen sich von keinem Hund so leicht täuschen.

Bili su pošteni i mudri, i nijedan ih pas nije lako prevario.

Sie beurteilten Hunde ruhig und bestraften sie nur, wenn es angebracht war.

Pse su mirno prosuđivali i kažnjavali samo kad su ih zaslužili.

Im Unterdeck der Narwhal trafen Buck und Curly zwei Hunde.

U donjoj palubi Narvala, Buck i Kovrčavi sreli su dva psa.

Einer war ein großer weißer Hund aus dem fernen, eisigen Spitzbergen.

Jedan je bio veliki bijeli pas iz dalekog, ledenog Spitzbergena.

Er war einmal mit einem Walfänger gesegelt und hatte sich einer Erkundungsgruppe angeschlossen.

Jednom je plovio s kitolovcem i pridružio se istraživačkoj skupini.

Er war auf eine schlaue, hinterhältige und listige Art freundlich.

Bio je prijateljski nastrojen na lukav, podmukao i lukav način.

Bei ihrer ersten Mahlzeit stahl er ein Stück Fleisch aus Bucks Pfanne.

Na njihovom prvom obroku, ukrao je komad mesa iz Buckove tave.

Buck sprang, um ihn zu bestrafen, aber François' Peitsche schlug zuerst zu.

Buck je skočio da ga kazni, ali Françoisov bič je prvi udario.

Der weiße Dieb schrie auf und Buck holte sich den gestohlenen Knochen zurück.

Bijeli lopov je kriknuo, a Buck je vratio ukradenu kost.

Diese Fairness beeindruckte Buck und François verdiente sich seinen Respekt.

Ta pravednost impresionirala je Bucka, a François je zaslužio njegovo poštovanje.

Der andere Hund grüßte nicht und wollte auch nichts zurück.

Drugi pas nije pozdravio, a nije ni tražio pozdrav zauzvrat.

Er stahl weder Essen noch beschnüffelte er die Neuankömmlinge interessiert.

Nije krao hranu, niti je sa zanimanjem njuškao novopridošle.

Dieser Hund war grimmig und ruhig, düster und bewegte sich langsam.

Ovaj pas je bio sumoran i tih, tmuran i sporo se kretao.

Er warnte Curly, sich fernzuhalten, indem er sie einfach anstarrte.

Upozorio je Kovrčavi da se drži podalje jednostavnim pogledom prema njoj.

Seine Botschaft war klar: Lass mich in Ruhe, sonst gibt es Ärger.

Njegova poruka je bila jasna; ostavi me na miru ili će biti problema.

Er hieß Dave und nahm seine Umgebung kaum wahr.

Zvao se Dave i jedva je primjećivao svoju okolinu.

Er schlief oft, aß ruhig und gähnte ab und zu.

Često je spavao, tiho jeo i s vremena na vrijeme zijevao.

Das Schiff summte ständig, während unten der Propeller schlug.

Brod je neprestano zujao dok je propeler ispod udarao.

Die Tage vergingen, ohne dass sich viel änderte, aber das Wetter wurde kälter.

Dani su prolazili bez ikakvih promjena, ali vrijeme je postajalo hladnije.

Buck spürte es in seinen Knochen und bemerkte, dass es den anderen genauso ging.

Buck je to osjećao u kostima i primijetio je da i ostali također.

Dann blieb eines Morgens der Propeller stehen und alles war still.

Onda se jednog jutra propeler zaustavio i sve je utihnulo.

Eine Energie durchströmte das Schiff; etwas hatte sich verändert.

Energija je prostrujala brodom; nešto se promijenilo.

François kam herunter, legte ihnen die Leinen an und brachte sie hoch.

François je sišao dolje, privezao ih na povodce i doveo ih gore.

Buck stieg aus und fand den Boden weich, weiß und kalt.

Buck je izašao i otkrio da je tlo meko, bijelo i hladno.

Er sprang erschrocken zurück und schnaubte völlig verwirrt.
U panici je odskočio unatrag i frknuo u potpunoj zbunjenosti.
Seltsames weißes Zeug fiel vom grauen Himmel.
Čudna bijela tvar padala je sa sivog neba.
Er schüttelte sich, aber die weißen Flocken landeten immer wieder auf ihm.
Otresao se, ali bijele pahuljice su i dalje padale na njega.
Er roch vorsichtig an dem weißen Zeug und leckte an ein paar eisigen Stückchen.
Pažljivo je pomirisao bijelu tvar i polizao nekoliko ledenih komadića.
Das Pulver brannte wie Feuer und verschwand dann einfach von seiner Zunge.
Prah je gorio poput vatre, a zatim je nestao s njegovog jezika.
Buck versuchte es noch einmal und war verwirrt über die seltsame, verschwindende Kälte.
Buck je pokušao ponovno, zbunjen neobičnom nestajućom hladnoćom.
Die Männer um ihn herum lachten und Buck war verlegen.
Muškarci oko njega su se nasmijali, a Bucku je bilo neugodno.
Er wusste nicht warum, aber er schämte sich für seine Reaktion.
Nije znao zašto, ali sramio se svoje reakcije.
Es war seine erste Erfahrung mit Schnee und es verwirrte ihn.
To je bilo njegovo prvo iskustvo sa snijegom i to ga je zbunilo.

Das Gesetz von Keule und Fang
Zakon trefa i očnjaka

Bucks erster Tag am Strand von Dyea fühlte sich wie ein schrecklicher Albtraum an.
Buckov prvi dan na plaži Dyea osjećao se kao strašna noćna mora.
Jede Stunde brachte neue Schocks und unerwartete Veränderungen für Buck.
Svaki sat je Bucku donosio nove šokove i neočekivane promjene.
Er war aus der Zivilisation gerissen und ins wilde Chaos gestürzt worden.
Bio je izvučen iz civilizacije i bačen u divlji kaos.
Dies war kein sonniges, faules Leben mit Langeweile und Ruhe.
Ovo nije bio sunčan, lijen život s dosadom i odmorom.
Es gab keinen Frieden, keine Ruhe und keinen Moment ohne Gefahr.
Nije bilo mira, odmora, niti trenutka bez opasnosti.
Überall herrschte Verwirrung und die Gefahr war immer in der Nähe.
Zbrka je vladala svime, a opasnost je uvijek bila blizu.
Buck musste wachsam bleiben, denn diese Männer und Hunde waren anders.
Buck je morao ostati na oprezu jer su ovi ljudi i psi bili drugačiji.
Sie kamen nicht aus der Stadt, sie waren wild und gnadenlos.
Nisu bili iz gradova; bili su divlji i nemilosrdni.
Diese Männer und Hunde kannten nur das Gesetz der Keule und der Reißzähne.
Ti ljudi i psi poznavali su samo zakon toljage i očnjaka.
Buck hatte noch nie Hunde so kämpfen sehen wie diese wilden Huskys.
Buck nikada nije vidio pse da se bore kao ovi divlji haskiji.

Seine erste Erfahrung lehrte ihn eine Lektion, die er nie vergessen würde.

Njegovo prvo iskustvo naučilo ga je lekciji koju nikada neće zaboraviti.

Er hatte Glück, dass er es nicht war, sonst wäre auch er gestorben.

Imao je sreće što to nije bio on, inače bi i on umro.

Curly war derjenige, der litt, während Buck zusah und lernte.

Kovrčavi je bio taj koji je patio dok je Buck gledao i učio.

Sie hatten ihr Lager in der Nähe eines aus Baumstämmen gebauten Ladens aufgeschlagen.

Ulogorili su se blizu trgovine izgrađene od balvana.

Curly versuchte, einem großen, wolfsähnlichen Husky gegenüber freundlich zu sein.

Kovrčavi se pokušao prijateljski ponašati prema velikom haskiju nalik vuku.

Der Husky war kleiner als Curly, sah aber wild und böse aus.

Haski je bio manji od Kovrčavi, ali je izgledao divlje i zlobno.

Ohne Vorwarnung sprang er auf und schlug ihr ins Gesicht.

Bez upozorenja, skočio je i rasjekao joj lice.

Seine Zähne schnitten in einer Bewegung von ihrem Auge bis zu ihrem Kiefer.

Njegovi su joj zubi jednim potezom prerezali od oka do čeljusti.

So kämpften Wölfe: Sie schlugen schnell zu und sprangen weg.

Ovako su se vukovi borili - udarili su brzo i odskočili.

Aber es gab mehr zu lernen als nur diesen einen Angriff.

Ali bilo je više toga za naučiti osim iz tog jednog napada.

Dutzende Huskys stürmten herein und bildeten einen stillen Kreis.

Deseci haskija su uletjeli i napravili tihi krug.

Sie schauten aufmerksam zu und leckten sich hungrig die Lippen.

Pažljivo su promatrali i oblizali usne od gladi.

Buck verstand weder ihr Schweigen noch ihre begierigen Blicke.

Buck nije razumio njihovu šutnju ni njihove nestrpljive oči.

Curly stürzte sich ein zweites Mal auf den Husky, um ihn anzugreifen.

Kovrčavi je pojurio napasti haskija drugi put.

Mit einer kräftigen Bewegung seiner Brust warf er sie um.

Snažnim pokretom ju je srušio prsima.

Sie fiel auf die Seite und konnte nicht wieder aufstehen.

Pala je na bok i nije se mogla ponovo podići.

Darauf hatten die anderen die ganze Zeit gewartet.

To je ono što su ostali cijelo vrijeme čekali.

Die Huskies sprangen sie an und jaulten und knurrten wie wild.

Haskiji su skočili na nju, cikćući i režeći u bijesu.

Sie schrie, als sie unter einem Haufen Hunde begruben.

Vrištala je dok su je zakopavali pod hrpu pasa.

Der Angriff erfolgte so schnell, dass Buck vor Schreck erstarrte.

Napad je bio toliko brz da se Buck od šoka ukočio na mjestu.

Er sah, wie Spitz die Zunge herausstreckte, als würde er lachen.

Vidio je kako Spitz isplazi jezik na način koji je izgledao kao smijeh.

François schnappte sich eine Axt und rannte direkt in die Hundegruppe hinein.

François je zgrabio sjekiru i potrčao ravno u skupinu pasa.

Drei weitere Männer halfen mit Knüppeln, die Huskies zu vertreiben.

Trojica drugih muškaraca koristila su palice kako bi otjerali haskije.

In nur zwei Minuten war der Kampf vorbei und die Hunde waren verschwunden.

Za samo dvije minute, borba je bila gotova i psi su nestali.

Curly lag tot im roten, zertrampelten Schnee, ihr Körper war zerfetzt.

Kovrčavi je ležala mrtva u crvenom, ugaženom snijegu, tijelo joj je bilo rastrgano.

Ein dunkelhäutiger Mann stand über ihr und verfluchte die brutale Szene.

Tamnoputi muškarac stajao je nad njom, proklinjući brutalni prizor.

Die Erinnerung blieb bei Buck und verfolgte ihn nachts in seinen Träumen.

Sjećanje je ostalo s Buckom i proganjalo ga je u snovima noću.

So war es hier: keine Fairness, keine zweite Chance.

Tako je ovdje bilo; bez pravednosti, bez druge prilike.

Sobald ein Hund fiel, töteten die anderen ihn gnadenlos.

Čim bi pas pao, ostali bi ga ubili bez milosti.

Buck beschloss damals, dass er niemals zulassen würde, dass er fällt.

Buck je tada odlučio da si nikada neće dopustiti da padne.

Spitz streckte erneut die Zunge heraus und lachte über das Blut.

Spitz je ponovno isplazio jezik i nasmijao se krvi.

Von diesem Moment an hasste Buck Spitz aus vollem Herzen.

Od tog trenutka nadalje, Buck je svim srcem mrzio Spitza.

Bevor Buck sich von Curlys Tod erholen konnte, passierte etwas Neues.

Prije nego što se Buck uspio oporaviti od Kovrčavijeve smrti, dogodilo se nešto novo.

François kam herüber und schnallte etwas um Bucks Körper.

François je prišao i nešto omotao Buckovo tijelo.

Es war ein Geschirr wie das, das auf der Ranch für Pferde verwendet wurde.

Bila je to orma poput onih koje se koriste na konjima na ranču.

Buck hatte gesehen, wie Pferde arbeiteten, und nun musste auch er arbeiten.

Kao što je Buck vidio konje kako rade, sada je i on bio prisiljen raditi.

Er musste François auf einem Schlitten in den nahegelegenen Wald ziehen.

Morao je vući Françoisa na sanjkama u obližnju šumu.

Anschließend musste er eine Ladung schweres Brennholz zurückziehen.

Zatim je morao odvući teret teškog drva za ogrjev.

Buck war stolz und deshalb tat es ihm weh, wie ein Arbeitstier behandelt zu werden.

Buck je bio ponosan, pa ga je boljelo što se prema njemu ponašalo kao prema radnoj životinji.

Aber er war klug und versuchte nicht, gegen die neue Situation anzukämpfen.

Ali bio je mudar i nije se pokušavao boriti protiv nove situacije.

Er akzeptierte sein neues Leben und gab bei jeder Aufgabe sein Bestes.

Prihvatio je svoj novi život i dao sve od sebe u svakom zadatku.

Alles an der Arbeit war ihm fremd und ungewohnt.

Sve u vezi s poslom bilo mu je čudno i nepoznato.

François war streng und verlangte unverzüglichen Gehorsam.

François je bio strog i zahtijevao je poslušnost bez odgađanja.

Seine Peitsche sorgte dafür, dass jeder Befehl sofort befolgt wurde.

Njegov bič pazio je da se svaka naredba izvrši odjednom.

Dave war der Schlittenführer, der Hund, der dem Schlitten hinter Buck am nächsten war.

Dave je bio vozač, pas najbliži saonicama iza Bucka.

Dave biss Buck in die Hinterbeine, wenn er einen Fehler machte.

Dave bi ugrizao Bucka za stražnje noge ako bi ovaj pogriješio.

Spitz war der Leithund und in dieser Rolle geschickt und erfahren.

Spitz je bio vodeći pas, vješt i iskusan u toj ulozi.

Spitz konnte Buck nicht leicht erreichen, korrigierte ihn aber trotzdem.

Spitz nije mogao lako doći do Bucka, ali ga je ipak ispravio.

Er knurrte barsch oder zog den Schlitten auf eine Art, die Buck etwas beibrachte.

Oštro je režao ili vukao saonice na načine koji su Bucka podučavali.

Durch dieses Training lernte Buck schneller, als alle erwartet hatten.

Pod ovom obukom, Buck je učio brže nego što je itko od njih očekivao.

Er hat hart gearbeitet und sowohl von François als auch von den anderen Hunden gelernt.

Naporno je radio i učio od Françoisa i ostalih pasa.

Als sie zurückkamen, kannte Buck die wichtigsten Befehle bereits.

Dok su se vratili, Buck je već znao ključne naredbe.

Von François hat er gelernt, beim Laut „ho" anzuhalten.

Naučio je stati na zvuk "ho" od Françoisa.

Er lernte, wann er den Schlitten ziehen und rennen musste.

Naučio je kada je morao vući sanke i trčati.

Er lernte, in den Kurven des Weges ohne Probleme weit abzubiegen.

Naučio je bez problema široko skretati u zavojima na stazi.

Er lernte auch, Dave auszuweichen, wenn der Schlitten schnell bergab fuhr.

Također je naučio izbjegavati Davea kada su sanjke brzo krenule nizbrdo.

„Das sind sehr gute Hunde", sagte François stolz zu Perrault.

„To su vrlo dobri psi", ponosno je rekao François Perraultu.

„Dieser Buck zieht wie der Teufel – ich bringe ihm das so schnell bei, wie ich nur kann."

„Taj Buck vuče kao ludo — učim ga kao nikad prije."

Später am Tag kam Perrault mit zwei weiteren Huskys zurück.

Kasnije tog dana, Perrault se vratio s još dva haskija.

Ihre Namen waren Billee und Joe und sie waren Brüder.

Zvali su se Billee i Joe, i bili su braća.

Sie stammten von derselben Mutter, waren sich aber überhaupt nicht ähnlich.

Potjecali su od iste majke, ali uopće nisu bili slični.

Billee war gutmütig und zu allen sehr freundlich.

Billee je bila blage naravi i previše prijateljski nastrojena prema svima.

Joe war das Gegenteil – ruhig, wütend und immer am Knurren.

Joe je bio sušta suprotnost - tih, ljut i uvijek režeći.

Buck begrüßte sie freundlich und blieb beiden gegenüber ruhig.

Buck ih je prijateljski pozdravio i bio je miran s obojicom.

Dave schenkte ihnen keine Beachtung und blieb wie üblich still.

Dave nije obraćao pažnju na njih i šutio je kao i obično.

Um seine Dominanz zu demonstrieren, griff Spitz zuerst Billee und dann Joe an.

Spitz je prvo napao Billeeja, a zatim Joea, kako bi pokazao svoju dominaciju.

Billee wedelte mit dem Schwanz und versuchte, freundlich zu Spitz zu sein.

Billee je mahao repom i pokušavao biti prijateljski nastrojen prema Spitzu.

Als das nicht funktionierte, versuchte er stattdessen wegzulaufen.

Kad to nije uspjelo, pokušao je umjesto toga pobjeći.

Er weinte traurig, als Spitz ihn fest in die Seite biss.

Tužno je plakao kad ga je Spitz snažno ugrizao u stranu.

Aber Joe war ganz anders und ließ sich nicht einschüchtern.

Ali Joe je bio vrlo drugačiji i odbijao je biti maltretiran.

Jedes Mal, wenn Spitz näher kam, drehte sich Joe schnell um, um ihm in die Augen zu sehen.

Svaki put kad bi se Spitz približio, Joe bi se brzo okrenuo prema njemu.

Sein Fell sträubte sich, seine Lippen kräuselten sich und seine Zähne schnappten wild.

Krzno mu se nakostriješilo, usne izvile, a zubi divlje škljocali.

Joes Augen glänzten vor Angst und Wut und forderten Spitz heraus, zuzuschlagen.

Joeove su oči sjale od straha i bijesa, izazivajući Spitza da udari.

Spitz gab den Kampf auf und wandte sich gedemütigt und wütend ab.

Spitz je odustao od borbe i okrenuo se, ponižen i ljut.

Er ließ seine Frustration an dem armen Billee aus und jagte ihn davon.

Istjerao je svoju frustraciju na jadnom Billeeju i otjerao ga.

An diesem Abend fügte Perrault dem Team einen weiteren Hund hinzu.

Te večeri, Perrault je timu dodao još jednog psa.

Dieser Hund war alt, mager und mit Kampfnarben übersät.

Ovaj pas je bio star, mršav i prekriven ožiljcima iz bitaka.

Eines seiner Augen fehlte, doch das andere blitzte kraftvoll auf.

Jedno mu je oko nedostajalo, ali drugo je snažno bljesnulo.

Der neue Hund hieß Solleks, was „der Wütende" bedeutet.

Novom psu je bilo ime Solleks, što je značilo Ljutiti.

Wie Dave verlangte Solleks nichts von anderen und gab nichts zurück.

Poput Davea, Solleks nije ništa tražio od drugih, niti je što davao zauzvrat.

Als Solleks langsam ins Lager ging, blieb sogar Spitz fern.

Kad je Solleks polako ušao u logor, čak se i Spitz nije udaljio.

Er hatte eine seltsame Angewohnheit, die Buck unglücklicherweise entdeckte.

Imao je čudnu naviku koju Buck, nažalost, nije otkrio.

Solleks hasste es, von der Seite angesprochen zu werden, auf der er blind war.

Solleks je mrzio da mu se prilazi sa strane gdje je bio slijep.

Buck wusste das nicht und machte diesen Fehler versehentlich.

Buck to nije znao i tu je grešku napravio slučajno.

Solleks wirbelte herum und versetzte Buck einen schnellen, tiefen Schlag auf die Schulter.

Solleks se okrenuo i duboko i brzo udario Bucka u rame.

Von diesem Moment an kam Buck nie wieder in die Nähe von Solleks' blinder Seite.

Od tog trenutka nadalje, Buck se nikada nije približio Solleksovoj slijepoj strani.

Für den Rest ihrer gemeinsamen Zeit gab es nie wieder Probleme.

Nikada više nisu imali problema do kraja vremena koje su proveli zajedno.

Solleks wollte nur in Ruhe gelassen werden, wie der ruhige Dave.

Solleks je samo želio da ga se ostavi na miru, poput tihog Davea.

Doch Buck erfuhr später, dass jeder von ihnen ein anderes geheimes Ziel hatte.

Ali Buck će kasnije saznati da je svaki od njih imao još jedan tajni cilj.

In dieser Nacht stand Buck vor einer neuen und beunruhigenden Herausforderung: Wie sollte er schlafen?

Te noći Buck se suočio s novim i mučnim izazovom - kako spavati.

Das Zelt leuchtete warm im Kerzenlicht auf dem schneebedeckten Feld.

Šator je toplo sjao svjetlošću svijeća na snježnom polju.

Buck ging hinein und dachte, er könnte sich dort wie zuvor ausruhen.

Buck je ušao unutra, misleći da se ondje može odmoriti kao i prije.

Aber Perrault und François schrien ihn an und warfen Pfannen.

Ali Perrault i François su vikali na njega i bacali tave.

Schockiert und verwirrt rannte Buck in die eisige Kälte hinaus.

Šokiran i zbunjen, Buck je istrčao van na ledenu hladnoću.

Ein bitterkalter Wind stach ihm in die verletzte Schulter und ließ seine Pfoten erfrieren.

Oštar vjetar bockao ga je u ranjeno rame i smrzavao mu šape.

Er legte sich in den Schnee und versuchte, im Freien zu schlafen.

Legao je na snijeg i pokušao spavati vani na otvorenom.

Doch die Kälte zwang ihn bald, heftig zitternd wieder aufzustehen.

Ali hladnoća ga je ubrzo prisilila da se ponovno digne, snažno se tresući.

Er wanderte durch das Lager und versuchte, ein wärmeres Plätzchen zu finden.

Lutao je logorom, pokušavajući pronaći toplije mjesto.

Aber jede Ecke war genauso kalt wie die vorherige.

Ali svaki kutak bio je jednako hladan kao i onaj prethodni.

Manchmal sprangen ihn wilde Hunde aus der Dunkelheit an.

Ponekad su divlji psi skakali na njega iz tame.

Buck sträubte sein Fell, fletschte die Zähne und knurrte warnend.

Buck se nakostriješio, pokazao zube i zarežao u znak upozorenja.

Er lernte schnell und die anderen Hunde zogen sich schnell zurück.

Brzo je učio, a ostali psi su se brzo povlačili.

Trotzdem hatte er keinen Platz zum Schlafen und keine Ahnung, was er tun sollte.

Ipak, nije imao gdje spavati, niti je imao pojma što učiniti.

Endlich kam ihm ein Gedanke: Er sollte nach seinen Teamkollegen sehen.

Napokon mu je sinula misao - provjeriti svoje suigrače.

Er kehrte in ihre Gegend zurück und war überrascht, dass sie verschwunden waren.

Vratio se u njihov kraj i iznenadio se kad ih je vidio da su otišli.

Erneut durchsuchte er das Lager, konnte sie jedoch immer noch nicht finden.

Ponovno je pretražio logor, ali ih i dalje nije mogao pronaći.

Er wusste, dass sie nicht im Zelt sein durften, sonst wäre er auch dort gewesen.

Znao je da ne smiju biti u šatoru, inače bi i on bio.

Wo also waren all die Hunde in diesem eisigen Lager geblieben?

Pa gdje su onda nestali svi psi u ovom smrznutom logoru?

Buck, kalt und elend, umrundete langsam das Zelt.

Buck, promrzao i jadan, polako je kružio oko šatora.

Plötzlich sanken seine Vorderbeine in den weichen Schnee und er erschrak.

Odjednom su mu prednje noge utonule u mekani snijeg i prestrašile ga.

Etwas zappelte unter seinen Füßen und er sprang ängstlich zurück.

Nešto se migoljilo pod njegovim nogama i on je od straha odskočio unatrag.

Er knurrte und fauchte, ohne zu wissen, was sich unter dem Schnee verbarg.

Režao je i režao, ne znajući što se krije ispod snijega.

Dann hörte er ein freundliches kleines Bellen, das seine Angst linderte.

Tada je čuo prijateljski tihi lavež koji je ublažio njegov strah.

Er schnüffelte in der Luft und kam näher, um zu sehen, was verborgen war.

Ponjušio je zrak i prišao bliže da vidi što je skriveno.

Unter dem Schnee lag, zu einer warmen Kugel zusammengerollt, der kleine Billee.

Pod snijegom, sklupčana u toplu lopticu, bila je mala Billee.

Billee wedelte mit dem Schwanz und leckte Bucks Gesicht zur Begrüßung.

Billee je mahao repom i polizao Buckovo lice kako bi ga pozdravio.

Buck sah, wie Billee im Schnee einen Schlafplatz gebaut hatte.

Buck je vidio kako je Billee napravila mjesto za spavanje u snijegu.

Er hatte sich eingegraben und nutzte seine eigene Wärme, um sich warm zu halten.

Kopao je i koristio vlastitu toplinu da se ugrije.

Buck hatte eine weitere Lektion gelernt – so schliefen die Hunde.

Buck je naučio još jednu lekciju - tako su psi spavali.

Er suchte sich eine Stelle aus und begann, sein eigenes Loch in den Schnee zu graben.

Odabrao je mjesto i počeo kopati vlastitu rupu u snijegu.

Anfangs bewegte er sich zu viel und verschwendete Energie.

U početku se previše kretao i trošio energiju.

Doch bald erwärmte sein Körper den Raum und er fühlte sich sicher.

Ali ubrzo je njegovo tijelo zagrijalo prostor i osjećao se sigurno.

Er rollte sich fest zusammen und schlief bald fest.

Čvrsto se sklupčao i ubrzo je čvrsto zaspao.

Der Tag war lang und hart gewesen und Buck war erschöpft.

Dan je bio dug i naporan, a Buck je bio iscrpljen.

Er schlief tief und fest, obwohl seine Träume wild waren.

Spavao je duboko i udobno, iako su mu snovi bili divlji.

Er knurrte und bellte im Schlaf und wand sich im Traum.

Režao je i lajao u snu, uvijajući se dok je sanjao.

Buck wachte erst auf, als im Lager bereits Leben erwachte.

Buck se nije probudio sve dok se logor već nije probudio.

Zuerst wusste er nicht, wo er war oder was passiert war.

U početku nije znao gdje je niti što se dogodilo.

Über Nacht war Schnee gefallen und hatte seinen Körper vollständig begraben.

Snijeg je pao preko noći i potpuno zatrpao njegovo tijelo.

Der Schnee umgab ihn von allen Seiten dicht.

Snijeg ga je pritiskao, čvrsto sa svih strana.

Plötzlich durchfuhr eine Welle der Angst Bucks ganzen Körper.

Odjednom je val straha prostrujao cijelim Buckovim tijelom.

Es war die Angst, gefangen zu sein, eine Angst aus tiefen Instinkten.

Bio je to strah od zarobljavanja, strah iz dubokih instinkta.

Obwohl er noch nie eine Falle gesehen hatte, lebte die Angst in ihm.

Iako nikada nije vidio zamku, strah je živio u njemu.

Er war ein zahmer Hund, aber jetzt erwachten seine alten wilden Instinkte.

Bio je pitom pas, ali sada su se u njemu budili stari divlji instinkti.

Bucks Muskeln spannten sich an und sein Fell stellte sich auf seinem ganzen Rücken auf.

Buckovi su se mišići napeli, a krzno mu se nakostriješilo po cijelim leđima.

Er knurrte wild und sprang senkrecht durch den Schnee nach oben.

Žestoko je zarežao i skočio ravno kroz snijeg.

Als er ins Tageslicht trat, flog Schnee in alle Richtungen.

Snijeg je letio na sve strane dok je izbijao na dnevno svjetlo.

Schon vor der Landung sah Buck das Lager vor sich ausgebreitet.

Čak i prije slijetanja, Buck je vidio kako se logor prostire pred njim.

Er erinnerte sich auf einmal an alles vom Vortag.

Sjetio se svega od prethodnog dana, odjednom.

Er erinnerte sich daran, wie er mit Manuel spazieren gegangen war und an diesem Ort gelandet war.

Sjetio se šetnje s Manuelom i završetka na ovom mjestu.

Er erinnerte sich daran, wie er das Loch gegraben hatte und in der Kälte eingeschlafen war.

Sjetio se kako je iskopao rupu i zaspao na hladnoći.

Jetzt war er wach und die wilde Welt um ihn herum war klar.

Sada je bio budan, a divlji svijet oko njega bio je jasan.

Ein Ruf von François begrüßte Bucks plötzliches Auftauchen.

François je povikao pozdravom Buckovom iznenadnom pojavljivanju.

„Was habe ich gesagt?", rief der Hundeführer Perrault laut zu.

„Što sam rekao?" glasno je povikao gonič psa Perraultu.

„Dieser Buck lernt wirklich sehr schnell", fügte François hinzu.

„Taj Buck stvarno uči brzo kao išta", doda François.

Perrault nickte ernst und war offensichtlich mit dem Ergebnis zufrieden.

Perrault je ozbiljno kimnuo, očito zadovoljan rezultatom.

Als Kurier für die kanadische Regierung beförderte er Depeschen.

Kao kurir za kanadsku vladu, nosio je depeše.

Er war bestrebt, die besten Hunde für seine wichtige Mission zu finden.

Bio je željan pronaći najbolje pse za svoju važnu misiju.

Er war besonders erfreut, dass Buck nun Teil des Teams war.

Osjećao se posebno zadovoljnim sada što je Buck bio dio tima.

Innerhalb einer Stunde kamen drei weitere Huskies zum Team hinzu.

U roku od sat vremena timu su dodana još tri haskija.

Damit betrug die Gesamtzahl der Hunde im Team neun.

Time se ukupan broj pasa u timu popeo na devet.

Innerhalb von fünfzehn Minuten lagen alle Hunde im Geschirr.

U roku od petnaest minuta svi su psi bili u svojim pojasevima.

Das Schlittenteam schwang sich den Weg hinauf in Richtung Dyea Cañon.

Sankaška zaprega se uspinjala stazom prema Dyea Canyonu.

Buck war froh, gehen zu können, auch wenn die Arbeit, die vor ihm lag, hart war.

Buck je bio sretan što odlazi, čak i ako je posao koji je pred njima bio težak.

Er stellte fest, dass er weder die Arbeit noch die Kälte besonders verabscheute.

Otkrio je da ne prezire osobito rad ili hladnoću.

Er war überrascht von der Begeisterung, die das gesamte Team erfüllte.

Iznenadila ga je nestrpljivost koja je ispunila cijelu ekipu.

Noch überraschender war die Veränderung, die bei Dave und Solleks vor sich ging.

Još iznenađujuća bila je promjena koja je zadesila Davea i Solleksa.

Diese beiden Hunde waren völlig unterschiedlich, als sie ein Geschirr trugen.

Ova dva psa bila su potpuno različita kada su ih upregli.

Ihre Passivität und Sorglosigkeit waren völlig verschwunden.

Njihova pasivnost i nedostatak brige potpuno su nestali.

Sie waren aufmerksam und aktiv und bestrebt, ihre Arbeit gut zu machen.

Bili su budni i aktivni te željni dobro obaviti svoj posao.

Sie reagierten äußerst verärgert über alles, was zu Verzögerungen oder Verwirrung führte.

Postajali su žestoko iritirani svime što je uzrokovalo kašnjenje ili zbunjenost.

Die harte Arbeit an den Zügeln stand im Mittelpunkt ihres gesamten Wesens.

Naporan rad na uzdama bio je središte cijelog njihovog bića.

Das Schlittenziehen schien das Einzige zu sein, was ihnen wirklich Spaß machte.

Vuča saonica činila se jedinom stvari u kojoj su istinski uživali.

Dave war am Ende der Gruppe und dem Schlitten am nächsten.

Dave je bio na začelju grupe, najbliži samim sanjkama.

Buck landete vor Dave und Solleks zog an Buck vorbei.

Buck je bio postavljen ispred Davea, a Solleks je pretrčao Bucka.

Die übrigen Hunde liefen in einer Reihe vorn.

Ostali psi bili su razapeti naprijed u koloni za jednog.

Die Führungsposition an der Spitze besetzte Spitz.

Vodeću poziciju na čelu popunio je Spitz.

Buck war zur Einweisung zwischen Dave und Solleks platziert worden.

Buck je bio postavljen između Davea i Solleksa radi instrukcija.

Er lernte schnell und sie waren strenge und fähige Lehrer.

Brzo je učio, a oni su bili čvrsti i sposobni učitelji.

Sie ließen nie zu, dass Buck lange im Irrtum blieb.

Nikada nisu dopustili da Buck dugo ostane u zabludi.

Sie erteilten ihre Lektionen, wenn nötig, mit scharfen Zähnen.

Poučavali su svoje lekcije oštrim zubima kada je bilo potrebno.

Dave war fair und zeigte eine ruhige, ernste Art von Weisheit.

Dave je bio pravedan i pokazivao je tihu, ozbiljnu vrstu mudrosti.

Er hat Buck nie ohne guten Grund gebissen.

Nikad nije ugrizao Bucka bez dobrog razloga za to.

Aber er hat es nie versäumt, zuzubeißen, wenn Buck eine Korrektur brauchte.

Ali nikad nije propustio ugristi kad je Bucku trebalo ispraviti.

François' Peitsche war immer bereit und untermauerte ihre Autorität.

Françoisin bič je uvijek bio spreman i podupirao je njihov autoritet.

Buck merkte bald, dass es besser war zu gehorchen, als sich zu wehren.

Buck je ubrzo shvatio da je bolje poslušati nego uzvratiti udarac.

Einmal verhedderte sich Buck während einer kurzen Pause in den Zügeln.

Jednom, tijekom kratkog odmora, Buck se zapetljao u uzde.

Er verzögerte den Start und brachte die Bewegungen des Teams durcheinander.

Odgodio je početak i zbunio kretanje ekipe.

Dave und Solleks stürzten sich auf ihn und verprügelten ihn brutal.

Dave i Solleks su se navalili na njega i žestoko ga pretukli.

Das Gewirr wurde nur noch schlimmer, aber Buck lernte seine Lektion.

Zaplet se samo pogoršavao, ali Buck je dobro naučio lekciju.

Von da an hielt er die Zügel straff und arbeitete vorsichtig.

Od tada je držao uzde zategnutima i radio pažljivo.

Bevor der Tag zu Ende war, hatte Buck einen Großteil seiner Aufgabe gemeistert.

Prije kraja dana, Buck je savladao veći dio svog zadatka.

Seine Teamkollegen hörten fast auf, ihn zu korrigieren oder zu beißen.

Njegovi suigrači gotovo su prestali ispravljati ga ili gristi.

François' Peitsche knallte immer seltener durch die Luft.

Françoisov bič je sve rjeđe pucketao zrakom.

Perrault hob sogar Bucks Füße an und untersuchte sorgfältig jede Pfote.

Perrault je čak podigao Buckove noge i pažljivo pregledao svaku šapu.

Es war ein harter Tageslauf gewesen, lang und anstrengend für alle.

Bio je to težak dan trčanja, dug i iscrpljujući za sve njih.

Sie reisten den Cañon hinauf, durch Sheep Camp und an den Scales vorbei.

Putovali su uz kanjon, kroz Ovčji logor i pored Vage.

Sie überquerten die Baumgrenze, dann Gletscher und meterhohe Schneeverwehungen.

Prešli su granicu šume, zatim ledenjake i snježne nanose duboke mnogo metara.

Sie erklommen die große, kalte und unwirtliche Chilkoot-Wasserscheide.

Popeli su se na veliki, hladni i zastrašujući Chilkoot Divide.

Dieser hohe Bergrücken lag zwischen Salzwasser und dem gefrorenen Landesinneren.

Taj visoki greben stajao je između slane vode i smrznute unutrašnjosti.

Die Berge bewachten den traurigen und einsamen Norden mit Eis und steilen Anstiegen.

Planine su ledom i strmim usponima čuvale tužni i usamljeni Sjever.

Sie kamen gut voran und erreichten eine lange Kette von Seen unterhalb der Wasserscheide.

Dobro su se spustili niz dugi lanac jezera ispod prijevoja.

Diese Seen füllten die alten Krater erloschener Vulkane.
Ta su jezera ispunjavala drevne kratere ugaslih vulkana.
Spät in der Nacht erreichten sie ein großes Lager am Lake Bennett.
Kasno te noći stigli su do velikog logora na jezeru Bennett.
Tausende Goldsucher waren dort und bauten Boote für den Frühling.
Tisuće tragača za zlatom bile su tamo i gradile su brodove za proljeće.
Das Eis würde bald aufbrechen und sie mussten bereit sein.
Led će se uskoro topiti i morali su biti spremni.
Buck grub sein Loch in den Schnee und fiel in einen tiefen Schlaf.
Buck je iskopao rupu u snijegu i duboko zaspao.
Er schlief wie ein Arbeiter, erschöpft von einem harten Arbeitstag.
Spavao je kao radnik, iscrpljen od teškog radnog dana.
Doch zu früh wurde er in der Dunkelheit aus dem Schlaf gerissen.
Ali prerano u mraku, bio je izvučen iz sna.
Er wurde wieder mit seinen Kumpels angeschirrt und vor den Schlitten gespannt.
Ponovno je bio upregnut sa svojim prijateljima i pričvršćen za saonice.
An diesem Tag legten sie sechzig Kilometer zurück, weil der Schnee festgetreten war.
Tog dana su prešli četrdeset milja, jer je snijeg bio dobro utaban.
Am nächsten Tag und noch viele Tage danach war der Schnee weich.
Sljedećeg dana, i mnogo dana nakon toga, snijeg je bio mekan.
Sie mussten den Weg selbst bahnen, härter arbeiten und langsamer vorankommen.
Morali su sami probiti put, radeći više i krećući se sporije.
Normalerweise ging Perrault mit Schwimmhäuten an den Schneeschuhen vor dem Team her.

Obično je Perrault hodao ispred tima s krpljama s plivaćom mrežom.

Seine Schritte verdichteten den Schnee und erleichterten so die Fortbewegung des Schlittens.

Njegovi su koraci utabali snijeg, olakšavajući kretanje saonica.

François, der vom Steuerstand aus steuerte, übernahm manchmal die Kontrolle.

François, koji je upravljao s kormilarske motke, ponekad je preuzimao kontrolu.

Aber es kam selten vor, dass François die Führung übernahm

Ali rijetko je François preuzimao vodstvo

weil Perrault es eilig hatte, die Briefe und Pakete auszuliefern.

jer se Perrault žurio s dostavom pisama i paketa.

Perrault war stolz auf sein Wissen über Schnee und insbesondere Eis.

Perrault je bio ponosan na svoje znanje o snijegu, a posebno ledu.

Dieses Wissen war von entscheidender Bedeutung, da das Eis im Herbst gefährlich dünn war.

To je znanje bilo ključno, jer je jesenski led bio opasno tanak.

Wo das Wasser unter der Oberfläche schnell floss, gab es überhaupt kein Eis.

Tamo gdje je voda brzo tekla ispod površine, uopće nije bilo leda.

Tag für Tag wiederholte sich endlos die gleiche Routine.

Dan za danom, ista rutina se ponavljala bez kraja.

Buck arbeitete unermüdlich von morgens bis abends in den Zügeln.

Buck se beskrajno mučio na uzdama od zore do noći.

Sie verließen das Lager im Dunkeln, lange bevor die Sonne aufgegangen war.

Napustili su logor u mraku, mnogo prije nego što je sunce izašlo.

Als es Tag wurde, hatten sie bereits viele Kilometer zurückgelegt.

Dok je svanulo, već su prešli mnogo kilometara.

Sie schlugen ihr Lager nach Einbruch der Dunkelheit auf, aßen Fisch und gruben sich in den Schnee ein.

Logor su podigli nakon mraka, jedući ribu i ukopavajući se u snijeg.

Buck war immer hungrig und mit seiner Ration nie wirklich zufrieden.

Buck je uvijek bio gladan i nikad nije bio istinski zadovoljan svojom hranom.

Er erhielt jeden Tag anderthalb Pfund getrockneten Lachs.

Svaki dan je dobivao pola kilograma sušenog lososa.

Doch das Essen schien in ihm zu verschwinden und ließ den Hunger zurück.

Ali hrana kao da je nestajala u njemu, ostavljajući glad za sobom.

Er litt unter ständigem Hunger und träumte von mehr Essen.

Patio je od stalnih napadaja gladi i sanjao je o još hrane.

Die anderen Hunde haben nur ein Pfund abgenommen, sind aber stark geblieben.

Drugi psi su dobili samo pola kilograma hrane, ali su ostali jaki.

Sie waren kleiner und in das Leben im Norden hineingeboren.

Bili su manji i rođeni su u sjevernjačkom načinu života.

Er verlor rasch die Sorgfalt, die sein früheres Leben geprägt hatte.

Brzo je izgubio pedantnost koja je obilježavala njegov stari život.

Er war ein gieriger Esser gewesen, aber jetzt war das nicht mehr möglich.

Bio je profinjen izjelica, ali sada to više nije bilo moguće.

Seine Kameraden waren zuerst fertig und raubten ihm seine noch nicht aufgegessene Ration.

Njegovi prijatelji su prvi završili i oteli mu nedovršenu porciju.

Als sie einmal damit anfingen, gab es keine Möglichkeit mehr, sein Essen vor ihnen zu verteidigen.

Kad su počeli, nije bilo načina da obrani svoju hranu od njih.

Während er zwei oder drei Hunde abwehrte, stahlen die anderen den Rest.

Dok se on borio s dva ili tri psa, ostali su ukrali ostale.

Um dies zu beheben, begann er, so schnell zu essen wie die anderen.

Da bi to popravio, počeo je jesti jednako brzo kao i ostali.

Der Hunger trieb ihn so sehr an, dass er sogar Essen zu sich nahm, das ihm nicht gehörte.

Glad ga je toliko tjerala da je čak uzimao i hranu koja nije bila njegova.

Er beobachtete die anderen und lernte schnell aus ihren Handlungen.

Promatrao je ostale i brzo učio iz njihovih postupaka.

Er sah, wie Pike, ein neuer Hund, Perrault eine Scheibe Speck stahl.

Vidio je Pikea, novog psa, kako krade krišku slanine od Perraulta.

Pike hatte gewartet, bis Perrault sich umdrehte, um den Speck zu stehlen.

Pike je čekao da Perrault okrene leđa kako bi ukrao slaninu.

Am nächsten Tag machte Buck es Pike nach und stahl das ganze Stück.

Sljedećeg dana, Buck je kopirao Pikea i ukrao cijeli komad.

Es folgte ein großer Aufruhr, doch Buck wurde nicht verdächtigt.

Uslijedila je velika buka, ali Buck nije bio sumnjiv.

Stattdessen wurde Dub bestraft, ein tollpatschiger Hund, der immer erwischt wurde.

Umjesto toga kažnjen je Dub, nespretni pas koji se uvijek nađe uhvaćen.

Dieser erste Diebstahl machte Buck zu einem Hund, der in der Lage war, im Norden zu überleben.

Ta prva krađa označila je Bucka kao psa sposobnog preživjeti Sjever.

Er zeigte, dass er sich an neue Bedingungen anpassen und schnell lernen konnte.

Pokazao je da se može brzo prilagoditi novim uvjetima i učiti.

Ohne diese Anpassungsfähigkeit wäre er schnell und auf schlimme Weise gestorben.

Bez takve prilagodljivosti, umro bi brzo i teško.

Es markierte auch den Zusammenbruch seiner moralischen Natur und seiner früheren Werte.

To je također označilo slom njegove moralne prirode i prošlih vrijednosti.

Im Südland hatte er nach dem Gesetz der Liebe und Güte gelebt.

U Jugu je živio po zakonu ljubavi i dobrote.

Dort war es sinnvoll, Eigentum und die Gefühle anderer Hunde zu respektieren.

Tamo je imalo smisla poštivati vlasništvo i osjećaje drugih pasa.

Aber das Nordland befolgte das Gesetz der Keule und das Gesetz der Reißzähne.

Ali Sjeverozapad je slijedio zakon palice i zakon očnjaka.

Wer hier alte Werte respektierte, war dumm und würde scheitern.

Tko god je ovdje poštovao stare vrijednosti, bio je glup i propao bi.

Buck hat das alles nicht durchdacht.

Buck nije sve to razradio u sebi.

Er war fit und passte sich daher an, ohne darüber nachdenken zu müssen.

Bio je u formi pa se prilagodio bez potrebe za razmišljanjem.

Sein ganzes Leben lang war er noch nie vor einem Kampf davongelaufen.

Cijeli svoj život nikada nije pobjegao od borbe.

Doch die Holzkeule des Mannes im roten Pullover änderte diese Regel.

Ali drvena palica čovjeka u crvenom džemperu promijenila je to pravilo.

Jetzt folgte er einem tieferen, älteren Code, der in sein Wesen eingeschrieben war.

Sada je slijedio dublji, stariji kod upisan u njegovo biće.

Er stahl nicht aus Vergnügen, sondern aus Hunger.

Nije krao iz zadovoljstva, već iz boli gladi.

Er raubte nie offen, sondern stahl mit List und Sorgfalt.

Nikada nije otvoreno pljačkao, već je krao lukavo i pažljivo.

Er handelte aus Respekt vor der Holzkeule und aus Angst vor dem Fangzahn.

Djelovao je iz poštovanja prema drvenoj toljagi i straha od očnjaka.

Kurz gesagt, er hat das getan, was einfacher und sicherer war, als es nicht zu tun.

Ukratko, učinio je ono što je bilo lakše i sigurnije nego ne učiniti.

Seine Entwicklung – oder vielleicht seine Rückkehr zu alten Instinkten – verlief schnell.

Njegov razvoj - ili možda njegov povratak starim instinktima - bio je brz.

Seine Muskeln verhärteten sich, bis sie sich stark wie Eisen anfühlten.

Mišići su mu se stvrdnuli sve dok nisu postali jaki poput željeza.

Schmerzen machten ihm nichts mehr aus, es sei denn, sie waren ernst.

Više ga nije bilo briga za bol, osim ako nije bila ozbiljna.

Er wurde durch und durch effizient und verschwendete überhaupt nichts.

Postao je učinkovit iznutra i izvana, ne trošeći ništa uzalud.

Er konnte Dinge essen, die scheußlich, verdorben oder schwer verdaulich waren.

Mogao je jesti stvari koje su bile odvratne, trule ili teško probavljive.

Was auch immer er aß, sein Magen verbrauchte das letzte bisschen davon.

Što god je jeo, njegov je želudac iskoristio svaki djelić vrijednosti.

Sein Blut transportierte die Nährstoffe weit durch seinen kräftigen Körper.

Njegova krv je nosila hranjive tvari daleko kroz njegovo snažno tijelo.

Dadurch baute er starkes Gewebe auf, das ihm eine unglaubliche Ausdauer verlieh.

To je izgradilo jaka tkiva koja su mu dala nevjerojatnu izdržljivost.

Sein Seh- und Geruchssinn wurden viel feiner als zuvor.

Njegov vid i njuh postali su mnogo osjetljiviji nego prije.

Sein Gehör wurde so scharf, dass er im Schlaf leise Geräusche wahrnehmen konnte.

Sluh mu se toliko izoštrio da je mogao čuti slabe zvukove u snu.

In seinen Träumen wusste er, ob die Geräusche Sicherheit oder Gefahr bedeuteten.

U snovima je znao znače li zvukovi sigurnost ili opasnost.

Er lernte, mit den Zähnen auf das Eis zwischen seinen Zehen zu beißen.

Naučio je zubima gristi led između prstiju.

Wenn ein Wasserloch zufror, brach er das Eis mit seinen Beinen.

Ako bi se pojilo zaledilo, probio bi led nogama.

Er bäumte sich auf und schlug mit seinen steifen Vorderbeinen hart auf das Eis.

Propeo se i snažno udario o led ukočenim prednjim udovima.

Seine bemerkenswerteste Fähigkeit war die Vorhersage von Windänderungen über Nacht.

Njegova najupečatljivija sposobnost bila je predviđanje promjena vjetra tijekom noći.

Selbst bei Windstille suchte er sich windgeschützte Stellen aus.

Čak i kad je zrak bio miran, birao je mjesta zaštićena od vjetra.

Wo auch immer er sein Nest grub, der Wind des nächsten Tages strich an ihm vorbei.

Gdje god je iskopao gnijezdo, vjetar sljedećeg dana ga je prošao.

Er landete immer gemütlich und geschützt, in Lee der Brise.

Uvijek je završavao udobno smješten i zaštićen, u zavjetrini od povjetarca.

Buck hat nicht nur durch Erfahrung gelernt – auch seine Instinkte sind zurückgekehrt.

Buck nije samo učio iz iskustva - i njegovi su se instinkti vratili.

Die Gewohnheiten der domestizierten Generationen begannen zu verschwinden.

Navike pripitomljenih generacija počele su nestajati.

Er erinnerte sich vage an die alten Zeiten seiner Rasse.

Na nejasne načine, sjećao se davnih vremena svoje vrste.

Er dachte an die Zeit zurück, als wilde Hunde in Rudeln durch die Wälder rannten.

Sjetio se vremena kada su divlji psi trčali u čoporima kroz šume.

Sie hatten ihre Beute gejagt und getötet, während sie sie verfolgten.

Progonili su i ubili svoj plijen dok su ga gonili.

Buck lernte leicht, mit Biss und Schnelligkeit zu kämpfen.

Bucku je bilo lako naučiti kako se boriti zubima i brzinom.

Er verwendete Schnitte, Hiebe und schnelle Schnappschüsse, genau wie seine Vorfahren.

Koristio je rezove, posjekotine i brze pucketaje baš kao i njegovi preci.

Diese Vorfahren regten sich in ihm und erweckten seine wilde Natur.

Ti su se preci u njemu probudili i probudili njegovu divlju prirodu.

Ihre alten Fähigkeiten waren ihm durch die Blutlinie vererbt worden.

Njihove stare vještine prešle su na njega kroz krvnu lozu.

Ihre Tricks gehörten ihm nun, ohne dass er üben oder sich anstrengen musste.

Njihovi trikovi su sada bili njegovi, bez potrebe za vježbom ili trudom.

In stillen, kalten Nächten hob Buck die Nase und heulte.

U mirnim, hladnim noćima, Buck je dizao nos i zavijao.

Er heulte lang und tief, so wie es die Wölfe vor langer Zeit getan hatten.

Zavijao je dugo i duboko, onako kako su to vukovi činili davno prije.

Durch ihn streckten seine toten Vorfahren ihre Nasen und heulten.

Kroz njega su njegovi mrtvi preci pokazivali nosove i zavijali.

Sie heulten durch die Jahrhunderte mit seiner Stimme und Gestalt.

Zavijali su kroz stoljeća njegovim glasom i oblikom.

Seine Kadenzen waren ihre, alte Schreie, die von Kummer und Kälte erzählten.

Njegovi ritmovi bili su njihovi, stari krici koji su govorili o tuzi i hladnoći.

Sie sangen von Dunkelheit, Hunger und der Bedeutung des Winters.

Pjevali su o tami, o gladi i značenju zime.

Buck bewies, wie das Leben von Kräften jenseits des eigenen Ichs geprägt wird.

Buck je dokazao kako život oblikuju sile izvan nas samih,

Das uralte Lied stieg durch Buck auf und ergriff seine Seele.

Drevna pjesma prostrujala je Buckom i obuzela mu dušu.

Er fand sich selbst, weil Menschen im Norden Gold gefunden hatten.

Pronašao se jer su ljudi pronašli zlato na Sjeveru.

Und er fand sich selbst, weil Manuel, der Gärtnergehilfe, Geld brauchte.

I našao se jer je Manuelu, vrtlarovom pomoćniku, trebao novac.

Das dominante Urtier
Dominantna Praiskonska Zvijer

In Buck war das dominante Urtier so stark wie eh und je.
Dominantna iskonska zvijer bila je u Bucku jaka kao i uvijek.
Doch das dominante Urtier hatte in ihm geschlummert.
Ali dominantna iskonska zvijer drijemala je u njemu.
Das Leben auf dem Trail war hart, aber es stärkte das Tier in Buck.
Život na stazi bio je surov, ali je ojačao zvijer u Bucku.
Insgeheim wurde das Biest von Tag zu Tag stärker.
Zvijer je potajno postajala sve jača i jača svakim danom.
Doch dieses innere Wachstum blieb der Außenwelt verborgen.
Ali taj unutarnji rast ostao je skriven vanjskom svijetu.
In Buck baute sich eine stille und ruhige Urkraft auf.
Tiha i mirna iskonska sila stvarala se u Bucku.
Neue Gerissenheit verlieh Buck Gleichgewicht, Ruhe und Selbstbeherrschung.
Nova lukavost dala je Bucku ravnotežu, smirenu kontrolu i staloženost.
Buck konzentrierte sich sehr auf die Anpassung und fühlte sich nie völlig entspannt.
Buck se snažno usredotočio na prilagodbu, nikada se ne osjećajući potpuno opušteno.
Er ging Konflikten aus dem Weg, fing nie Streit an und suchte auch nie Ärger.
Izbjegavao je sukobe, nikada nije započinjao svađe niti tražio probleme.
Jede Bewegung von Buck war von langsamer, stetiger Nachdenklichkeit geprägt.
Spora, postojana promišljenost oblikovala je svaki Buckov pokret.
Er vermied überstürzte Entscheidungen und plötzliche, rücksichtslose Entschlüsse.
Izbjegavao je brzoplete izbore i iznenadne, nepromišljene odluke.

Obwohl Buck Spitz zutiefst hasste, zeigte er ihm gegenüber keine Aggression.

Iako je Buck duboko mrzio Spitza, nije pokazivao nikakvu agresiju prema njemu.

Buck hat Spitz nie provoziert und sein Verhalten zurückhaltend gehalten.

Buck nikada nije provocirao Spitza i držao se suzdržano u svojim postupcima.

Spitz hingegen spürte die wachsende Gefahr, die von Buck ausging.

Spitz je, s druge strane, osjetio rastuću opasnost u Bucku.

Er sah in Buck eine Bedrohung und eine ernsthafte Herausforderung seiner Macht.

Bucka je vidio kao prijetnju i ozbiljan izazov svojoj moći.

Er nutzte jede Gelegenheit, um zu knurren und seine scharfen Zähne zu zeigen.

Koristio je svaku priliku da zareži i pokaže oštre zube.

Er versuchte, den tödlichen Kampf zu beginnen, der bevorstand.

Pokušavao je započeti smrtonosnu borbu koja je morala doći.

Schon zu Beginn der Reise wäre es beinahe zu einem Streit zwischen ihnen gekommen.

Na početku putovanja, gotovo je izbila tučnjava među njima.

Doch ein unerwarteter Unfall verhinderte den Kampf.

Ali neočekivana nesreća spriječila je borbu.

An diesem Abend schlugen sie ihr Lager am bitterkalten Lake Le Barge auf.

Te večeri postavili su logor na jako hladnom jezeru Le Barge.

Es schneite heftig und der Wind war schneidend wie ein Messer.

Snijeg je padao snažno, a vjetar je rezao kao nož.

Die Nacht war zu schnell hereingebrochen und Dunkelheit umgab sie.

Noć je pala prebrzo i obavila ih je tama.

Sie hätten sich kaum einen schlechteren Ort zum Ausruhen aussuchen können.

Teško su mogli odabrati gore mjesto za odmor.

Die Hunde suchten verzweifelt nach einem Platz zum Hinlegen.

Psi su očajnički tražili mjesto za leći.

Hinter der kleinen Gruppe erhob sich steil eine hohe Felswand.

Visoki kameni zid strmo se uzdizao iza male skupine.

Das Zelt wurde in Dyea zurückgelassen, um die Last zu erleichtern.

Šator je bio ostavljen u Dyei kako bi se olakšao teret.

Ihnen blieb nichts anderes übrig, als das Feuer auf dem Eis selbst zu machen.

Nisu imali drugog izbora nego zapaliti vatru na samom ledu.

Sie breiten ihre Schlafmäntel direkt auf dem zugefrorenen See aus.

Raširili su svoje spavaćice direktno na zaleđenom jezeru.

Ein paar Stücke Treibholz gaben ihnen ein wenig Feuer.

Nekoliko naplavljenih drva dalo im je malo vatre.

Doch das Feuer wurde auf dem Eis entfacht und taute hindurch.

Ali vatra je bila naložena na ledu i odmrznula se kroz njega.

Schließlich aßen sie ihr Abendessen im Dunkeln.

Napokon su večerali u mraku.

Buck rollte sich neben dem Felsen zusammen, geschützt vor dem kalten Wind.

Buck se sklupčao pokraj stijene, zaklonjen od hladnog vjetra.

Der Platz war so warm und sicher, dass Buck es hasste, wegzugehen.

Mjesto je bilo tako toplo i sigurno da se Buck mrzio odseliti.

Aber François hatte den Fisch aufgewärmt und verteilte die Rationen.

Ali François je podgrijao ribu i dijelio je obroke.

Buck aß schnell fertig und ging zurück in sein Bett.

Buck je brzo završio s jelom i vratio se u krevet.

Aber Spitz lag jetzt dort, wo Buck sein Bett gemacht hatte.

Ali Spitz je sada ležao tamo gdje mu je Buck namjestio krevet.

Ein leises Knurren warnte Buck, dass Spitz sich weigerte, sich zu bewegen.

Tiho režanje upozorilo je Bucka da se Spitz odbija pomaknuti.
Bisher hatte Buck diesen Kampf mit Spitz vermieden.
Do sada je Buck izbjegavao ovu borbu sa Spitzom.
Doch tief in Bucks Innerem brach das Biest schließlich aus.
Ali duboko u Bucku, zvijer se konačno oslobodila.
Der Diebstahl seines Schlafplatzes war zu viel für ihn.
Krađa njegovog mjesta za spavanje bila je previše za tolerirati.
Buck stürzte sich voller Wut und Zorn auf Spitz.
Buck se bacio na Spitza, pun ljutnje i bijesa.
Bis jetzt hatte Spitz gedacht, Buck sei bloß ein großer Hund.
Do nedavno, Spitz je mislio da je Buck samo veliki pas.
Er glaubte nicht, dass Buck durch seinen Geist überlebt hatte.
Nije mislio da je Buck preživio zahvaljujući svom duhu.
Er erwartete Angst und Feigheit, nicht Wut und Rache.
Očekivao je strah i kukavičluk, a ne bijes i osvetu.
François starrte die beiden Hunde an, als sie aus dem zerstörten Nest stürmten.
François je zurio dok su oba psa iskakala iz razorenog gnijezda.
Er verstand sofort, was den wilden Kampf ausgelöst hatte.
Odmah je shvatio što je započelo divlju borbu.
„Aa-ah!", rief François, um dem braunen Hund zuzujubeln.
„Aa-ah!" uzviknuo je François podržavajući smeđeg psa.
„Verprügelt ihn! Bei Gott, bestraft diesen hinterhältigen Dieb!"
"Daj mu batine! Bože, kazni tog podmuklog lopova!"
Spitz zeigte gleichermaßen Bereitschaft und wilden Kampfeswillen.
Spitz je pokazao jednaku spremnost i divlju želju za borbom.
Er schrie wütend auf, während er schnell im Kreis kreiste und nach einer Öffnung suchte.
Bijesno je kriknuo dok je brzo kružio tražeći otvor.
Buck zeigte den gleichen Kampfeshunger und die gleiche Vorsicht.
Buck je pokazao istu glad za borbom i isti oprez.

Auch er umkreiste seinen Gegner und versuchte, im Kampf die Oberhand zu gewinnen.

Kružio je i oko svog protivnika, pokušavajući steći prednost u borbi.

Dann geschah etwas Unerwartetes und veränderte alles.

Tada se dogodilo nešto neočekivano i sve promijenilo.

Dieser Moment verzögerte den letztendlichen Kampf um die Führung.

Taj trenutak je odgodio konačnu borbu za vodstvo.

Bis zum Ende warteten noch viele Meilen voller Mühe und Anstrengung.

Mnogo kilometara puta i borbe još je čekalo do kraja.

Perrault stieß einen Fluch aus, als eine Keule auf Knochen schlug.

Perrault je viknuo psovku dok je toljaga udarila o kost.

Es folgte ein scharfer Schmerzensschrei, dann brach überall Chaos aus.

Uslijedio je oštar krik boli, a zatim je kaos eksplodirao posvuda.

Dunkle Gestalten bewegten sich im Lager; wilde Huskys, ausgehungert und wild.

Tamne su se siluete kretale logorom; divlji haskiji, izgladnjeli i divlji.

Vier oder fünf Dutzend Huskys hatten das Lager von weitem erschnüffelt.

Četiri ili pet tuceta haskija nanjušilo je logor izdaleka.

Sie hatten sich leise hineingeschlichen, während die beiden Hunde in der Nähe kämpften.

Tiho su se ušuljali dok su se dva psa svađala u blizini.

François und Perrault griffen an und schwangen Knüppel auf die Eindringlinge.

François i Perrault su jurnuli, zamahujući palicama prema osvajačima.

Die ausgehungerten Huskies zeigten ihre Zähne und wehrten sich rasend.

Izgladnjeli haskiji pokazali su zube i mahnito uzvratili.

Der Geruch von Fleisch und Brot hatte sie alle Angst vertreiben lassen.

Miris mesa i kruha otjerao ih je iz ruku sav strah.

Perrault schlug einen Hund, der seinen Kopf in der Fresskiste vergraben hatte.

Perrault je pretukao psa koji je zario glavu u kutiju s hranom.

Der Schlag war hart, die Schachtel kippte um und das Essen quoll heraus.

Udarac je bio snažan, kutija se prevrnula i hrana se prosula.

Innerhalb von Sekunden rissen sich zwanzig wilde Tiere über das Brot und das Fleisch her.

Za nekoliko sekundi, desetak divljih zvijeri rastrgalo je kruh i meso.

Die Keulen der Männer landeten Schlag auf Schlag, doch kein Hund ließ nach.

Muške palice su zadavale udarac za udarcem, ali nijedan pas se nije okrenuo.

Sie schrien vor Schmerz, kämpften aber, bis kein Futter mehr übrig war.

Zavijali su od boli, ali su se borili sve dok im nije ostalo hrane.

Inzwischen waren die Schlittenhunde aus ihren verschneiten Betten gesprungen.

U međuvremenu, psi za vuču saonica skočili su iz svojih snježnih kreveta.

Sie wurden sofort von den bösartigen, hungrigen Huskys angegriffen.

Odmah su ih napali okrutni gladni haskiji.

Buck hatte noch nie zuvor so wilde und ausgehungerte Tiere gesehen.

Buck nikada prije nije vidio tako divlja i izgladnjela stvorenja.

Ihre Haut hing lose und verbarg kaum ihr Skelett.

Koža im je visjela opušteno, jedva skrivajući kosture.

In ihren Augen brannte ein Feuer aus Hunger und Wahnsinn

U njihovim očima gorjela je vatra, od gladi i ludila

Sie waren nicht aufzuhalten, ihrem wilden Ansturm war kein Widerstand zu leisten.

Nije ih se moglo zaustaviti; nije se moglo oduprijeti njihovom divljem naletu.

Die Schlittenhunde wurden zurückgedrängt und gegen die Felswand gedrückt.

Psi za saonice bili su odgurnuti unatrag, pritisnuti uz zid litice.

Drei Huskies griffen Buck gleichzeitig an und rissen ihm das Fleisch auf.

Tri haskija su odjednom napala Bucka, kidajući mu meso.

Aus den Schnittwunden an seinem Kopf und seinen Schultern strömte Blut.

Krv mu je curila iz glave i ramena, gdje je bio porezan.

Der Lärm erfüllte das Lager: Knurren, Jaulen und Schmerzensschreie.

Buka je ispunila logor; režanje, cviljenje i bolni krici.

Billee weinte wie immer laut, gefangen im Kampf und in der Panik.

Billee je glasno plakala, kao i obično, uhvaćena usred svađe i panike.

Dave und Solleks standen Seite an Seite, blutend, aber trotzig.

Dave i Solleks stajali su jedan pored drugoga, krvareći, ali prkosno.

Joe kämpfte wie ein Dämon und biss alles, was ihm zu nahe kam.

Joe se borio kao demon, grizući sve što mu se približilo.

Mit einem brutalen Schnappen seines Kiefers zerquetschte er das Bein eines Huskys.

Jednim brutalnim škljocanjem čeljusti zdrobio je haskiju nogu.

Pike sprang auf den verletzten Husky und brach ihm sofort das Genick.

Štuka je skočila na ranjenog haskija i odmah mu slomila vrat.

Buck packte einen Husky an der Kehle und riss ihm die Ader auf.

Buck je uhvatio haskija za grlo i rastrgao mu venu.

Blut spritzte und der warme Geschmack trieb Buck in Raserei.

Krv je prskala, a topli okus je Bucka izludio.

Ohne zu zögern stürzte er sich auf einen anderen Angreifer.

Bez oklijevanja se bacio na drugog napadača.

Im selben Moment gruben sich scharfe Zähne in Bucks Kehle.

U istom trenutku, oštri zubi zarili su se u Buckovo grlo.

Spitz hatte von der Seite zugeschlagen und ohne Vorwarnung angegriffen.

Spitz je udario sa strane, napadajući bez upozorenja.

Perrault und François hatten die Hunde besiegt, die das Futter stahlen.

Perrault i François su pobijedili pse koji su krali hranu.

Nun eilten sie ihren Hunden zu Hilfe, um die Angreifer abzuwehren.

Sada su požurili pomoći svojim psima u borbi protiv napadača.

Die ausgehungerten Hunde zogen sich zurück, als die Männer ihre Keulen schwangen.

Izgladnjeli psi su se povukli dok su muškarci zamahivali svojim palicama.

Buck konnte sich dem Angriff befreien, doch die Flucht war nur von kurzer Dauer.

Buck se oslobodio napada, ali bijeg je bio kratak.

Die Männer rannten los, um ihre Hunde zu retten, und die Huskies kamen erneut zum Vorschein.

Muškarci su potrčali spasiti svoje pse, a haskiji su se ponovno rojili.

Billee, der aus Angst Mut fasste, sprang in die Hundemeute.

Billee, prestrašena i hrabra, skočila je u čopor pasa.

Doch dann floh er in blanker Angst und Panik über das Eis.

Ali onda je pobjegao preko leda, u čistom užasu i panici.

Pike und Dub folgten dicht dahinter und rannten um ihr Leben.

Pike i Dub su ih slijedili u stopu, bježeći spašavajući živote.

Der Rest des Teams löste sich auf, zerstreute sich und folgte ihnen.

Ostatak tima se raspršio i krenuo za njima.

Buck nahm all seine Kräfte zusammen, um loszurennen, doch dann sah er einen Blitz.

Buck je skupio snagu da potrči, ali tada je ugledao bljesak.

Spitz stürzte sich auf Buck und versuchte, ihn zu Boden zu schlagen.

Spitz se skočio na Bucka, pokušavajući ga srušiti na tlo.

Unter dieser Meute von Huskys hätte Buck nicht entkommen können.

Pod tom ruljom haskija, Buck ne bi imao bijega.

Aber Buck blieb standhaft und wappnete sich für den Schlag von Spitz.

Ali Buck je stajao čvrsto i pripremio se za Spitzov udarac.

Dann drehte er sich um und rannte mit dem fliehenden Team auf das Eis hinaus.

Zatim se okrenuo i istrčao na led s ekipom u bijegu.

Später versammelten sich die neun Schlittenhunde im Schutz des Waldes.

Kasnije se devet pasa za vuču saonica okupilo u zaklonu šume.

Niemand verfolgte sie mehr, aber sie waren geschlagen und verwundet.

Nitko ih više nije progonio, ali su bili pretučeni i ranjeni.

Jeder Hund hatte Wunden; vier oder fünf tiefe Schnitte an jedem Körper.

Svaki pas je imao rane; četiri ili pet dubokih posjekotina na svakom tijelu.

Dub hatte ein verletztes Hinterbein und konnte kaum noch laufen.

Dub je imao ozlijeđenu stražnju nogu i sada se mučio hodati.

Dolly, der neueste Hund aus Dyea, hatte eine aufgeschlitzte Kehle.

Dolly, najnoviji pas iz Dyee, imao je prerezan grkljan.

Joe hatte ein Auge verloren und Billees Ohr war in Stücke geschnitten

Joe je izgubio oko, a Billeeju je uho bilo rasječeno na komadiće.

Alle Hunde schrien die ganze Nacht vor Schmerz und Niederlage.

Svi su psi cijelu noć plakali od boli i poraza.

Im Morgengrauen krochen sie wund und gebrochen zurück ins Lager.

U zoru su se prikrali natrag u logor, bolni i slomljeni.

Die Huskies waren verschwunden, aber der Schaden war angerichtet.

Haskiji su nestali, ali šteta je bila učinjena.

Perrault und François standen schlecht gelaunt vor der Ruine.

Perrault i François stajali su loše volje nad ruševinama.

Die Hälfte der Lebensmittel war verschwunden und von den hungrigen Dieben geschnappt worden.

Polovica hrane je nestala, ukrali su je gladni lopovi.

Die Huskies hatten Schlittenbindungen und Planen zerrissen.

Haskiji su prodrli kroz vezove saonica i platno.

Alles, was nach Essen roch, wurde vollständig verschlungen.

Sve što je mirisalo na hranu bilo je potpuno proždirano.

Sie aßen ein Paar von Perraults Reisestiefeln aus Elchleder.

Pojeli su par Perraultovih putnih čizama od losove kože.

Sie zerkauten Lederreis und ruinierten Riemen, sodass sie nicht mehr verwendet werden konnten.

Žvakali su kožne reise i uništavali remene do te mjere da su bili neupotrebljivi.

François hörte auf, auf die zerrissene Peitsche zu starren, um nach den Hunden zu sehen.

François je prestao zuriti u poderanu biču kako bi provjerio pse.

„Ah, meine Freunde", sagte er mit leiser, besorgter Stimme.

„Ah, prijatelji moji", rekao je tihim glasom punim brige.

„Vielleicht verwandeln euch all diese Bisse in tollwütige Tiere."

„Možda će vas svi ovi ugrizi pretvoriti u lude zvijeri."

„Vielleicht alles tollwütige Hunde, heiliger Scheiß! Was meinst du, Perrault?"

„Možda su svi ludi psi, sacredam! Što misliš, Perrault?"

Perrault schüttelte den Kopf, seine Augen waren dunkel vor Sorge und Angst.

Perrault je odmahnuo glavom, oči su mu bile tamne od zabrinutosti i straha.

Zwischen ihnen und Dawson lagen noch sechshundertvierzig Kilometer.

Između njih i Dawsona još je bilo četiristo milja.

Der Hundewahnsinn könnte nun jede Überlebenschance zerstören.

Pseće ludilo sada bi moglo uništiti svaku šansu za preživljavanje.

Sie verbrachten zwei Stunden damit, zu fluchen und zu versuchen, die Ausrüstung zu reparieren.

Proveli su dva sata psujući i pokušavajući popraviti opremu.

Das verwundete Team verließ schließlich gebrochen und besiegt das Lager.

Ranjena ekipa je konačno napustila logor, slomljena i poražena.

Dies war der bisher schwierigste Weg und jeder Schritt war schmerzhaft.

Ovo je bila najteža staza do sada, i svaki korak je bio bolan.

Der Thirty Mile River war nicht zugefroren und rauschte wild.

Rijeka Trideset milja nije se zaledila i divlje je jurila.

Nur an ruhigen Stellen und in wirbelnden Wirbeln konnte das Eis halten.

Samo na mirnim mjestima i u vrtložnim virovima led se uspio održati.

Sechs Tage harter Arbeit vergingen, bis die dreißig Meilen geschafft waren.

Prošlo je šest dana teškog rada dok se trideset milja nije prešlo.

Jeder Kilometer des Weges barg Gefahren und Todesgefahr.

Svaka milja staze donosila je opasnost i prijetnju smrću.

Die Männer und Hunde riskierten mit jedem schmerzhaften Schritt ihr Leben.

Muškarci i psi riskirali su svoje živote svakim bolnim korakom.

Perrault durchbrach ein Dutzend Mal dünne Eisbrücken.

Perrault je probijao tanke ledene mostove desetak puta.

Er trug eine Stange und ließ sie über das Loch fallen, das sein Körper hinterlassen hatte.

Nosio je motku i pustio je da padne preko rupe koju je napravilo njegovo tijelo.

Mehr als einmal rettete diese Stange Perrault vor dem Ertrinken.

Više puta je taj stup spasio Perraulta od utapanja.

Die Kältewelle hielt an, die Lufttemperatur lag bei minus fünfzig Grad.

Hladni val se držao čvrsto, zrak je bio pedeset stupnjeva ispod nule.

Jedes Mal, wenn er hineinfiel, musste Perrault ein Feuer anzünden, um zu überleben.

Svaki put kad bi upao, Perrault je morao zapaliti vatru da bi preživio.

Nasse Kleidung gefror schnell, also trocknete er sie in der Nähe der sengenden Hitze.

Mokra odjeća se brzo smrzavala, pa ju je sušil blizu žarke vrućine.

Perrault hatte nie Angst und das machte ihn zu einem Kurier.

Perraulta nikada nije obuzeo strah, i to ga je činilo glasnikom.

Er wurde für die Gefahr auserwählt und begegnete ihr mit stiller Entschlossenheit.

Bio je izabran za opasnost i suočio se s njom s tihom odlučnošću.

Er drängte sich gegen den Wind vorwärts, sein runzliges Gesicht war erfroren.

Gurao se naprijed u vjetar, smežurano lice mu je bilo promrzlo.

Von der Morgendämmerung bis zum Einbruch der Nacht führte Perrault sie weiter.

Od slabašnog svitanja do sumraka, Perrault ih je vodio naprijed.

Er ging auf einer schmalen Eiskante, die bei jedem Schritt knackte.

Hodao je po uskom rubu leda koji je pucao sa svakim korakom.

Sie wagten nicht, anzuhalten – jede Pause hätte das Risiko eines tödlichen Zusammenbruchs bedeutet.

Nisu se usudili stati - svaka pauza riskirala je smrtonosni kolaps.

Einmal brach der Schlitten durch und zog Dave und Buck hinein.

Jednom su se saonice probile, povukavši Davea i Bucka unutra.

Als sie freigezogen wurden, waren beide fast erfroren.

Dok su ih izvukli, oboje su bili gotovo smrznuti.

Die Männer machten schnell ein Feuer, um Buck und Dave am Leben zu halten.

Muškarci su brzo naložili vatru kako bi Buck i Dave ostali živi.

Die Hunde waren von der Nase bis zum Schwanz mit Eis bedeckt und steif wie geschnitztes Holz.

Psi su bili prekriveni ledom od nosa do repa, ukočeni poput rezbarenog drva.

Die Männer ließen sie in der Nähe des Feuers im Kreis laufen, um ihre Körper aufzutauen.

Muškarci su ih kružili blizu vatre kako bi im odmrznuli tijela.

Sie kamen den Flammen so nahe, dass ihr Fell versengt wurde.

Prišli su toliko blizu plamenu da im je krzno bilo spaljeno.

Als nächster durchbrach Spitz das Eis und zog das Team hinter sich her.

Spitz je sljedeći probio led, povlačeći za sobom ekipu.

Der Bruch reichte bis zu der Stelle, an der Buck zog.

Prekid je dosezao sve do mjesta gdje je Buck vukao.

Buck lehnte sich weit zurück, seine Pfoten rutschten und zitterten auf der Kante.

Buck se snažno nagnuo unatrag, šape su mu klizile i drhtale na rubu.

Dave streckte sich ebenfalls nach hinten, direkt hinter Buck auf der Leine.

Dave se također naprezao unatrag, odmah iza Bucka na liniji.

François zog den Schlitten, seine Muskeln knackten vor Anstrengung.

François je vukao sanjke, mišići su mu pucali od napora.

Ein anderes Mal brach das Randeis vor und hinter dem Schlitten.

Drugi put, rubni led je pukao ispred i iza saonica.

Sie hatten keinen anderen Ausweg, als eine gefrorene Felswand zu erklimmen.

Nisu imali drugog izlaza osim penjanja uz zaleđenu liticu.

Perrault schaffte es irgendwie, die Mauer zu erklimmen; wie durch ein Wunder blieb er am Leben.

Perrault se nekako popeo na zid; čudo ga je održalo na životu.

François blieb unten und betete um dasselbe Glück.

François je ostao dolje, moleći se za istu vrstu sreće.

Sie banden jeden Riemen, jede Zurrschnur und jede Leine zu einem langen Seil zusammen.

Svezali su svaki remen, konop i trag u jedno dugo uže.

Die Männer zogen jeden Hund einzeln nach oben.

Muškarci su vukli svakog psa gore, jednog po jednog, do vrha.

François kletterte als Letzter, nach dem Schlitten und der gesamten Ladung.

François se popeo zadnji, nakon saonica i cijelog tereta.

Dann begann eine lange Suche nach einem Weg von den Klippen hinunter.

Tada je započela duga potraga za stazom koja vodi dolje s litica.

Schließlich stiegen sie mit demselben Seil ab, das sie selbst hergestellt hatten.

Konačno su se spustili koristeći isto uže koje su sami napravili.

Es wurde Nacht, als sie erschöpft und wund zum Flussbett zurückkehrten.

Pala je noć dok su se vraćali u korito rijeke, iscrpljeni i bolni.

Der ganze Tag hatte ihnen nur eine Viertelmeile Gewinn eingebracht.

Trebao im je cijeli dan da preču samo četvrt milje.

Als sie das Hootalinqua erreichten, war Buck erschöpft.

Dok su stigli do Hootalinque, Buck je bio iscrpljen.

Die anderen Hunde litten ebenso sehr unter den Bedingungen auf dem Trail.

Ostali psi su jednako teško patili od uvjeta na stazi.

Aber Perrault musste Zeit gutmachen und trieb sie jeden Tag weiter an.

Ali Perrault je trebao nadoknaditi vrijeme i svaki ih je dan gurao naprijed.

Am ersten Tag reisten sie dreißig Meilen nach Big Salmon.

Prvog dana putovali su trideset milja do Big Salmona.

Am nächsten Tag reisten sie fünfunddreißig Meilen nach Little Salmon.

Sljedećeg dana putovali su trideset pet milja do Little Salmona.

Am dritten Tag kämpften sie sich durch sechzig Kilometer lange, eisige Strecken.

Trećeg dana su se probili kroz dugačkih četrdeset zaleđenih milja.

Zu diesem Zeitpunkt näherten sie sich der Siedlung Five Fingers.

Do tada su se približavali naselju Pet Prsta.

Bucks Füße waren weicher als die harten Füße der einheimischen Huskys.

Buckove su noge bile mekše od tvrdih nogu domaćih haskija.

Seine Pfoten waren im Laufe vieler zivilisierter Generationen zart geworden.

Šape su mu omekšale tijekom mnogih civiliziranih generacija.

Vor langer Zeit wurden seine Vorfahren von Flussmännern oder Jägern gezähmt.

Davno su njegove pretke pripitomili riječni ljudi ili lovci.

Jeden Tag humpelte Buck unter Schmerzen und ging auf wunden, schmerzenden Pfoten.

Buck je svaki dan šepao od boli, hodajući po izubijanim, bolnim šapama.

Im Lager fiel Buck wie eine leblose Gestalt in den Schnee.

U logoru, Buck se srušio poput beživotnog tijela na snijeg.

Obwohl Buck am Verhungern war, stand er nicht auf, um sein Abendessen einzunehmen.

Iako je bio izgladnjen, Buck nije ustao da pojede večeru.

François brachte Buck seine Ration und legte ihm Fisch neben die Schnauze.

François je donio Bucku njegovu hranu, stavljajući mu ribu kraj njuške.

Jeden Abend massierte der Fahrer Bucks Füße eine halbe Stunde lang.

Svake noći vozač je masirao Buckove noge pola sata.

François hat sogar seine eigenen Mokassins zerschnitten, um daraus Hundeschuhe zu machen.

François je čak i sam izrezao mokasine kako bi napravio obuću za pse.

Vier warme Schuhe waren für Buck eine große und willkommene Erleichterung.

Četiri tople cipele pružile su Bucku veliko i dobrodošlo olakšanje.

Eines Morgens vergaß François die Schuhe und Buck weigerte sich aufzustehen.

Jednog jutra, François je zaboravio cipele, a Buck je odbio ustati.

Buck lag auf dem Rücken, die Füße in der Luft, und wedelte mitleiderregend damit herum.

Buck je ležao na leđima, s nogama u zraku, jadno mašući njima.

Sogar Perrault grinste beim Anblick von Bucks dramatischer Bitte.

Čak se i Perrault nasmiješio pri pogledu na Buckovu dramatičnu molbu.

Bald wurden Bucks Füße hart und die Schuhe konnten weggeworfen werden.

Uskoro su Bucku otvrdnula stopala i cipele su se mogle baciti.

In Pelly stieß Dolly beim Angeschirrtwerden ein schreckliches Heulen aus.

U Pellyju, za vrijeme jahanja, Dolly je ispustila strašan zavijati.

Der Schrei war lang und voller Wahnsinn und erschütterte jeden Hund.

Krik je bio dug i ispunjen ludošću, tresući svakog psa.

Jeder Hund zuckte vor Angst zusammen, ohne den Grund zu kennen.

Svaki se pas nakostriješio od straha ne znajući razlog.

Dolly war verrückt geworden und stürzte sich direkt auf Buck.

Dolly je poludjela i bacila se ravno na Bucka.

Buck hatte noch nie Wahnsinn gesehen, aber sein Herz war von Entsetzen erfüllt.

Buck nikada nije vidio ludilo, ali užas mu je ispunio srce.

Ohne nachzudenken, drehte er sich um und floh in absoluter Panik.

Bez razmišljanja, okrenuo se i pobjegao u potpunoj panici.

Dolly jagte ihm hinterher, ihre Augen waren wild, Speichel spritzte aus ihrem Maul.

Dolly ga je progonila, divljih očiju, slina joj je letjela iz čeljusti.

Sie blieb direkt hinter Buck, holte nie auf und fiel nie zurück.

Držala se odmah iza Bucka, nikada ga ne sustižući niti nazadujući.

Buck rannte durch den Wald, die Insel hinunter und über zerklüftetes Eis.

Buck je trčao kroz šumu, niz otok, preko nazubljenog leda.

Er überquerte die Insel und erreichte eine weitere, bevor er im Kreis zurück zum Fluss ging.

Prešao je do jednog otoka, zatim do drugog, vraćajući se kružeći prema rijeci.

Dolly jagte ihn immer noch und knurrte ihn bei jedem Schritt an.

Dolly ga je i dalje progonila, režeći odmah iza sebe na svakom koraku.

Buck konnte ihren Atem und ihre Wut hören, obwohl er es nicht wagte, zurückzublicken.

Buck je mogao čuti njezin dah i bijes, iako se nije usudio pogledati unatrag.

François rief aus der Ferne und Buck drehte sich in die Richtung der Stimme um.

François je viknuo izdaleka, a Buck se okrenuo prema glasu.

Immer noch nach Luft schnappend rannte Buck vorbei und setzte seine ganze Hoffnung auf François.

Još uvijek hvatajući zrak, Buck je protrčao, polažući svu nadu u Françoisa.

Der Hundeführer hob eine Axt und wartete, während Buck vorbeiflog.

Vozač psa podigao je sjekiru i čekao dok je Buck proletio.

Die Axt kam schnell herunter und traf Dollys Kopf mit tödlicher Wucht.

Sjekira se brzo spustila i udarila Dolly u glavu smrtonosnom snagom.

Buck brach neben dem Schlitten zusammen, keuchte und konnte sich nicht bewegen.

Buck se srušio blizu saonica, hripajući i nesposoban za kretanje.

In diesem Moment hatte Spitz die Chance, einen erschöpften Gegner zu schlagen.

Taj trenutak je Spitzu dao priliku da udari iscrpljenog protivnika.

Zweimal biss er Buck und riss das Fleisch bis auf den weißen Knochen auf.

Dvaput je ugrizao Bucka, rastrgavši meso do bijele kosti.

François' Peitsche knallte und traf Spitz mit voller, wütender Wucht.

Françoisov bič je pucketao, udarivši Spitza punom, bijesnom snagom.

Buck sah mit Freude zu, wie Spitz seine bisher härteste Tracht Prügel bekam.

Buck je s radošću gledao kako Spitz prima svoje najžešće batine do sada.

„Er ist ein Teufel, dieser Spitz", murmelte Perrault düster vor sich hin.

„Pravi je vrag, taj Spitz", mračno je promrmljao Perrault sam sebi.

„Eines Tages wird dieser verfluchte Hund Buck töten – das schwöre ich."

„Uskoro će taj prokleti pas ubiti Bucka - kunem se."

„Dieser Buck hat zwei Teufel in sich", antwortete François mit einem Nicken.

„Taj Buck ima dva vraga u sebi", odgovori François kimajući glavom.

„Wenn ich Buck beobachte, weiß ich, dass etwas Wildes in ihm lauert."

„Kad gledam Bucka, znam da u njemu čeka nešto žestoko."

„Eines Tages wird er rasend vor Wut werden und Spitz in Stücke reißen."

„Jednog dana će se razbjesniti kao vatra i rastrgati Spitza na komadiće."

„Er wird den Hund zerkauen und ihn auf den gefrorenen Schnee spucken."

„Prožvakat će tog psa i ispljunuti ga na smrznuti snijeg."

„Das weiß ich ganz sicher tief in meinem Innern."

„Naravno da znam to duboko u sebi."

Von diesem Moment an befanden sich die beiden Hunde im Krieg.

Od tog trenutka nadalje, dva psa su bila u ratu.

Spitz führte das Team an und hatte die Macht, aber Buck stellte das in Frage.

Spitz je predvodio momčad i imao moć, ali Buck je to osporio.

Spitz sah seinen Rang durch diesen seltsamen Fremden aus dem Süden bedroht.

Spitz je vidio kako mu je rang ugrožen ovim čudnim strancem iz Južne zemlje.

Buck war anders als alle Südstaatenhunde, die Spitz zuvor gekannt hatte.

Buck nije bio nalik nijednom južnjačkom psu kojeg je Spitz prije poznavao.

Die meisten von ihnen scheiterten – sie waren zu schwach, um Kälte und Hunger zu überleben.

Većina ih je propala - preslabi da bi preživjeli hladnoću i glad.

Sie starben schnell unter der harten Arbeit, dem Frost und der langsamen Hungersnot.

Brzo su umirali od rada, mraza i sporog žara gladi.

Buck stand abseits – mit jedem Tag stärker, klüger und wilder.

Buck se izdvajao - svakim danom jači, pametniji i divljiji.

Er gedieh trotz aller Härte und wuchs heran, bis er den nördlichen Huskies ebenbürtig war.

Napredovao je u teškoćama, rastući kako bi se mogao mjeriti sa sjevernim haskijima.

Buck hatte Kraft, wilde Geschicklichkeit und einen geduldigen, tödlichen Instinkt.

Buck je imao snagu, divlju vještinu i strpljiv, smrtonosni instinkt.

Der Mann mit der Keule hatte Buck die Unbesonnenheit ausgetrieben.

Čovjek s palicom je pretukao Bucka da bude nepromišljen.

Die blinde Wut war verschwunden und durch stille Gerissenheit und Kontrolle ersetzt worden.

Slijepi bijes je nestao, zamijenila ga je tiha lukavština i kontrola.

Er wartete ruhig und ursprünglich und wartete auf den richtigen Moment.

Čekao je, miran i iskonski, tražeći pravi trenutak.

Ihr Kampf um die Vorherrschaft wurde unvermeidlich und deutlich.

Njihova borba za prevlast postala je neizbježna i jasna.

Buck strebte nach einer Führungsposition, weil sein Geist es verlangte.

Buck je želio vodstvo jer je to zahtijevao njegov duh.

Er wurde von dem seltsamen Stolz getrieben, der aus der Jagd und dem Geschirr entstand.

Pokretao ga je čudan ponos rođen iz staze i uprege.

Dieser Stolz ließ die Hunde ziehen, bis sie im Schnee zusammenbrachen.

Taj ponos je tjerao pse da vuku dok se ne bi srušili na snijeg.

Der Stolz verleitete sie dazu, all ihre Kraft einzusetzen.

Ponos ih je namamio da daju svu snagu koju su imali.

Stolz kann einen Schlittenhund sogar in den Tod treiben.

Ponos može namamiti psa za vuču saonica čak i do smrti.

Der Verlust des Geschirrs ließ die Hunde gebrochen und ziellos zurück.

Gubitak pojasa ostavio je pse slomljene i bez svrhe.

Das Herz eines Schlittenhundes kann vor Scham brechen, wenn er in den Ruhestand geht.

Srce psa za vuču saonica može biti slomljeno od srama kada se povuku.

Dave lebte von diesem Stolz, während er den Schlitten hinter sich herzog.

Dave je živio s tim ponosom dok je vukao sanjke odostraga.

Auch Solleks gab mit grimmiger Stärke und Loyalität alles.

I Solleks je dao sve od sebe s nepokolebljivom snagom i odanošću.

Jeden Morgen verwandelte der Stolz ihre Verbitterung in Entschlossenheit.

Svakog jutra, ponos ih je od ogorčenosti pretvarao u odlučnost.

Sie drängten den ganzen Tag und verstummten dann am Ende des Lagers.

Gurali su cijeli dan, a onda su utihnuli na kraju logora.

Dieser Stolz gab Spitz die Kraft, Drückeberger zur Räson zu bringen.

Taj ponos dao je Spitzu snagu da nadmudri one koji gube namjeru.

Spitz fürchtete Buck, weil Buck denselben tiefen Stolz in sich trug.

Spitz se bojao Bucka jer je Buck nosio isti taj duboki ponos.

Bucks Stolz wandte sich nun gegen Spitz, und er ließ nicht locker.

Buckov se ponos sada uzburkao protiv Spitza i nije stao.

Buck widersetzte sich Spitz' Macht und hinderte ihn daran, Hunde zu bestrafen.

Buck je prkosio Spitzovoj moći i spriječio ga da kažnjava pse.

Als andere versagten, stellte sich Buck zwischen sie und ihren Anführer.

Kad su drugi podbacili, Buck je stao između njih i njihovog vođe.

Er tat dies mit Absicht und brachte seine Herausforderung offen und deutlich zum Ausdruck.

Učinio je to s namjerom, čineći svoj izazov otvorenim i jasnim.

In einer Nacht hüllte schwerer Schnee die Welt in tiefe Stille.

Jedne noći gusti snijeg prekrio je svijet dubokom tišinom.

Am nächsten Morgen stand Pike, faul wie immer, nicht zur Arbeit auf.

Sljedećeg jutra, Pike, lijen kao i uvijek, nije ustao za posao.

Er blieb in seinem Nest unter einer dicken Schneeschicht verborgen.

Ostao je skriven u svom gnijezdu pod debelim slojem snijega.

François rief und suchte, konnte den Hund jedoch nicht finden.

François je dozivao i tražio, ali nije mogao pronaći psa.

Spitz wurde wütend und stürmte durch das schneebedeckte Lager.

Spitz se razbjesnio i projurio kroz snijegom prekriveni logor.

Er knurrte und schnüffelte und grub wie verrückt mit flammenden Augen.

Režao je i njuškao, luđački kopajući gorućim očima.

Seine Wut war so heftig, dass Pike vor Angst unter dem Schnee zitterte.

Njegov bijes bio je toliko žestok da se Pike tresao pod snijegom od straha.

Als Pike schließlich gefunden wurde, stürzte sich Spitz auf den versteckten Hund, um ihn zu bestrafen.

Kad je Pike napokon pronađen, Spitz je skočio kazniti psa koji se skrivao.

Doch Buck sprang mit einer Wut zwischen sie, die Spitz' eigener ebenbürtig war.

Ali Buck je skočio između njih s bijesom jednakim Spitzovom.

Der Angriff erfolgte so plötzlich und geschickt, dass Spitz umfiel.

Napad je bio toliko iznenadan i pametan da je Spitz pao s nogu.

Pike, der gezittert hatte, schöpfte aus diesem Trotz neuen Mut.

Pike, koji se tresao, ohrabri se zbog ovog prkosa.

Er sprang auf den gefallenen Spitz und folgte Bucks mutigem Beispiel.

Skočio je na palog Spitza, slijedeći Buckov smjeli primjer.

Buck, der nicht länger an Fairness gebunden war, beteiligte sich am Angriff auf Spitz.

Buck, više ne vezan pravičnošću, pridružio se štrajku na Spitzu.

François, amüsiert, aber dennoch diszipliniert, schwang seine schwere Peitsche.

François, zabavljen, ali čvrst u disciplini, zamahnuo je svojim teškim bičem.

Er schlug Buck mit aller Kraft, um den Kampf zu beenden.

Udario je Bucka svom snagom kako bi prekinuo borbu.

Buck weigerte sich, sich zu bewegen und blieb auf dem gefallenen Anführer sitzen.

Buck se odbio pomaknuti i ostao je na vrhu palog vođe.

Dann benutzte François den Griff der Peitsche und schlug Buck damit heftig.

François je zatim upotrijebio dršku biča i snažno udario Bucka.

Buck taumelte unter dem Schlag und fiel zurück.

Posrćući od udarca, Buck se srušio pod napadom.

François schlug immer wieder zu, während Spitz Pike bestrafte.

François je udarao iznova i iznova dok je Spitz kažnjavao Pikea.

Die Tage vergingen und Dawson City kam immer näher.

Dani su prolazili, a Dawson City je postajao sve bliže i bliže.

Buck mischte sich immer wieder ein und schlüpfte zwischen Spitz und andere Hunde.

Buck se stalno miješao, uvlačeći se između Spitza i drugih pasa.

Er wählte seine Momente gut und wartete immer darauf, dass François ging.

Dobro je birao trenutke, uvijek čekajući da François ode.

Bucks stille Rebellion breitete sich aus und im Team breitete sich Unordnung aus.

Buckova tiha pobuna se proširila, a nered se ukorijenio u timu.

Dave und Solleks blieben loyal, andere jedoch wurden widerspenstig.

Dave i Solleks ostali su vjerni, ali drugi su postali neposlušni.

Die Situation im Team wurde immer schlimmer – es wurde unruhig, streitsüchtig und geriet aus der Reihe.

Tim je postajao sve gori - nemiran, svađalački nastrojen i izvan okvira.

Nichts lief mehr reibungslos und es kam immer wieder zu Streit.

Ništa više nije funkcioniralo glatko, a tučnjave su postale uobičajene.

Buck blieb im Zentrum des Chaos und provozierte ständig Unruhe.

Buck je ostao u središtu problema, uvijek izazivajući nemire.

François blieb wachsam, aus Angst vor dem Kampf zwischen Buck und Spitz.

François je ostao na oprezu, bojeći se borbe između Bucka i Spitza.

Jede Nacht wurde er durch Rangeleien geweckt, aus Angst, dass es endlich losgehen würde.

Svake noći budile su ga tučnjave, bojeći se da je konačno stigao početak.

Er sprang aus seiner Robe, bereit, den Kampf zu beenden.

Skočio je sa svoje halje, spreman prekinuti borbu.

Aber der Moment kam nie und sie erreichten schließlich Dawson.

Ali taj trenutak nikada nije došao i napokon su stigli do Dawsona.

Das Team betrat die Stadt an einem trüben Nachmittag, angespannt und still.

Ekipa je ušla u grad jednog tmurnog poslijepodneva, napeta i tiha.

Der große Kampf um die Führung hing noch immer in der eisigen Luft.

Velika bitka za vodstvo još je uvijek visjela u ledenom zraku.

Dawson war voller Männer und Schlittenhunde, die alle mit der Arbeit beschäftigt waren.

Dawson je bio pun ljudi i pasa za saonice, svi zauzeti poslom.

Buck beobachtete die Hunde von morgens bis abends beim Lastenziehen.

Buck je od jutra do večeri promatrao kako psi vuku terete.

Sie transportierten Baumstämme und Brennholz und lieferten Vorräte an die Minen.

Prevozili su trupce i ogrjevno drvo, prevozili zalihe u rudnike.

Wo früher im Süden Pferde arbeiteten, schufteten heute Hunde.

Tamo gdje su nekada na Jugu radili konji, sada su mučili psi.

Buck sah einige Hunde aus dem Süden, aber die meisten waren wolfsähnliche Huskys.

Buck je vidio neke pse s juga, ali većina su bili haskiji nalik vukovima.

Nachts erhoben die Hunde pünktlich zum ersten Mal ihre Stimmen zum Singen.

Noću, poput sata, psi su podizali glasove u pjesmi.

Um neun, um Mitternacht und erneut um drei begann der Gesang.

U devet, u ponoć i opet u tri, pjevanje je počelo.

Buck liebte es, in ihren unheimlichen Gesang einzustimmen, der wild und uralt klang.

Buck se volio pridružiti njihovom jezivom napjevu, divljeg i drevnog zvuka.

Das Polarlicht flammte, die Sterne tanzten und das Land war mit Schnee bedeckt.

Aurora je plamtjela, zvijezde su plesale, a snijeg je prekrivao zemlju.

Der Gesang der Hunde erhob sich als Aufschrei gegen die Stille und die bittere Kälte.

Pseća pjesma uzdizala se kao krik protiv tišine i prodorne hladnoće.

Doch in jedem langen Ton ihres Heulens war Trauer und nicht Trotz zu hören.

Ali njihov urlik sadržavao je tugu, a ne prkos, u svakoj dugoj noti.

Jeder Klageschrei war voller Flehen; die Last des Lebens selbst.

Svaki jecajni krik bio je pun molbe; teret samog života.

Dieses Lied war alt – älter als Städte und älter als Feuer

Ta pjesma je bila stara - starija od gradova i starija od požara

Dieses Lied war sogar älter als die Stimmen der Menschen.

Ta je pjesma bila drevnija čak i od ljudskih glasova.

Es war ein Lied aus der jungen Welt, als alle Lieder traurig waren.

Bila je to pjesma iz mladog svijeta, kada su sve pjesme bile tužne.

Das Lied trug den Kummer unzähliger Hundegenerationen in sich.

Pjesma je nosila tugu bezbrojnih generacija pasa.

Buck spürte die Melodie tief und stöhnte vor jahrhundertealtem Schmerz.

Buck je duboko osjetio melodiju, stenjajući od boli ukorijenjene u stoljećima.

Er schluchzte aus einem Kummer, der so alt war wie das wilde Blut in seinen Adern.

Jecao je od tuge stare kao divlja krv u njegovim venama.

Die Kälte, die Dunkelheit und das Geheimnisvolle berührten Bucks Seele.

Hladnoća, tama i misterij dirnuli su Buckovu dušu.

Dieses Lied bewies, wie weit Buck zu seinen Ursprüngen zurückgekehrt war.

Ta je pjesma dokazala koliko se Buck vratio svojim korijenima.

Durch Schnee und Heulen hatte er den Anfang seines eigenen Lebens gefunden.

Kroz snijeg i zavijanje pronašao je početak vlastitog života.

Sieben Tage nach ihrer Ankunft in Dawson brachen sie erneut auf.

Sedam dana nakon dolaska u Dawson, ponovno su krenuli na put.

Das Team verließ die Kaserne und fuhr hinunter zum Yukon Trail.

Tim se spustio iz vojarne do Yukon Traila.

Sie begannen die Rückreise nach Dyea und Salt Water.

Započeli su putovanje natrag prema Dyei i Salt Wateru.

Perrault überbrachte noch dringlichere Depeschen als zuvor.

Perrault je nosio još hitnije depeše nego prije.

Auch ihn packte der Trail-Stolz, und er wollte einen Rekord aufstellen.

Također ga je obuzeo ponos na stazu i cilj mu je bio postaviti rekord.

Diesmal hatte Perrault mehrere Vorteile.

Ovaj put, nekoliko prednosti bilo je na Perraultovoj strani.

Die Hunde hatten eine ganze Woche lang geruht und ihre Kräfte wiedererlangt.

Psi su se odmarali cijeli tjedan i povratili snagu.

Die Spur, die sie gebahnt hatten, wurde nun von anderen festgestampft.

Stazu koju su oni prokrčili sada su drugi čvrsto utabali.

An manchen Stellen hatte die Polizei Futter für Hunde und Menschen gelagert.

Na nekim mjestima policija je imala uskladištenu hranu i za pse i za muškarce.

Perrault reiste mit leichtem Gepäck und bewegte sich schnell, ohne dass ihn etwas belastete.

Perrault je putovao s malo prtljage, krećući se brzo i s malo što bi ga opterećivalo.

Sie erreichten Sixty-Mile, eine Strecke von achtzig Kilometern, noch in der ersten Nacht.

Prve noći stigli su do Šezdesete milje, trke od pedeset milja.

Am zweiten Tag eilten sie den Yukon hinauf nach Pelly.

Drugog dana, jurili su uz Yukon prema Pellyju.

Doch dieser tolle Fortschritt war für François mit vielen Strapazen verbunden.

Ali takav lijep napredak došao je s velikim naporom za Françoisa.

Bucks stille Rebellion hatte die Disziplin des Teams zerstört.

Buckova tiha pobuna uništila je disciplinu tima.

Sie zogen nicht mehr wie ein Tier an den Zügeln.

Više se nisu vukli zajedno kao jedna zvijer u uzdama.

Buck hatte durch sein mutiges Beispiel andere zum Trotz verleitet.

Buck je svojim hrabrim primjerom naveo druge na prkos.

Spitz' Befehl stieß weder auf Furcht noch auf Respekt.

Spitzova zapovijed više nije bila dočekana sa strahom ili poštovanjem.

Die anderen verloren ihre Ehrfurcht vor ihm und wagten es, sich seiner Herrschaft zu widersetzen.

Ostali su izgubili strahopoštovanje prema njemu i usudili su se oduprijeti njegovoj vladavini.

Eines Nachts stahl Pike einen halben Fisch und aß ihn vor Bucks Augen.

Jedne noći, Pike je ukrao pola ribe i pojeo je pred Buckovim okom.

In einer anderen Nacht kämpften Dub und Joe gegen Spitz und blieben ungestraft.

Jedne druge noći, Dub i Joe su se potukli sa Spitzom i prošli nekažnjeno.

Sogar Billee jammerte weniger süß und zeigte eine neue Schärfe.

Čak je i Billee cvilila manje slatko i pokazala novu oštrinu.

Buck knurrte Spitz jedes Mal an, wenn sich ihre Wege kreuzten.

Buck je zarežao na Spitza svaki put kad bi im se putevi ukrstili.

Bucks Haltung wurde dreist und bedrohlich, fast wie die eines Tyrannen.

Buckov stav je postao drzak i prijeteći, gotovo poput nasilnika.

Mit stolzgeschwellter Brust und voller spöttischer Bedrohung schritt er vor Spitz auf und ab.

Koračao je pred Spitzom s hvalisavim izrazom lica, punim podrugljive prijetnje.

Dieser Zusammenbruch der Ordnung breitete sich auch unter den Schlittenhunden aus.

Taj slom reda proširio se i među psima za vuču saonica.

Sie stritten und stritten mehr denn je und erfüllten das Lager mit Lärm.

Svađali su se i prepirali više nego ikad, ispunjavajući logor bukom.

Das Lagerleben verwandelte sich jede Nacht in ein wildes, heulendes Chaos.

Život u logoru se svake noći pretvarao u divlji, urlajući kaos.

Nur Dave und Solleks blieben ruhig und konzentriert.

Samo su Dave i Solleks ostali mirni i usredotočeni.

Doch selbst sie wurden durch die ständigen Schlägereien ungehalten.

Ali čak su i oni postali nagle živci zbog stalnih tučnjava.

François fluchte in fremden Sprachen und stampfte frustriert auf.

François je psovao na čudnim jezicima i frustrirano gazio nogama.

Er riss sich die Haare aus und schrie, während der Schnee unter seinen Füßen wirbelte.

Čupao je kosu i vikao dok je snijeg letio pod njegovim nogama.

Seine Peitsche knallte über das Rudel, konnte es aber kaum in Schach halten.

Bič mu je škljocnuo preko čopora, ali ih je jedva zadržao u redu.

Immer wenn er sich umdrehte, brachen die Kämpfe erneut aus.

Kad god bi okrenuo leđa, borba bi ponovno izbila.

François setzte die Peitsche für Spitz ein, während Buck die Rebellen anführte.

François je bičem udario Spitza, dok je Buck predvodio pobunjenike.

Jeder kannte die Rolle des anderen, aber Buck vermied jegliche Schuldzuweisungen.

Svaki je znao ulogu onog drugog, ali Buck je izbjegavao bilo kakvu okrivljavanje.

François hat Buck nie dabei erwischt, wie er eine Schlägerei anfing oder sich vor seiner Arbeit drückte.

François nikada nije uhvatio Bucka kako započinje tučnjavu ili izbjegava posao.

Buck arbeitete hart im Geschirr – die Mühe erfüllte ihn jetzt mit Begeisterung.

Buck je naporno radio u ormi - naporan rad je sada uzbuđivao njegov duh.

Doch noch mehr Freude bereitete ihm das Anzetteln von Kämpfen und Chaos im Lager.

Ali još je više radosti pronalazio u izazivanju tučnjava i kaosa u logoru.

Eines Abends schreckte Dub an der Mündung des Tahkeena ein Kaninchen auf.

Jedne večeri, na Tahkeeninim ustima, Dub je preplašio zeca.

Er verpasste den Fang und das Schneeschuhkaninchen sprang davon.

Promašio je hvatanje i zec na krpljama je odskočio.

Innerhalb von Sekunden nahm das gesamte Schlittenteam unter wildem Geschrei die Verfolgung auf.

Za nekoliko sekundi, cijela zaprega je krenula u potjeru uz divlje krike.

In der Nähe beherbergte ein Lager der Northwest Police fünfzig Huskys.

U blizini, u kampu sjeverozapadne policije bilo je smješteno pedeset haskija.

Sie schlossen sich der Jagd an und stürmten gemeinsam den zugefrorenen Fluss hinunter.

Pridružili su se lovu, zajedno jureći niz zaleđenu rijeku.

Das Kaninchen verließ den Fluss und floh in ein gefrorenes Bachbett.

Zec je skrenuo s rijeke, bježeći uz zaleđeno korito potoka.

Das Kaninchen hüpfte leichtfüßig über den Schnee, während die Hunde sich durchkämpften.

Zec je lagano skakutao po snijegu dok su se psi probijali kroz njega.

Buck führte das riesige Rudel von sechzig Hunden um jede Kurve.

Buck je vodio golemi čopor od šezdeset pasa oko svakog vijugavog zavoja.

Er drängte tief und eifrig vorwärts, konnte jedoch keinen Boden gutmachen.

Gurao se naprijed, nisko i nestrpljivo, ali nije mogao steći prednost.

Bei jedem kraftvollen Sprung blitzte sein Körper im blassen Mondlicht auf.

Tijelo mu je bljesnulo pod blijedim mjesecom sa svakim snažnim skokom.

Vor uns bewegte sich das Kaninchen wie ein Geist, lautlos und zu schnell, um es einzufangen.

Naprijed se zec kretao poput duha, tih i prebrz da bi ga se uhvatilo.

All diese alten Instinkte – der Hunger, der Nervenkitzel – durchströmten Buck.

Svi ti stari instinkti - glad, uzbuđenje - prožimali su Bucka.

Manchmal verspüren Menschen diesen Instinkt und werden dazu getrieben, mit Gewehr und Kugel zu jagen.

Ljudi ponekad osjećaju taj instinkt, vođeni lovom puškom i metkom.

Aber Buck empfand dieses Gefühl auf einer tieferen und persönlicheren Ebene.

Ali Buck je taj osjećaj osjećao na dubljoj i osobnijoj razini.

Sie konnten die Wildnis nicht in ihrem Blut spüren, so wie Buck sie spüren konnte.

Nisu mogli osjetiti divljinu u svojoj krvi onako kako ju je Buck mogao osjetiti.

Er jagte lebendes Fleisch, bereit, mit seinen Zähnen zu töten und Blut zu schmecken.

Jurio je za živim mesom, spreman ubiti zubima i okusiti krv.

Sein Körper spannte sich vor Freude, er wollte in warmem, rotem Leben baden.

Tijelo mu se napelo od radosti, želeći se okupati u toplom crvenom životu.

Eine seltsame Freude markiert den höchsten Punkt, den das Leben jemals erreichen kann.

Čudna radost označava najvišu točku koju život ikada može dosegnuti.

Das Gefühl eines Gipfels, bei dem die Lebenden vergessen, dass sie überhaupt am Leben sind.

Osjećaj vrhunca gdje živi zaboravljaju da su uopće živi.

Diese tiefe Freude berührt den Künstler, der sich in glühender Inspiration verliert.

Ta duboka radost dira umjetnika izgubljenog u plamtećoj inspiraciji.

Diese Freude ergreift den Soldaten, der wild kämpft und keinen Feind verschont.

Ta radost obuzima vojnika koji se divlje bori i ne štedi nijednog neprijatelja.

Diese Freude erfasste nun Buck, der das Rudel mit seinem Urhunger anführte.

Ta radost sada je obuzela Bucka dok je predvodio čopor u iskonskoj gladi.

Er heulte mit dem uralten Wolfsschrei, aufgeregt durch die lebendige Jagd.

Zavijao je drevnim vučjim krikom, uzbuđen živom potjerom.

Buck hat den ältesten Teil seiner selbst angezapft, der in der Wildnis verloren war.

Buck je dotaknuo najstariji dio sebe, izgubljen u divljini.

Er griff tief in sein Inneres, in die Vergangenheit, in die raue, uralte Zeit.

Posegnuo je duboko u sebe, u prošlost sjećanja, u sirovo, drevno vrijeme.

Eine Welle puren Lebens durchströmte jeden Muskel und jede Sehne.

Val čistog života prostrujao je kroz svaki mišić i tetivu.

Jeder Sprung schrie, dass er lebte, dass er durch den Tod ging.

Svaki skok je vikao da živi, da se kreće kroz smrt.

Sein Körper schwebte freudig über stilles, kaltes Land, das sich nie regte.

Njegovo tijelo se radosno vinulo nad mirnom, hladnom zemljom koja se nikada nije micala.

Spitz blieb selbst in seinen wildesten Momenten kalt und listig.

Spitz je ostao hladan i lukav, čak i u svojim najluđim trenucima.

Er verließ den Pfad und überquerte das Land, wo der Bach eine weite Biegung machte.

Napustio je stazu i prešao preko zemlje gdje je potok široko zavijao.

Buck, der davon nichts wusste, blieb auf dem gewundenen Pfad des Kaninchens.

Buck, nesvjestan toga, ostao je na zečjoj vijugavoj stazi.

Dann, als Buck um eine Kurve bog, stand das geisterhafte Kaninchen vor ihm.

Tada, dok je Buck zaobilazio zavoj, zec nalik duhu našao se pred njim.

Er sah, wie eine zweite Gestalt vor der Beute vom Ufer sprang.

Vidio je drugu figuru kako skače s obale ispred plijena.

Bei der Gestalt handelte es sich um Spitz, der direkt auf dem Weg des fliehenden Kaninchens landete.

Figura je bila Spitz, koji je sletio točno na put zecu u bijegu.

Das Kaninchen konnte sich nicht umdrehen und traf mitten in der Luft auf Spitz' Kiefer.

Zec se nije mogao okrenuti i u zraku je sreo Spitzove čeljusti.

Das Rückgrat des Kaninchens brach mit einem Schrei, der so scharf war wie der Schrei eines sterbenden Menschen.

Zečja kralježnica slomila se uz krik oštar poput plača umirućeg čovjeka.

Bei diesem Geräusch – dem Sturz vom Leben in den Tod – heulte das Rudel laut auf.

Na taj zvuk - pad iz života u smrt - čopor je glasno zaurlao.

Hinter Buck erhob sich ein wilder Chor voller dunkler Freude.

Divlji zbor se podigao iza Bucka, pun mračnog užitka.

Buck gab keinen Schrei von sich, keinen Laut, und stürmte direkt auf Spitz zu.

Buck nije kriknuo, nije ispustio ni glasa, već je jurnuo ravno na Spitza.

Er zielte auf die Kehle, traf aber stattdessen die Schulter.

Ciljao je u grlo, ali je umjesto toga pogodio rame.

Sie stürzten durch den weichen Schnee, ihre Körper waren in einen Kampf verstrickt.

Prevrtali su se kroz mekani snijeg; njihova su tijela bila zbijena u borbi.

Spitz sprang schnell auf, als wäre er nie niedergeschlagen worden.

Spitz je brzo skočio, kao da nikada nije pao.

Er schlug auf Bucks Schulter und sprang dann aus dem Kampf.

Posjekao je Bucka po ramenu, a zatim skočio iz borbe.

Zweimal schnappten seine Zähne wie Stahlfallen, seine Lippen waren grimmig gekräuselt.

Dvaput su mu zubi škljocnuli poput čeličnih zamki, usne su mu bile izvijene i žestoke.

Er wich langsam zurück und suchte festen Boden unter seinen Füßen.

Polako se povukao, tražeći čvrsto tlo pod nogama.

Buck verstand den Moment sofort und vollkommen.

Buck je odmah i potpuno shvatio trenutak.

Die Zeit war gekommen; der Kampf würde ein Kampf auf Leben und Tod werden.

Vrijeme je došlo; borba će biti borba do smrti.

Die beiden Hunde umkreisten knurrend den Raum, legten die Ohren an und kniffen die Augen zusammen.

Dva psa su kružila, režeći, spljoštenih ušiju i suženih očiju.

Jeder Hund wartete darauf, dass der andere Schwäche zeigte oder einen Fehltritt machte.

Svaki je pas čekao da onaj drugi pokaže slabost ili pogrešan korak.

Buck hatte ein unheimliches Gefühl, die Szene zu kennen und tief in Erinnerung zu behalten.

Bucku se ta scena činila jezivo poznatom i duboko zapamćenom.

Die weißen Wälder, die kalte Erde, die Schlacht im Mondlicht.

Bijele šume, hladna zemlja, bitka pod mjesečinom.

Eine schwere Stille erfüllte das Land, tief und unnatürlich.

Teška tišina ispunila je zemlju, duboka i neprirodna.

Kein Wind regte sich, kein Blatt bewegte sich, kein Geräusch unterbrach die Stille.

Niti jedan vjetar se nije pomaknuo, niti jedan list nije pomaknuo, niti jedan zvuk nije narušio tišinu.

Der Atem der Hunde stieg wie Rauch in die eiskalte, stille Luft.

Pseći dah dizao se poput dima u smrznutom, tihom zraku.

Das Kaninchen war von der Meute der wilden Tiere längst vergessen.

Zec je bio odavno zaboravljen od strane čopora divljih zvijeri.

Diese halb gezähmten Wölfe standen nun still in einem weiten Kreis.

Ovi polupripitomljeni vukovi sada su stajali mirno u širokom krugu.

Sie waren still, nur ihre leuchtenden Augen verrieten ihren Hunger.

Bili su tihi, samo su im sjajne oči otkrivale glad.

Ihr Atem stieg auf, als sie den Beginn des Endkampfes beobachteten.

Dah im se podigao prema gore, gledajući kako počinje posljednja borba.

Für Buck war dieser Kampf alt und erwartet, überhaupt nicht ungewöhnlich.

Za Bucka, ova bitka je bila stara i očekivana, nimalo čudna.

Es fühlte sich an wie die Erinnerung an etwas, das schon immer passieren sollte.

Osjećalo se kao sjećanje na nešto što se oduvijek trebalo dogoditi.

Spitz war ein ausgebildeter Kampfhund, gestählt durch zahllose wilde Schlägereien.

Špic je bio dresirani borbeni pas, izbrušen bezbrojnim divljim tučnjavama.

Von Spitzbergen bis Kanada hatte er viele Feinde besiegt.

Od Spitzbergena do Kanade, savladao je mnoge neprijatelje.

Er war voller Wut, ließ seiner Wut jedoch nie freien Lauf.

Bio je ispunjen bijesom, ali nikada nije dao kontrolu nad bijesom.

Seine Leidenschaft war scharf, aber immer durch einen harten Instinkt gemildert.

Njegova strast bila je oštra, ali uvijek ublažena tvrdim instinktom.

Er griff nie an, bis seine eigene Verteidigung stand.

Nikada nije napadao dok nije imao vlastitu obranu.

Buck versuchte immer wieder, Spitz' verwundbaren Hals zu erreichen.

Buck je iznova i iznova pokušavao dosegnuti Spitzov ranjivi vrat.

Doch jeder Schlag wurde von Spitz' scharfen Zähnen mit einem Hieb beantwortet.

Ali svaki udarac dočekan je oštrim udarcem Spitzovih oštrih zuba.

Ihre Reißzähne prallten aufeinander und beide Hunde bluteten aus den aufgerissenen Lippen.

Njihovi su se očnjaci sukobili, a oba su psa prokrvarila iz razderanih usana.

Egal, wie sehr Buck sich auch wehrte, er konnte die Verteidigung nicht durchbrechen.

Bez obzira koliko se Buck nasrtao, nije mogao probiti obranu.

Er wurde immer wütender und stürmte mit wilden Kraftausbrüchen hinein.

Postajao je sve bjesniji, jureći s divljim naletima snage.

Immer wieder schlug Buck nach der weißen Kehle von Spitz.

Buck je iznova i iznova udarao po Spitzovom bijelom grlu.

Jedes Mal wich Spitz aus und schlug mit einem schneidenden Biss zurück.

Spitz je svaki put izbjegao i uzvratio oštrim ugrizom.

Dann änderte Buck seine Taktik und stürzte sich erneut darauf, als wolle er ihm die Kehle zu Leibe rücken.

Tada je Buck promijenio taktiku, ponovno jurnuvši kao da želi uhvatiti za grlo.

Doch er zog sich mitten im Angriff zurück und drehte sich um, um von der Seite zuzuschlagen.

Ali se povukao usred napada, okrećući se da udari sa strane.

Er warf Spitz seine Schulter entgegen, um ihn niederzuschlagen.

Ramenom je udario Spitza, ciljajući da ga sruši.

Bei jedem Versuch wich Spitz aus und konterte mit einem Hieb.

Svaki put kad bi pokušao, Spitz bi se izmicao i uzvraćao udarcem.

Bucks Schulter wurde wund, als Spitz nach jedem Schlag davonsprang.

Bucka je rame boljelo dok je Spitz odskakivao nakon svakog udarca.

Spitz war nicht berührt worden, während Buck aus vielen Wunden blutete.

Spitz nije bio dotaknut, dok je Buck krvario iz mnogih rana.

Bucks Atem ging schnell und schwer, sein Körper war blutverschmiert.

Buck je disao brzo i teško, tijelo mu je bilo klizavo od krvi.

Mit jedem Biss und Angriff wurde der Kampf brutaler.

Borba je postajala sve brutalnija sa svakim ugrizom i napadom.

Um sie herum warteten sechzig stille Hunde darauf, dass der erste fiel.

Oko njih je šezdeset tihih pasa čekalo da prvi padne.

Wenn ein Hund zu Boden ging, würde das Rudel den Kampf beenden.

Ako jedan pas padne, čopor će završiti borbu.

Spitz sah, dass Buck schwächer wurde, und begann, den Angriff voranzutreiben.

Spitz je vidio kako Buck slabi i počeo je napadati.

Er brachte Buck aus dem Gleichgewicht und zwang ihn, um Halt zu kämpfen.

Držao je Bucka izvan ravnoteže, prisiljavajući ga da se bori za ravnotežu.

Einmal stolperte Buck und fiel, und alle Hunde standen auf.

Jednom se Buck spotaknuo i pao, a svi psi su ustali.

Doch Buck richtete sich mitten im Fall auf und alle sanken wieder zu Boden.

Ali Buck se ispravio usred pada i svi su ponovno potonuli.

Buck hatte etwas Seltenes – eine Vorstellungskraft, die aus tiefem Instinkt geboren war.

Buck je imao nešto rijetko - maštu rođenu iz dubokog instinkta.

Er kämpfte mit natürlichem Antrieb, aber auch mit List.

Borio se prirodnim nagonom, ali se borio i lukavo.

Er griff erneut an, als würde er seinen Schulterangriffstrick wiederholen.

Ponovno je jurnuo kao da ponavlja svoj trik napada ramenom.

Doch in der letzten Sekunde ließ er sich fallen und flog unter Spitz hindurch.

Ali u posljednjoj sekundi, spustio se nisko i prošao ispod Spitza.

Seine Zähne schnappten um Spitz' linkes Vorderbein.

Zubi su mu se uz škljocaj zakačili za Spitzovu prednju lijevu nogu.

Spitz stand nun unsicher da, sein Gewicht ruhte nur noch auf drei Beinen.

Spitz je sada stajao nesigurno, oslanjajući se na samo tri noge.

Buck schlug erneut zu und versuchte dreimal, ihn zu Fall zu bringen.

Buck je ponovno udario, tri puta ga je pokušao srušiti.

Beim vierten Versuch nutzte er denselben Zug mit Erfolg

U četvrtom pokušaju uspješno je upotrijebio isti potez.

Diesmal gelang es Buck, Spitz in das rechte Bein zu beißen.

Ovaj put Buck je uspio ugristi Spitzu desnu nogu.

Obwohl Spitz verkrüppelt war und große Schmerzen litt, kämpfte er weiter ums Überleben.

Spitz, iako osakaćen i u agoniji, nastavio se boriti za preživljavanje.

Er sah, wie der Kreis der Huskys enger wurde, die Zungen herausstreckten und deren Augen leuchteten.

Vidio je kako se krug haskija steže, isplaženih jezika i sjajnih očiju.

Sie warteten darauf, ihn zu verschlingen, so wie sie es mit anderen getan hatten.

Čekali su da ga prožderu, baš kao što su to učinili i drugima.

Dieses Mal stand er im Mittelpunkt: besiegt und verdammt.

Ovaj put, stajao je u sredini; poražen i osuđen na propast.

Für den weißen Hund gab es jetzt keine Möglichkeit mehr zu entkommen.

Bijeli pas sada nije imao mogućnosti pobjeći.

Buck kannte keine Gnade, denn Gnade hatte in der Wildnis nichts zu suchen.

Buck nije pokazao milost, jer milost nije pripadala divljini.

Buck bewegte sich vorsichtig und bereitete sich auf den letzten Angriff vor.

Buck se kretao oprezno, pripremajući se za posljednji juriš.

Der Kreis der Huskys schloss sich, er spürte ihren warmen Atem.

Krug haskija se zatvorio; osjetio je njihov topao dah.

Sie duckten sich und waren bereit, im richtigen Moment zu springen.

Čučnuli su nisko, spremni skočiti kad dođe trenutak.

Spitz zitterte im Schnee, knurrte und veränderte seine Haltung.

Spitz se tresao u snijegu, režeći i mijenjajući položaj.

Seine Augen funkelten, seine Lippen waren gekräuselt und seine Zähne blitzten in verzweifelter Drohung.

Oči su mu sijevale, usne su se izvijale, a zubi su bljeskali u očajničkoj prijetnji.

Er taumelte und versuchte immer noch, dem kalten Biss des Todes standzuhalten.

Teturao je, još uvijek pokušavajući odoljeti hladnom ugrizu smrti.

Er hatte das schon früher erlebt, aber immer von der Gewinnerseite.

To je već vidio, ali uvijek s pobjedničke strane.

Jetzt war er auf der Verliererseite, der Besiegte, die Beute, der Tod.

Sada je bio na gubitničkoj strani; poraženi; plijen; smrt.

Buck umkreiste ihn für den letzten Schlag, der Hundekreis rückte näher.

Buck je kružio za konačni udarac, krug pasa se približio.

Er konnte ihren heißen Atem spüren; bereit zum Töten.

Osjećao je njihove vruće dahove; spremni za ubojstvo.

Stille breitete sich aus; alles war an seinem Platz; die Zeit war stehen geblieben.

Zavladala je tišina; sve je bilo na svom mjestu; vrijeme je stalo.

Sogar die kalte Luft zwischen ihnen gefror für einen letzten Moment.

Čak se i hladni zrak među njima na trenutak smrznuo.

Nur Spitz bewegte sich und versuchte, sein bitteres Ende abzuwenden.

Samo se Spitz pomaknuo, pokušavajući odgoditi svoj gorki kraj.

Der Kreis der Hunde schloss sich um ihn, und das war sein Schicksal.

Krug pasa se stezao oko njega, kao i njegova sudbina.

Er war jetzt verzweifelt, da er wusste, was passieren würde.

Sada je bio očajan, znajući što će se dogoditi.

Buck sprang hinein, Schulter an Schulter traf ein letztes Mal.

Buck je skočio, rame je susrelo rame posljednji put.

Die Hunde drängten vorwärts und deckten Spitz in der verschneiten Dunkelheit.

Psi su jurnuli naprijed, pokrivajući Spitza u snježnom mraku.

Buck sah zu, aufrecht stehend; der Sieger in einer wilden Welt.

Buck je promatrao, stojeći uspravno; pobjednik u divljem svijetu.

Das dominante Urtier hatte seine Beute gemacht, und es war gut.

Dominantna primordijalna zvijer je počinila svoj ulov, i to je bilo dobro.

Wer die Meisterschaft erlangt hat
Onaj koji je osvojio majstorstvo

„Wie? Was habe ich gesagt? Ich sage die Wahrheit, wenn ich sage, dass Buck ein Teufel ist."

„E? Što sam rekao? Istinu govorim kad kažem da je Buck vrag."

François sagte dies am nächsten Morgen, nachdem er festgestellt hatte, dass Spitz verschwunden war.

François je to rekao sljedećeg jutra nakon što je pronašao Spitza nestalog.

Buck stand da, übersät mit Wunden aus dem erbitterten Kampf.

Buck je stajao ondje, prekriven ranama od žestoke borbe.

François zog Buck zum Feuer und zeigte auf die Verletzungen.

François je privukao Bucka blizu vatre i pokazao na ozljede.

„Dieser Spitz hat gekämpft wie der Devik", sagte Perrault und beäugte die tiefen Schnittwunden.

„Taj se Spitz borio kao Devik", rekao je Perrault, gledajući duboke posjekotine.

„Und dieser Buck hat wie zwei Teufel gekämpft", antwortete François sofort.

„I taj se Buck borio kao dva vraga", odmah je odgovorio François.

„Jetzt kommen wir gut voran; kein Spitz mehr, kein Ärger mehr."

„Sad ćemo dobro napredovati; nema više Spitza, nema više problema."

Perrault packte die Ausrüstung und belud den Schlitten sorgfältig.

Perrault je pakirao opremu i pažljivo utovarivao sanjke.

François spannte die Hunde für den Lauf des Tages an.

François je upregnuo pse pripremajući se za dnevno trčanje.

Buck trabte direkt an die Führungsposition, die einst Spitz innehatte.

Buck je odmah kasom došao do vodeće pozicije koju je nekoć držao Spitz.

Doch François bemerkte es nicht und führte Solleks nach vorne.

Ali François, ne primjećujući, poveo je Solleksa naprijed.

Nach François' Einschätzung war Solleks nun der beste Leithund.

Po Françoisovom mišljenju, Solleks je sada bio najbolji pas za vođenje.

Buck stürzte sich wütend auf Solleks und trieb ihn aus Protest zurück.

Buck je bijesno skočio na Solleksa i u znak prosvjeda ga odgurnuo unatrag.

Er stand dort, wo einst Spitz gestanden hatte, und beanspruchte die Führungsposition.

Stajao je tamo gdje je nekoć stajao Spitz, zauzevši vodeću poziciju.

„Wie? Wie?", rief François und schlug sich amüsiert auf die Schenkel.

„E? E?" uzviknuo je François, zabavljeno se pljeskajući po bedrima.

„Sehen Sie sich Buck an – er hat Spitz umgebracht und jetzt will er ihm den Job wegnehmen!"

„Pogledaj Bucka - ubio je Spitza, a sada želi preuzeti posao!"

„Geh weg, Chook!", schrie er und versuchte, Buck zu vertreiben.

„Odlazi, Chook!" viknuo je, pokušavajući otjerati Bucka.

Aber Buck weigerte sich, sich zu bewegen und blieb fest im Schnee stehen.

Ali Buck se nije htio pomaknuti i čvrsto je stajao u snijegu.

François packte Buck am Genick und zog ihn beiseite.

François je zgrabio Bucka za šiju i odvukao ga u stranu.

Buck knurrte leise und drohend, griff aber nicht an.

Buck je tiho i prijeteći zarežao, ali nije napao.

François brachte Solleks wieder in Führung und versuchte, den Streit zu schlichten

François je ponovno doveo Solleksa u vodstvo, pokušavajući riješiti spor

Der alte Hund zeigte Angst vor Buck und wollte nicht bleiben.

Stari pas pokazao je strah od Bucka i nije htio ostati.

Als François ihm den Rücken zuwandte, verjagte Buck Solleks wieder.

Kad je François okrenuo leđa, Buck je ponovno istjerao Solleksa.

Solleks leistete keinen Widerstand und trat erneut leise zur Seite.

Solleks se nije opirao i tiho se još jednom pomaknuo u stranu.

François wurde wütend und schrie: „Bei Gott, ich werde dich heilen!"

François se naljutio i viknuo: „Bože, popravit ću te!"

Er kam mit einer schweren Keule in der Hand auf Buck zu.

Prišao je Bucku držeći tešku toljagu u ruci.

Buck erinnerte sich gut an den Mann im roten Pullover.

Buck se dobro sjećao čovjeka u crvenom džemperu.

Er zog sich langsam zurück, beobachtete François, knurrte jedoch tief.

Polako se povukao, promatrajući Françoisa, ali duboko režeći.

Er eilte nicht zurück, auch nicht, als Solleks an seiner Stelle stand.

Nije se žurio natrag, čak ni kad je Solleks stao na njegovo mjesto.

Buck kreiste knapp außerhalb seiner Reichweite und knurrte wütend und protestierend.

Buck je kružio tik izvan dosega, režeći od bijesa i prosvjeda.

Er behielt den Schläger im Auge und war bereit auszuweichen, falls François warf.

Držao je pogled na palici, spreman izbjeći udarac ako François baci.

Er war weise und vorsichtig geworden im Umgang mit bewaffneten Männern.

Postao je mudar i oprezan u ponašanju naoružanih ljudi.

François gab auf und rief Buck erneut an seinen alten Platz.

François je odustao i ponovno pozvao Bucka na svoje prijašnje mjesto.

Aber Buck trat vorsichtig zurück und weigerte sich, dem Befehl Folge zu leisten.

Ali Buck se oprezno povukao, odbijajući poslušati naredbu.

François folgte ihm, aber Buck wich nur ein paar Schritte zurück.

François je krenuo za njim, ali Buck se povukao samo još nekoliko koraka.

Nach einiger Zeit warf François frustriert die Waffe hin.

Nakon nekog vremena, François je u frustraciji bacio oružje.

Er dachte, Buck hätte Angst vor einer Tracht Prügel und würde ruhig kommen.

Mislio je da se Buck boji batina i da će doći tiho.

Aber Buck wollte sich nicht vor einer Strafe drücken – er kämpfte um seinen Rang.

Ali Buck nije izbjegavao kaznu - borio se za čin.

Er hatte sich den Platz als Leithund durch einen Kampf auf Leben und Tod verdient

Mjesto psa vođe zaslužio je borbom do smrti.

er würde sich mit nichts Geringerem zufrieden geben, als der Anführer zu sein.

Nije se namjeravao zadovoljiti ničim manjim od toga da bude vođa.

Perrault beteiligte sich an der Verfolgung, um den rebellischen Buck zu fangen.

Perrault se uključio u potjeru kako bi pomogao uhvatiti buntovnog Bucka.

Gemeinsam ließen sie ihn fast eine Stunde lang durch das Lager laufen.

Zajedno su ga gotovo sat vremena vozili po logoru.

Sie warfen Knüppel nach ihm, aber Buck wich jedem Schlag geschickt aus.

Bacali su palice na njega, ali Buck je svaku vješto izbjegao.

Sie verfluchten ihn, seine Vorfahren, seine Nachkommen und jedes Haar an ihm.

Prokleli su njega, njegove pretke, njegove potomke i svaku dlaku na njemu.

Aber Buck knurrte nur zurück und blieb gerade außerhalb ihrer Reichweite.

Ali Buck je samo zarežao i ostao izvan njihovog dohvata.

Er versuchte nie wegzulaufen, sondern umkreiste das Lager absichtlich.

Nikada nije pokušao pobjeći, već je namjerno kružio oko logora.

Er machte klar, dass er gehorchen würde, sobald sie ihm gäben, was er wollte.

Jasno je dao do znanja da će poslušati čim mu daju što želi.

Schließlich setzte sich François hin und kratzte sich frustriert am Kopf.

François je konačno sjeo i frustrirano se počešao po glavi.

Perrault sah auf seine Uhr, fluchte und murmelte etwas über die verlorene Zeit.

Perrault je pogledao na sat, opsovao i promrmljao nešto o izgubljenom vremenu.

Obwohl sie eigentlich auf der Spur sein sollten, war bereits eine Stunde vergangen.

Već je prošao sat vremena kada su trebali biti na stazi.

François zuckte verlegen mit den Achseln, als der Kurier resigniert seufzte.

François je posramljeno slegnuo ramenima prema kuriru, koji je poraženo uzdahnuo.

Dann ging François zu Solleks und rief Buck noch einmal.

Zatim je François otišao do Solleksa i još jednom pozvao Bucka.

Buck lachte wie ein Hund, wahrte jedoch vorsichtig seine Distanz.

Buck se smijao kao što se pas smije, ali je držao opreznu distancu.

François nahm Solleks das Geschirr ab und brachte ihn an seinen Platz zurück.

François je skinuo Solleksu pojas i vratio ga na njegovo mjesto.

Das Schlittenteam stand voll angespannt da, nur ein Platz war unbesetzt.

Zaprežna zaprega stajala je potpuno upregnuta, s samo jednim slobodnim mjestom.

Die Führungsposition blieb leer und war eindeutig nur für Buck bestimmt.

Vodeća pozicija ostala je prazna, očito namijenjena samo Bucku.

François rief erneut, und wieder lachte Buck und blieb standhaft.

François je ponovno doviknuo, a Buck se ponovno nasmijao i ostao pri svome.

„Wirf die Keule weg", befahl Perrault ohne zu zögern.

„Bacite palicu", naredio je Perrault bez oklijevanja.

François gehorchte und Buck trabte sofort stolz vorwärts.

François je poslušao, a Buck je odmah ponosno krenuo naprijed.

Er lachte triumphierend und übernahm die Führungsposition.

Trijumfalno se nasmijao i zauzeo vodeću poziciju.

François befestigte seine Leinen und der Schlitten wurde losgerissen.

François je osigurao svoje tragove i saonice su se otkinule.

Beide Männer liefen neben dem Team her, als es auf den Flusspfad rannte.

Obojica muškaraca trčala su pokraj njih dok je tim jurio stazom uz rijeku.

François hatte Bucks „zwei Teufel" sehr geschätzt,

François je imao visoko mišljenje o Buckovim „dva vragovima"

aber er merkte bald, dass er den Hund tatsächlich unterschätzt hatte.

ali ubrzo je shvatio da je zapravo podcijenio psa.

Buck übernahm schnell die Führung und erbrachte hervorragende Leistungen.

Buck je brzo preuzeo vodstvo i pokazao izvrsnost.

In puncto Urteilsvermögen, schnelles Denken und schnelles Handeln übertraf Buck Spitz.

U prosudbi, brzom razmišljanju i brzom djelovanju, Buck je nadmašio Spitza.

François hatte noch nie einen Hund gesehen, der dem von Buck gleichkam.

François nikada nije vidio psa ravnog onome što je Buck sada pokazao.

Aber Buck war wirklich herausragend darin, für Ordnung zu sorgen und Respekt zu erlangen.

Ali Buck je zaista briljirao u provođenju reda i izazivanju poštovanja.

Dave und Solleks akzeptierten die Änderung ohne Bedenken oder Protest.

Dave i Solleks prihvatili su promjenu bez brige ili prosvjeda.

Sie konzentrierten sich nur auf die Arbeit und zogen kräftig die Zügel an.

Usredotočili su se samo na rad i snažno povlačenje uzdi.

Es war ihnen egal, wer führte, solange der Schlitten in Bewegung blieb.

Nije ih bilo briga tko vodi, sve dok su se saonice kretale.

Billee, der Fröhliche, hätte, soweit es sie interessierte, die Führung übernehmen können.

Billee, vesela, mogla je voditi koliko god ih je bilo briga.

Was ihnen wichtig war, waren Frieden und Ordnung in den Reihen.

Ono što im je bilo važno bio je mir i red u redovima.

Der Rest des Teams war während Spitz' Niedergang unbändig geworden.

Ostatak tima postao je neposlušan tijekom Spitzovog pada.

Sie waren schockiert, als Buck sie sofort zur Ordnung rief.

Bili su šokirani kad ih je Buck odmah doveo u red.

Pike war immer faul gewesen und hatte Buck hinterhergehangen.

Pike je oduvijek bio lijen i vukao se za Buckom.

Doch nun wurde er von der neuen Führung scharf diszipliniert.

Ali sada ga je novo vodstvo oštro discipliniralo.

Und er lernte schnell, seinen Teil zum Team beizutragen.

I brzo je naučio preuzeti svoju ulogu u timu.

Am Ende des Tages hatte Pike härter gearbeitet als je zuvor.

Do kraja dana, Pike je radio više nego ikad prije.

In dieser Nacht im Lager wurde Joe, der mürrische Hund, endlich beruhigt.

Te noći u kampu, Joe, mrzovoljni pas, konačno je bio svladan.

Spitz hatte es nicht geschafft, ihn zu disziplinieren, aber Buck versagte nicht.

Spitz ga nije uspio disciplinirati, ali Buck nije podbacio.

Durch die Nutzung seines größeren Gewichts überwältigte Buck Joe in Sekundenschnelle.

Koristeći svoju veću težinu, Buck je u sekundama svladao Joea.

Er biss und schlug Joe, bis dieser wimmerte und aufhörte, sich zu wehren.

Grizao je i udarao Joea sve dok ovaj nije zacvilio i prestao se opirati.

Von diesem Moment an verbesserte sich das gesamte Team.

Cijeli tim se poboljšao od tog trenutka nadalje.

Die Hunde erlangten ihre alte Einheit und Disziplin zurück.

Psi su ponovno stekli staro jedinstvo i disciplinu.

In Rink Rapids kamen zwei neue einheimische Huskies hinzu, Teek und Koona.

U Rink Rapidsu su se pridružila dva nova domaća haskija, Teek i Koona.

Bucks schnelle Ausbildung erstaunte sogar François.

Buckova brza obuka zapanjila je čak i Françoisa.

„So einen Hund wie diesen Buck hat es noch nie gegeben!", rief er erstaunt.

„Nikad nije bilo takvog psa kao što je taj Buck!" uzviknuo je u čudu.

„Nein, niemals! Er ist tausend Dollar wert, bei Gott!"

„Ne, nikad! Vrijedi tisuću dolara, Bože!"

„Wie? Was sagst du dazu, Perrault?", fragte er stolz.

„E? Što kažeš, Perrault?" upitao je s ponosom.

Perrault nickte zustimmend und überprüfte seine Notizen.

Perrault je kimnuo u znak slaganja i provjerio svoje bilješke.

Wir liegen bereits vor dem Zeitplan und kommen täglich weiter voran.

Već smo ispred roka i svakim danom dobivamo sve više.

Der Weg war festgestampft und glatt, es lag kein Neuschnee.

Staza je bila tvrdo utabana i glatka, bez svježeg snijega.

Es war konstant kalt und lag die ganze Zeit bei minus fünfzig Grad.

Hladnoća je bila stalna, cijelo vrijeme se kretala oko pedeset stupnjeva ispod nule.

Die Männer ritten und rannten abwechselnd, um sich warm zu halten und Zeit zu gewinnen.

Muškarci su jahali i trčali naizmjence kako bi se ugrijali i napravili vremena.

Die Hunde rannten schnell, mit wenigen Pausen, immer vorwärts.

Psi su trčali brzo s malo zaustavljanja, uvijek gurajući naprijed.

Der Thirty Mile River war größtenteils zugefroren und leicht zu überqueren.

Rijeka Trideset milja bila je uglavnom zaleđena i lako se preko nje moglo putovati.

Was zehn Tage gedauert hatte, wurde an einem Tag verschickt.

Izašli su za jedan dan, a dolazak im je trajao deset dana.

Sie legten einen sechsundneunzig Kilometer langen Sprint vom Lake Le Barge nach White Horse zurück.

Pretrčali su šezdeset milja od jezera Le Barge do Bijelog Konja.

Sie bewegten sich unglaublich schnell über die Seen Marsh, Tagish und Bennett.

Preko jezera Marsh, Tagish i Bennett kretali su se nevjerojatno brzo.

Der laufende Mann wird an einem Seil hinter dem Schlitten hergezogen.

Trkač je vukao saonice na užetu.

In der letzten Nacht der zweiten Woche erreichten sie ihr Ziel.

Posljednje noći drugog tjedna stigli su na odredište.

Sie hatten gemeinsam die Spitze des White Pass erreicht.

Zajedno su stigli do vrha Bijelog prijevoja.

Sie sanken auf Meereshöhe hinab, mit den Lichtern von Skaguay unter ihnen.

Spustili su se na razinu mora sa Skaguayevim svjetlima ispod sebe.

Es war ein Rekordlauf durch kilometerlange kalte Wildnis.

Bio je to rekordni trk preko kilometara hladne divljine.

An vierzehn aufeinanderfolgenden Tagen legten sie im Durchschnitt satte vierundsechzig Kilometer zurück.

Četrnaest dana zaredom, u prosjeku su prelazili dobrih četrdeset milja.

In Skaguay transportierten Perrault und François Fracht durch die Stadt.

U Skaguayu su Perrault i François prevozili teret kroz grad.

Die bewundernde Menge jubelte ihnen zu und bot ihnen viele Getränke an.

Divljenjem su ih pozdravljali i nudili im mnoga pića.

Hundefänger und Arbeiter versammelten sich um das berühmte Hundegespann.

Lovci na pse i radnici okupili su se oko poznate pseće zaprege.

Dann kamen Gesetzlose aus dem Westen in die Stadt und erlitten eine brutale Niederlage.

Tada su zapadni odmetnici došli u grad i doživjeli žestoki poraz.

Die Leute vergaßen bald das Team und konzentrierten sich auf neue Dramen.

Ljudi su ubrzo zaboravili tim i usredotočili se na novu dramu.

Dann kamen die neuen Befehle, die alles auf einen Schlag veränderten.

Zatim su došle nove naredbe koje su odjednom sve promijenile.

François rief Buck zu sich und umarmte ihn mit tränenreichem Stolz.

François je pozvao Bucka k sebi i zagrlio ga sa suznim ponosom.

In diesem Moment sah Buck François zum letzten Mal wieder.

Taj trenutak je bio posljednji put da je Buck ikada više vidio Françoisa.

Wie viele Männer zuvor waren sowohl François als auch Perrault nicht mehr da.

Kao i mnogi prije njih, i François i Perrault su otišli.

Ein schottischer Mischling übernahm das Kommando über Buck und seine Schlittenhunde-Kollegen.

Škotski mješanac preuzeo je odgovornost za Bucka i njegove kolege sa psima za vuču saonica.

Mit einem Dutzend anderer Hundegespanne kehrten sie auf dem Weg nach Dawson zurück.

S dvanaest drugih psećih zaprega vratili su se stazom u Dawson.

Es war kein Schnelllauf mehr, sondern harte Arbeit mit einer schweren Last jeden Tag.

Više nije bilo brzog trčanja - samo težak rad s teškim teretom svaki dan.

Dies war der Postzug, der den Goldsuchern in der Nähe des Pols Nachrichten brachte.

Ovo je bio poštanski vlak koji je nosio vijest lovcima na zlato blizu Pola.

Buck mochte die Arbeit nicht, ertrug sie jedoch gut und war stolz auf seine Leistung.

Buck nije volio posao, ali ga je dobro podnosio, ponoseći se svojim trudom.

Wie Dave und Solleks zeigte Buck Hingabe bei jeder täglichen Aufgabe.

Poput Davea i Solleksa, Buck je pokazivao predanost svakom svakodnevnom zadatku.

Er stellte sicher, dass jeder seiner Teamkollegen seinen Teil beitrug.

Pobrinuo se da svaki od njegovih suigrača da svoj doprinos.

Das Leben auf dem Trail wurde langweilig und wiederholte sich mit der Präzision einer Maschine.

Život na stazi postao je dosadan, ponavljao se s preciznošću stroja.

Jeder Tag fühlte sich gleich an, ein Morgen ging in den nächsten über.

Svaki dan se činio istim, jedno jutro se stapalo s drugim.

Zur gleichen Stunde standen die Köche auf, um Feuer zu machen und Essen zuzubereiten.

U isti sat, kuhari su ustali da nalože vatru i pripreme hranu.

Nach dem Frühstück verließen einige das Lager, während andere die Hunde anspannten.

Nakon doručka, neki su napustili logor dok su drugi upregli pse.

Sie machten sich auf den Weg, bevor die schwache Morgendämmerung den Himmel berührte.

Krenuli su stazom prije nego što je prigušeno upozorenje na zoru dotaknulo nebo.

Nachts hielten sie an, um ihr Lager aufzuschlagen, wobei jeder Mann eine festgelegte Aufgabe hatte.

Noću su se zaustavili kako bi napravili logor, svaki čovjek s određenom dužnošću.

Einige stellten die Zelte auf, andere hackten Feuerholz und sammelten Kiefernzweige.

Neki su postavljali šatore, drugi su sjekli drva za ogrjev i skupljali borove grane.

Zum Abendessen wurde den Köchen Wasser oder Eis mitgebracht.

Voda ili led nosili su se kuharima za večeru.

Die Hunde wurden gefüttert und das war für sie der schönste Teil des Tages.

Psi su bili nahranjeni, i to im je bio najbolji dio dana.

Nachdem sie Fisch gegessen hatten, entspannten sich die Hunde und machten es sich in der Nähe des Feuers gemütlich.

Nakon što su pojeli ribu, psi su se opustili i izležavali blizu vatre.

Im Konvoi waren noch hundert andere Hunde, unter die man sich mischen konnte.

U konvoju je bilo još stotinu pasa s kojima se moglo družiti.

Viele dieser Hunde waren wild und kämpften ohne Vorwarnung.

Mnogi od tih pasa bili su žestoki i brzi u borbi bez upozorenja.

Doch nach drei Siegen war Buck selbst den härtesten Kämpfern überlegen.

Ali nakon tri pobjede, Buck je svladao čak i najžešće borce.

Als Buck nun knurrte und die Zähne fletschte, traten sie zur Seite.

Sad kad je Buck zarežao i pokazao zube, oni su se pomaknuli u stranu.

Und das Beste war vielleicht, dass Buck es liebte, neben dem flackernden Lagerfeuer zu liegen.

Možda najbolje od svega, Buck je volio ležati blizu treperave logorske vatre.

Er hockte mit angezogenen Hinterbeinen und nach vorne gestreckten Vorderbeinen.

Čučnuo je sa skupljenim stražnjim nogama i ispruženim prednjim nogama naprijed.

Er hatte den Kopf erhoben und blinzelte sanft in die glühenden Flammen.

Podigao je glavu dok je tiho trepnuo prema užarenim plamenovima.

Manchmal musste er an Richter Millers großes Haus in Santa Clara denken.

Ponekad se prisjećao velike kuće suca Millera u Santa Clari.

Er dachte an den Zementpool, an Ysabel und den Mops namens Toots.

Pomislio je na cementni bazen, na Ysabel i mopsa po imenu Toots.

Aber häufiger musste er an die Keule des Mannes mit dem roten Pullover denken.

Ali češće se sjećao čovjeka s palicom u crvenom džemperu.

Er erinnerte sich an Curlys Tod und seinen erbitterten Kampf mit Spitz.

Sjetio se Kovrčavijeve smrti i njegove žestoke bitke sa Spitzom.

Er erinnerte sich auch an das gute Essen, das er gegessen hatte oder von dem er immer noch träumte.

Prisjetio se i dobre hrane koju je jeo ili o kojoj je još uvijek sanjao.

Buck hatte kein Heimweh – das warme Tal war weit weg und unwirklich.

Buck nije osjećao nostalgiju - topla dolina bila je daleka i nestvarna.

Die Erinnerungen an Kalifornien hatten keine große Anziehungskraft mehr auf ihn.

Sjećanja na Kaliforniju više ga nisu privlačila.

Stärker als die Erinnerung waren die tief in seinem Blut verwurzelten Instinkte.

Jači od sjećanja bili su instinkti duboko ukorijenjeni u njegovoj krvnoj lozi.

Einst verlorene Gewohnheiten waren zurückgekehrt und durch den Weg und die Wildnis wiederbelebt worden.

Navike koje su nekoć bile izgubljene vratile su se, oživljene stazom i divljinom.

Während Buck das Feuerlicht betrachtete, veränderte sich seine Wahrnehmung manchmal.

Dok je Buck promatrao svjetlost vatre, ona je ponekad postajala nešto drugo.

Er sah im Feuerschein ein anderes Feuer, älter und tiefer als das gegenwärtige.

U svjetlosti vatre ugledao je drugu vatru, stariju i dublju od sadašnje.

Neben dem anderen Feuer hockte ein Mann, der anders aussah als der Mischlingskoch.

Pored te druge vatre čučao je čovjek za razliku od kuhara mješanca.

Diese Figur hatte kurze Beine, lange Arme und harte, verknotete Muskeln.

Ova je figura imala kratke noge, duge ruke i tvrde, čvoraste mišiće.

Sein Haar war lang und verfilzt und fiel von den Augen nach hinten ab.

Kosa mu je bila duga i zamršena, padala je unatrag od očiju.

Er gab seltsame Geräusche von sich und starrte voller Angst in die Dunkelheit.

Ispuštao je čudne zvukove i u strahu zurio u tamu.

Er hielt eine Steinkeule tief in seiner langen, rauen Hand fest.

Nisko je držao kamenu toljagu, čvrsto stisnutu u svojoj dugoj, gruboj ruci.

Der Mann trug wenig, nur eine verkohlte Haut, die ihm den Rücken hinunterhing.

Čovjek je bio malo odjeven; samo ugljenisana koža koja mu je visjela niz leđa.

Sein Körper war an Armen, Brust und Oberschenkeln mit dichtem Haar bedeckt.

Tijelo mu je bilo prekriveno gustom dlakom po rukama, prsima i bedrima.

Einige Teile des Haares waren zu rauen Fellbüscheln verfilzt.

Neki dijelovi kose bili su zapetljani u komadiće grubog krzna.

Er stand nicht gerade, sondern war von der Hüfte bis zu den Knien nach vorne gebeugt.

Nije stajao uspravno već se sagnuo naprijed od kukova do koljena.

Seine Schritte waren federnd und katzenartig, als wäre er immer zum Sprung bereit.

Koraci su mu bili elastični i mačji, kao da je uvijek spreman za skok.

Er war in höchster Wachsamkeit, als lebte er in ständiger Angst.

Osjećao je oštru budnost, kao da je živio u stalnom strahu.

Dieser alte Mann schien mit Gefahr zu rechnen, ob er die Gefahr nun sah oder nicht.

Činilo se da ovaj drevni čovjek očekuje opasnost, bez obzira je li opasnost bila vidljiva ili ne.

Manchmal schlief der haarige Mann am Feuer, den Kopf zwischen die Beine gesteckt.

Ponekad je dlakavi čovjek spavao uz vatru, glave zavučene među noge.

Seine Ellbogen ruhten auf seinen Knien, die Hände waren über seinem Kopf gefaltet.

Laktovi su mu počivali na koljenima, ruke sklopljene iznad glave.

Wie ein Hund benutzte er seine haarigen Arme, um den fallenden Regen abzuschütteln.

Poput psa, koristio je svoje dlakave ruke da se otrese kiše koja je padala.

Hinter dem Feuerschein sah Buck zwei Kohlen im Dunkeln glühen.

Iza svjetlosti vatre, Buck je ugledao dva ugljena kako žare u mraku.

Immer zu zweit, waren sie die Augen der sich anpirschenden Raubtiere.

Uvijek dva po dva, bile su oči vrebajućih zvijeri.

Er hörte, wie Körper durchs Unterholz krachten und Geräusche in der Nacht.

Čuo je tijela kako se probijaju kroz grmlje i zvukove koji se stvaraju u noći.

Buck lag blinzelnd am Ufer des Yukon und träumte am Feuer.

Ležeći na obali Yukona, trepćući, Buck je sanjao kraj vatre.

Die Anblicke und Geräusche dieser wilden Welt ließen ihm die Haare zu Berge stehen.

Prizori i zvukovi tog divljeg svijeta digli su mu kosu na glavi.

Das Fell stand ihm über den Rücken, die Schultern und den Hals hinauf.

Dlaka mu se dizala uz leđa, ramena i vrat.

Er wimmerte leise oder gab ein tiefes Knurren aus der Brust von sich.

Tiho je cvilio ili duboko u prsima tiho zarežao.

Dann rief der Mischlingskoch: „Hey, du Buck, wach auf!"

Tada je mješanac kuhar viknuo: „Hej, Buck, probudi se!"

Die Traumwelt verschwand und das wirkliche Leben kehrte in Bucks Augen zurück.

Svijet snova je nestao, a stvarni život se vratio u Buckove oči.

Er wollte aufstehen, sich strecken und gähnen, als wäre er aus einem Nickerchen erwacht.

Htio je ustati, protegnuti se i zijevnuti, kao da se probudio iz drijemanja.

Die Reise war anstrengend, da sie den Postschlitten hinter sich herziehen mussten.

Putovanje je bilo teško, a poštanske saonice su se vukle za njima.

Schwere Lasten und harte Arbeit zermürbten die Hunde jeden langen Tag.

Teški tereti i naporan rad iscrpljivali su pse svakog dugog dana.

Sie kamen dünn und müde in Dawson an und brauchten über eine Woche Ruhe.

Stigli su u Dawson mršavi, umorni i trebali su više od tjedan dana odmora.

Doch nur zwei Tage später machten sie sich erneut auf den Weg den Yukon hinunter.

Ali samo dva dana kasnije, ponovno su krenuli niz Yukon.

Sie waren mit weiteren Briefen beladen, die für die Außenwelt bestimmt waren.

Bili su natovareni još pisama namijenjenih vanjskom svijetu.

Die Hunde waren erschöpft und die Männer beschwerten sich ständig.

Psi su bili iscrpljeni, a muškarci su se neprestano žalili.

Jeden Tag fiel Schnee, der den Weg weicher machte und die Schlitten verlangsamte.

Snijeg je padao svaki dan, omekšavajući stazu i usporavajući sanjke.

Dies führte zu einem stärkeren Ziehen und einem größeren Widerstand der Läufer.

To je omogućilo jače povlačenje i veći otpor trkačima.

Trotzdem waren die Fahrer fair und kümmerten sich um ihre Teams.

Unatoč tome, vozači su bili pošteni i brinuli su se za svoje timove.

Jeden Abend wurden die Hunde gefüttert, bevor die Männer etwas zu essen bekamen.

Svake noći, psi su bili hranjeni prije nego što su muškarci stigli jesti.

Kein Mann geht schlafen, ohne vorher die Pfoten seines eigenen Hundes zu kontrollieren.

Nitko nije spavao prije nego što je provjerio noge vlastitog psa.

Dennoch wurden die Hunde mit jeder zurückgelegten Strecke schwächer.

Ipak, psi su postajali sve slabiji kako su kilometri istrošili njihova tijela.

Sie waren den ganzen Winter über zweitausendachthundert Kilometer gereist.

Putovali su tisuću osamsto milja tijekom zime.

Sie zogen Schlitten über jede Meile dieser brutalen Distanz.

Vukli su saonice preko svake milje te brutalne udaljenosti.

Selbst die härtesten Schlittenhunde spüren nach so vielen Kilometern die Belastung.

Čak i najjačiji psi za vuču saonica osjećaju napor nakon toliko kilometara.

Buck hielt durch, sorgte für die Weiterarbeit seines Teams und sorgte für die nötige Disziplin.

Buck je izdržao, održavao je svoj tim u formi i održavao disciplinu.

Aber Buck war müde, genau wie die anderen auf der langen Reise.

Ali Buck je bio umoran, baš kao i ostali na dugom putovanju.

Billee wimmerte und weinte jede Nacht ohne Ausnahme im Schlaf.

Billee je jecao i plakao u snu svake noći bez iznimke.

Joe wurde noch verbitterter und Solleks blieb kalt und distanziert.

Joe je postao još ogorčeniji, a Solleks je ostao hladan i distanciran.

Doch Dave war derjenige des gesamten Teams, der am meisten darunter litt.

Ali Dave je bio taj koji je najgore patio od cijelog tima.

Irgendetwas in seinem Inneren war schiefgelaufen, doch niemand wusste, was.

Nešto je u njemu pošlo po zlu, iako nitko nije znao što.

Er wurde launischer und fuhr andere mit wachsender Wut an.

Postajao je mrzovoljniji i s rastućim bijesom oštro je napadao druge.

Jede Nacht ging er direkt zu seinem Nest und wartete darauf, gefüttert zu werden.

Svake noći išao je ravno u svoje gnijezdo, čekajući da ga se nahrani.

Als Dave einmal unten war, stand er bis zum Morgen nicht mehr auf.

Nakon što je pao, Dave se nije digao do jutra.

Plötzliche Rucke oder Anlaufe an den Zügeln ließen ihn vor Schmerzen aufschreien.

Na uzdama, nagli trzaji ili trzaji natjerali bi ga da krikne od boli.

Sein Fahrer suchte nach der Ursache, konnte jedoch keine Verletzungen feststellen.

Njegov vozač je tražio uzrok, ali nije pronašao nikakve ozljede na njemu.

Alle Fahrer beobachteten Dave und besprachen seinen Fall.

Svi vozači su počeli promatrati Davea i raspravljati o njegovom slučaju.

Sie unterhielten sich beim Essen und während ihrer letzten Zigarette des Tages.

Razgovarali su za vrijeme obroka i tijekom posljednje cigarete tog dana.

Eines Nachts hielten sie eine Versammlung ab und brachten Dave zum Feuer.

Jedne noći održali su sastanak i doveli Davea do vatre.

Sie drückten und untersuchten seinen Körper und er schrie oft.

Pritiskali su i ispitivali njegovo tijelo, a on je često plakao.

Offensichtlich stimmte etwas nicht, auch wenn keine Knochen gebrochen zu sein schienen.

Očito je nešto bilo u krivu, iako se činilo da nijedna kost nije slomljena.

Als sie Cassiar Bar erreichten, war Dave am Umfallen.

Dok su stigli do Cassiar Bara, Dave je već padao.

Der schottische Mischling machte Schluss und nahm Dave aus dem Team.

Škotski mješanac je zaustavio tim i uklonio Davea iz tima.

Er befestigte Solleks an Daves Stelle, ganz vorne am Schlitten.

Pričvrstio je Solleks na Daveovo mjesto, najbliže prednjem dijelu saonica.

Er wollte Dave ausruhen und ihm die Freiheit geben, hinter dem fahrenden Schlitten herzulaufen.

Namjeravao je pustiti Davea da se odmori i slobodno trči iza saonica u pokretu.

Doch selbst als er krank war, hasste Dave es, von seinem Job geholt zu werden.

Ali čak i bolestan, Dave je mrzio što je bio otpušten s posla koji je imao.

Er knurrte und wimmerte, als ihm die Zügel aus dem Körper gerissen wurden.

Režao je i cvilio dok su mu uzde skidali s tijela.

Als er Solleks an seiner Stelle sah, weinte er vor gebrochenem Herzen.

Kad je ugledao Solleksa na svom mjestu, zaplakao je od slomljene boli srca.

Dave war noch immer stolz auf seine Arbeit auf dem Weg, selbst als der Tod nahte.

Ponos rada na stazama bio je duboko u Daveu, čak i dok se smrt približavala.

Während der Schlitten fuhr, kämpfte sich Dave durch den weichen Schnee in der Nähe des Pfades.

Dok su se sanjke kretale, Dave se spoticao po mekom snijegu blizu staze.

Er griff Solleks an, biss ihn und stieß ihn von der Seite des Schlittens.

Napao je Solleksa, grizući ga i gurajući sa strane saonica.

Dave versuchte, in das Geschirr zu springen und seinen Arbeitsplatz zurückzuerobern.

Dave je pokušao uskočiti u pojas i vratiti se na svoje radno mjesto.

Er schrie, jammerte und weinte, hin- und hergerissen zwischen Schmerz und Stolz auf die Wehen.

Jaukao je, cvilio i plakao, rastrgan između boli i ponosa zbog rada.

Der Mischling versuchte, Dave mit seiner Peitsche vom Team zu vertreiben.

Mješanac je bičem pokušao otjerati Davea iz tima.

Doch Dave ignorierte den Hieb und der Mann konnte nicht härter zuschlagen.

Ali Dave je ignorirao udarac bičem, a čovjek ga nije mogao jače udariti.

Dave lehnte den einfacheren Weg hinter dem Schlitten ab, wo der Schnee festgefahren war.

Dave je odbio lakši put iza saonica, gdje je bio nabijen snijeg.

Stattdessen kämpfte er sich elend durch den tiefen Schnee neben dem Weg.

Umjesto toga, mučio se u dubokom snijegu pokraj staze, u bijedi.

Schließlich brach Dave zusammen, blieb im Schnee liegen und schrie vor Schmerzen.

Na kraju se Dave srušio, ležeći u snijegu i zavijajući od boli.

Er schrie auf, als die lange Schlittenkette einer nach dem anderen an ihm vorbeifuhr.

Vrisnuo je dok je duga kolona saonica prolazila pored njega jedna za drugom.

Dennoch stand er mit der ihm verbleibenden Kraft auf und stolperte ihnen hinterher.

Ipak, s onom preostalom snagom, ustao je i posrnuo za njima.

Als der Zug wieder anhielt, holte er ihn ein und fand seinen alten Schlitten.

Sustigao je vlak kad se ponovno zaustavio i pronašao svoje stare sanjke.

Er kämpfte sich an den anderen Teams vorbei und stand wieder neben Solleks.

Provukao se pored ostalih timova i ponovno stao pokraj Solleksa.

Als der Fahrer anhielt, um seine Pfeife anzuzünden, nutzte Dave seine letzte Chance.

Dok je vozač zastao da zapali lulu, Dave je iskoristio svoju posljednju priliku.

Als der Fahrer zurückkam und schrie, bewegte sich das Team nicht weiter.

Kad se vozač vratio i viknuo, tim nije krenuo naprijed.

Die Hunde hatten ihre Köpfe gedreht, verwirrt durch den plötzlichen Stopp.

Psi su okrenuli glave, zbunjeni naglim zaustavljanjem.

Auch der Fahrer war schockiert – der Schlitten hatte sich keinen Zentimeter vorwärts bewegt.

I vozač je bio šokiran - saonice se nisu pomaknule ni centimetar naprijed.

Er rief den anderen zu, sie sollten kommen und nachsehen, was passiert sei.

Pozvao je ostale da dođu i vide što se dogodilo.

Dave hatte Solleks' Zügel durchgekaut und beide auseinandergerissen.

Dave je pregrizao Solleksove uzde, slomio ih obje.

Nun stand er vor dem Schlitten, wieder an seinem rechtmäßigen Platz.

Sada je stajao ispred saonica, natrag na svom pravom mjestu.

Dave blickte zum Fahrer auf und flehte ihn stumm an, in der Spur zu bleiben.

Dave je pogledao vozača, tiho moleći da ostane u tragovima.

Der Fahrer war verwirrt und wusste nicht, was er für den zappelnden Hund tun sollte.

Vozač je bio zbunjen, nesiguran što učiniti za psa koji se mučio.

Die anderen Männer sprachen von Hunden, die beim Rausbringen gestorben waren.

Drugi muškarci su govorili o psima koji su uginuli nakon što su ih izveli van.

Sie erzählten von alten oder verletzten Hunden, denen es das Herz brach, als sie zurückgelassen wurden.

Pričali su o starim ili ozlijeđenim psima čija su se srca slomila kad bi ih ostavili.

Sie waren sich einig, dass es Gnade wäre, Dave sterben zu lassen, während er noch im Geschirr steckte.

Složili su se da je milost pustiti Davea da umre dok je još u pojasu.

Er wurde wieder auf dem Schlitten festgeschnallt und Dave zog voller Stolz.

Bio je pričvršćen natrag na sanjke, a Dave je ponosno vukao.

Obwohl er manchmal schrie, arbeitete er, als könne man den Schmerz ignorieren.

Iako je ponekad plakao, radio je kao da se bol može ignorirati.

Mehr als einmal fiel er und wurde mitgeschleift, bevor er wieder aufstand.

Više puta je pao i bio je vučen prije nego što je ponovno ustao.

Einmal wurde er vom Schlitten überrollt und von diesem Moment an humpelte er.

Jednom su se saonice prevrnule preko njega i od tog trenutka je šepao.

Trotzdem arbeitete er, bis das Lager erreicht war, und legte sich dann ans Feuer.

Ipak je radio dok nije stigao do logora, a zatim je legao kraj vatre.

Am Morgen war Dave zu schwach, um zu reisen oder auch nur aufrecht zu stehen.

Do jutra, Dave je bio preslab da bi putovao ili čak stajao uspravno.

Als es Zeit war, das Geschirr anzulegen, versuchte er mit zitternder Anstrengung, seinen Fahrer zu erreichen.

U vrijeme vezivanja pojasa, drhtavim je naporom pokušao dosegnuti svog vozača.

Er rappelte sich auf, taumelte und brach auf dem schneebedeckten Boden zusammen.

Prisilio se ustati, teturao i srušio se na snježno tlo.

Mithilfe seiner Vorderbeine zog er seinen Körper in Richtung des Angeschirrs.

Prednjim nogama vukao je tijelo prema mjestu za vezivanje.

Zentimeter für Zentimeter schob er sich auf die Arbeitshunde zu.

Teturao se naprijed, centimetar po centimetar, prema radnim psima.

Er verließ die Kraft, aber er machte mit seinem letzten verzweifelten Vorstoß weiter.

Snaga ga je napustila, ali je nastavio kretati se u svom posljednjem očajničkom naporu.

Seine Teamkollegen sahen ihn im Schnee nach Luft schnappen und sich immer noch danach sehnen, zu ihnen zu kommen.

Njegovi suigrači vidjeli su ga kako dahće u snijegu, još uvijek žudeći da im se pridruži.

Sie hörten ihn vor Kummer schreien, als sie das Lager hinter sich ließen.

Čuli su ga kako zavija od tuge dok su napuštali logor.

Als das Team zwischen den Bäumen verschwand, hallte Daves Schrei hinter ihnen wider.

Dok je tim nestajao u drveću, Daveov krik je odjekivao iza njih.

Der Schlittenzug hielt kurz an, nachdem er einen Abschnitt des Flusswalds überquert hatte.

Voz saonica se nakratko zaustavio nakon što je prešao dio riječne šume.

Der schottische Mischling ging langsam zurück zum Lager dahinter.

Škotski mješanac polako se vraćao prema logoru iza njih.

Die Männer verstummten, als sie ihn den Schlittenzug verlassen sahen.

Muškarci su prestali govoriti kad su ga vidjeli kako izlazi iz karavana saonica.

Dann ertönte ein einzelner Schuss klar und scharf über den Weg.

Tada je preko staze jasno i oštro odjeknuo jedan pucanj.

Der Mann kam schnell zurück und nahm wortlos seinen Platz ein.

Čovjek se brzo vratio i zauzeo svoje mjesto bez riječi.

Peitschen knallten, Glöckchen bimmelten und die Schlitten rollten durch den Schnee.

Bičevi su pucketali, zvona su zveckala, a saonice su se kotrljale kroz snijeg.

Aber Buck wusste, was passiert war – und alle anderen Hunde auch.

Ali Buck je znao što se dogodilo - kao i svaki drugi pas.

Die Mühen der Zügel und des Trails
Trud uzdi i staze

Dreißig Tage nach dem Verlassen von Dawson erreichte die Salt Water Mail Skaguay.

Trideset dana nakon što je napustio Dawson, Salt Water Mail je stigao u Skaguay.

Buck und seine Teamkollegen gingen in Führung, kamen aber in einem erbärmlichen Zustand an.

Buck i njegovi suigrači su preuzeli vodstvo, stigavši u jadnom stanju.

Buck hatte von hundertvierzig auf hundertfünfzehn Pfund abgenommen.

Buck je smršavio sa sto četrdeset na sto petnaest funti.

Die anderen Hunde hatten, obwohl kleiner, noch mehr Körpergewicht verloren.

Ostali psi, iako manji, izgubili su još više tjelesne težine.

Pike, einst ein vorgetäuschter Hinker, schleppte nun ein wirklich verletztes Bein hinter sich her.

Pike, nekad lažni šepavac, sada je za sobom vukao doista ozlijeđenu nogu.

Solleks humpelte stark und Dub hatte ein verrenktes Schulterblatt.

Solleks je jako šepao, a Dub je imao iščašenu lopaticu.

Die Füße aller Hunde im Team waren von den Wochen auf dem gefrorenen Pfad wund.

Svaki pas u timu imao je bolne noge od tjedana provedenih na zaleđenoj stazi.

Ihre Schritte waren völlig federnd und bewegten sich nur langsam und schleppend.

U njihovim koracima više nije bilo elastičnosti, samo sporo, vučno kretanje.

Ihre Füße treffen den Weg hart und jeder Schritt belastet ihren Körper stärker.

Stopala su im snažno udarala o stazu, svaki korak je dodatno naprezao njihova tijela.

Sie waren nicht krank, sondern nur so erschöpft, dass sie sich auf natürliche Weise nicht mehr erholen konnten.

Nisu bili bolesni, samo iscrpljeni do te mjere da su se mogli prirodno oporaviti.

Dies war nicht die Müdigkeit eines harten Tages, die durch eine Nachtruhe geheilt werden konnte.

Ovo nije bio umor od jednog napornog dana, izliječen noćnim odmorom.

Es war eine Erschöpfung, die sich durch monatelange, zermürbende Anstrengungen langsam aufgebaut hatte.

Bio je to iscrpljenost koja se polako gradila mjesecima iscrpljujućeg truda.

Es waren keine Kraftreserven mehr vorhanden, sie hatten alles aufgebraucht, was sie hatten.

Nije ostalo ništa od rezervne snage - potrošili su sve što su imali.

Jeder Muskel, jede Faser und jede Zelle ihres Körpers war erschöpft und abgenutzt.

Svaki mišić, vlakno i stanica u njihovim tijelima bio je istrošen i istrošen.

Und das hatte seinen Grund: Sie hatten zweitausendfünfhundert Meilen zurückgelegt.

I postojao je razlog - prešli su dvjesto i petsto milja.

Auf den letzten zweitausendachthundert Kilometern hatten sie sich nur fünf Tage ausgeruht.

Odmarali su se samo pet dana tijekom posljednjih tisuću osamsto milja.

Als sie Skaguay erreichten, sahen sie aus, als könnten sie kaum aufrecht stehen.

Kad su stigli u Skaguay, izgledali su kao da jedva mogu stajati na nogama.

Sie hatten Mühe, die Zügel straff zu halten und vor dem Schlitten zu bleiben.

Mučili su se čvrsto držati uzde i ostati ispred saonica.

Auf abschüssigen Hängen konnten sie nur noch vermeiden, überfahren zu werden.

Na nizbrdicama su uspjeli izbjeći samo da ih pregaze.

„Weiter, ihr armen, wunden Füße", sagte der Fahrer, während sie weiterhumpelten.

„Naprijed, jadne bolne noge", rekao je vozač dok su šepali.

„Das ist die letzte Strecke, danach bekommen wir alle auf jeden Fall noch eine lange Pause."

„Ovo je zadnji dio, a onda ćemo svi sigurno imati jedan dugi odmor."

„Eine richtig lange Pause", versprach er und sah ihnen nach, wie sie weiter taumelten.

„Jedan zaista dug odmor", obećao je, gledajući ih kako teturaju naprijed.

Die Fahrer rechneten damit, dass sie nun eine lange, notwendige Pause bekommen würden.

Vozači su očekivali da će sada dobiti dugu, potrebnu pauzu.

Sie hatten zweitausend Meilen zurückgelegt und nur zwei Tage Pause gemacht.

Prešli su tisuću dvjesto milja uz samo dva dana odmora.

Sie waren der Meinung, dass sie sich die Zeit zum Entspannen verdient hätten, und das aus fairen und vernünftigen Gründen.

Pravednošću i razumom, smatrali su da su zaslužili vrijeme za opuštanje.

Aber zu viele waren zum Klondike gekommen und zu wenige waren zu Hause geblieben.

Ali previše ih je došlo na Klondike, a premalo ih je ostalo kod kuće.

Es gingen unzählige Briefe von Familien ein, die zu Bergen verspäteter Post führten.

Pisma od obitelji su pristizala, stvarajući hrpe zakašnjele pošte.

Offizielle Anweisungen trafen ein – neue Hudson Bay-Hunde würden die Nachfolge antreten.

Stigle su službene naredbe - novi psi iz Hudsonovog zaljeva trebali su preuzeti vlast.

Die erschöpften Hunde, die nun als wertlos galten, sollten entsorgt werden.

Iscrpljeni psi, sada proglašeni bezvrijednima, trebali su biti zbrinuti.

Da Geld wichtiger war als Hunde, sollten sie billig verkauft werden.

Budući da je novac bio važniji od pasa, prodavali bi ih jeftino.

Drei weitere Tage vergingen, bevor die Hunde spürten, wie schwach sie waren.

Prošla su još tri dana prije nego što su psi osjetili koliko su slabi.

Am vierten Morgen kauften zwei Männer aus den Staaten das gesamte Team.

Četvrtog jutra, dvojica muškaraca iz SAD-a kupila su cijelu ekipu.

Der Verkauf umfasste alle Hunde sowie ihre abgenutzte Geschirrausrüstung.

Prodaja je uključivala sve pse, plus njihovu istrošenu opremu za vuču.

Die Männer nannten sich gegenseitig „Hal" und „Charles", als sie den Deal abschlossen.

Muškarci su se međusobno zvali „Hal" i „Charles" dok su dovršavali posao.

Charles war mittleren Alters, blass, hatte schlaffe Lippen und wilde Schnurrbartspitzen.

Charles je bio srednjih godina, blijed, s mlitavim usnama i oštrim vrhovima brkova.

Hal war ein junger Mann, vielleicht neunzehn, der einen Patronengürtel trug.

Hal je bio mladić, možda devetnaestogodišnjak, s remenom punim patrona.

Am Gürtel befanden sich ein großer Revolver und ein Jagdmesser, beide unbenutzt.

U pojasu su bili veliki revolver i lovački nož, oba nekorištena.

Es zeigte, wie unerfahren und ungeeignet er für das Leben im Norden war.

To je pokazalo koliko je bio neiskusan i nesposoban za sjeverni život.

Keiner der beiden Männer gehörte in die Wildnis; ihre Anwesenheit widersprach jeder Vernunft.

Niti jedan od njih nije pripadao divljini; njihova prisutnost prkosila je svakom razumu.

Buck beobachtete, wie das Geld zwischen Käufer und Makler den Besitzer wechselte.

Buck je gledao kako kupac i agent razmjenjuju novac.

Er wusste, dass die Postzugführer sein Leben wie alle anderen verlassen würden.

Znao je da vozači poštanskih vlakova napuštaju njegov život kao i svi ostali.

Sie folgten Perrault und François, die nun unwiederbringlich verschwunden waren.

Slijedili su Perraulta i Françoisa, koji su sada bili izgubljeni.

Buck und das Team wurden in das schlampige Lager ihrer neuen Besitzer geführt.

Bucka i tim odveli su u neuredni logor svojih novih vlasnika.

Das Zelt hing durch, das Geschirr war schmutzig und alles lag in Unordnung.

Šator se ulegnuo, posuđe je bilo prljavo, a sve je ležalo u neredu.

Buck bemerkte dort auch eine Frau – Mercedes, Charles' Frau und Hals Schwester.

Buck je i ondje primijetio ženu - Mercedes, Charlesovu ženu i Halovu sestru.

Sie bildeten eine vollständige Familie, obwohl sie alles andere als für den Wanderpfad geeignet waren.

Činili su kompletnu obitelj, iako daleko od prikladnih za stazu.

Buck beobachtete nervös, wie das Trio begann, die Vorräte einzupacken.

Buck je nervozno promatrao kako trojac počinje pakirati zalihe.

Sie arbeiteten hart, aber ohne Ordnung – nur Aufhebens und vergeudete Mühe.

Radili su naporno, ali bez reda - samo buka i uzaludan trud.

Das Zelt war zu einer sperrigen Form zusammengerollt und viel zu groß für den Schlitten.

Šator je bio smotan u glomazni oblik, prevelik za sanjke.

Schmutziges Geschirr wurde eingepackt, ohne dass es gespült oder getrocknet worden wäre.

Prljavo posuđe bilo je spakirano, a da uopće nije bilo oprano ili osušeno.

Mercedes flatterte herum, redete, korrigierte und mischte sich ständig ein.

Mercedes je lepršala okolo, neprestano pričajući, ispravljajući se i miješajući se.

Als ein Sack vorne platziert wurde, bestand sie darauf, dass er hinten drankam.

Kad je vreća stavljena naprijed, inzistirala je da ide straga.

Sie packte den Sack ganz unten rein und im nächsten Moment brauchte sie ihn.

Spakirala je vreću na dno i već sljedećeg trenutka joj je trebala.

Also wurde der Schlitten erneut ausgepackt, um an die eine bestimmte Tasche zu gelangen.

Dakle, saonice su ponovno raspakirane kako bi se došlo do te jedne određene torbe.

In der Nähe standen drei Männer vor einem Zelt und beobachteten die Szene.

U blizini su trojica muškaraca stajala ispred šatora, promatrajući prizor koji se odvijao.

Sie lächelten, zwinkerten und grinsten über die offensichtliche Verwirrung der Neuankömmlinge.

Smiješili su se, namignuli i cerekali očitoj zbunjenosti pridošlica.

„Sie haben schon eine ziemlich schwere Last", sagte einer der Männer.

„Već imaš prilično težak teret", rekao je jedan od muškaraca.

„Ich glaube nicht, dass Sie das Zelt tragen sollten, aber es ist Ihre Entscheidung."

„Mislim da ne bi trebao nositi taj šator, ali to je tvoj izbor."

„Unvorstellbar!", rief Mercedes und warf verzweifelt die Hände in die Luft.

„Nesanjano!" uzviknula je Mercedes, dižući ruke u očaju.

„Wie könnte ich ohne Zelt reisen, unter dem ich übernachten kann?"

„Kako bih uopće mogao putovati bez šatora pod kojim bih mogao ostati?"

„Es ist Frühling – Sie werden kein kaltes Wetter mehr erleben", antwortete der Mann.

„Proljeće je - više nećete vidjeti hladno vrijeme", odgovorio je čovjek.

Aber sie schüttelte den Kopf und sie stapelten weiterhin Gegenstände auf den Schlitten.

Ali ona je odmahnula glavom, a oni su nastavili gomilati stvari na sanjke.

Als sie die letzten Dinge hinzufügten, türmte sich die Ladung gefährlich hoch auf.

Teret se opasno uzdizao dok su dodavali posljednje stvari.

„Glauben Sie, der Schlitten fährt?", fragte einer der Männer mit skeptischem Blick.

„Misliš li da će saonice proći?" upitao je jedan od muškaraca sa skeptičnim pogledom.

„Warum sollte es nicht?", blaffte Charles mit scharfer Verärgerung zurück.

„Zašto ne bi?" odbrusi Charles s oštrom ljutnjom.

„Oh, das ist schon in Ordnung", sagte der Mann schnell und wich seiner Beleidigung aus.

„O, u redu je", brzo je rekao čovjek, povlačeći se od uvrede.

„Ich habe mich nur gewundert – es sah für mich einfach ein bisschen zu kopflastig aus."

„Samo sam se pitao - meni se činilo malo pretežko na vrhu."

Charles drehte sich um und band die Ladung so gut fest, wie er konnte.

Charles se okrenuo i privezao teret najbolje što je mogao.

Allerdings waren die Zurrgurte locker und die Verpackung insgesamt schlecht ausgeführt.

Ali vezovi su bili labavi, a pakiranje općenito loše napravljeno.

„Klar, die Hunde machen das den ganzen Tag", sagte ein anderer Mann sarkastisch.

„Naravno, psi će to vući cijeli dan", sarkastično je rekao drugi čovjek.

„Natürlich", antwortete Hal kalt und packte die lange Lenkstange des Schlittens.

„Naravno", hladno odgovori Hal, hvatajući dugu motku za saonice.

Mit einer Hand an der Stange schwang er mit der anderen die Peitsche.

S jednom rukom na motki, zamahnuo je bičem u drugoj.

„Los geht's!", rief er. „Bewegt euch!", und trieb die Hunde zum Aufbruch an.

„Idemo!" viknuo je. „Krećite se!" potičući pse da krenu.

Die Hunde lehnten sich in das Geschirr und spannten sich einige Augenblicke lang an.

Psi su se nagnuli u pojas i naprezali nekoliko trenutaka.

Dann blieben sie stehen, da sie den überladenen Schlitten keinen Zentimeter bewegen konnten.

Zatim su se zaustavili, nesposobni pomaknuti preopterećene saonice ni centimetar.

„Diese faulen Bestien!", schrie Hal und hob die Peitsche, um sie zu schlagen.

„Lijene zvijeri!" viknuo je Hal, podižući bič da ih udari.

Doch Mercedes stürzte herein und riss Hal die Peitsche aus der Hand.

Ali Mercedes je uletjela i otela bič iz Halovih ruku.

„Oh, Hal, wage es ja nicht, ihnen wehzutun", rief sie alarmiert.

„Oh, Hal, nemoj se usuditi povrijediti ih", uzviknula je u panici.

„Versprich mir, dass du nett zu ihnen bist, sonst gehe ich keinen Schritt weiter."

„Obećaj mi da ćeš biti ljubazan prema njima, inače neću učiniti ni korak više."

„Du weißt nichts über Hunde", fuhr Hal seine Schwester an.

„Nemaš ti pojma o psima", obrecnu se Hal na sestru.

„Sie sind faul, und die einzige Möglichkeit, sie zu bewegen, besteht darin, sie zu peitschen."

„Lijeni su i jedini način da ih se pokrene je da ih se bičuje."

„Fragen Sie irgendjemanden – fragen Sie einen dieser Männer dort drüben, wenn Sie mir nicht glauben."

„Pitajte bilo koga — pitajte jednog od onih ljudi tamo ako sumnjate u mene."

Mercedes sah die Zuschauer mit flehenden, tränennassen Augen an.

Mercedes je gledala promatrače molećivim, suznim očima.

Ihr Gesicht zeigte, wie sehr sie den Anblick jeglichen Schmerzes hasste.

Na njezinom licu se vidjelo koliko je duboko mrzila prizor bilo kakve boli.

„Sie sind schwach, das ist alles", sagte ein Mann. „Sie sind erschöpft."

„Slabi su, to je sve", rekao je jedan čovjek. „Iscrpljeni su."

„Sie brauchen Ruhe – sie haben zu lange ohne Pause gearbeitet."

„Treba im odmor - predugo su radili bez pauze."

„Der Rest sei verflucht", murmelte Hal mit verzogenen Lippen.

„Proklet bio ostatak", promrmlja Hal s podignutom usnom.

Mercedes schnappte nach Luft, sein grobes Wort schmerzte sie sichtlich.

Mercedes je uzdahnula, očito povrijeđena njegovom grubom riječju.

Dennoch blieb sie loyal und verteidigte ihren Bruder sofort.

Ipak, ostala je vjerna i odmah je stala u obranu svog brata.

„Kümmere dich nicht um den Mann", sagte sie zu Hal. „Das sind unsere Hunde."

„Ne obraćaj pažnju na tog čovjeka", rekla je Halu. „To su naši psi."

„Fahren Sie sie, wie Sie es für richtig halten – tun Sie, was Sie für richtig halten."

„Vozi ih kako ti odgovara – radi ono što misliš da je ispravno."

Hal hob die Peitsche und schlug die Hunde erneut gnadenlos.

Hal je podigao bič i ponovno bez milosti udario pse.

Sie stürzten sich nach vorne, die Körper tief gebeugt, die Füße in den Schnee gedrückt.

Jurnuli su naprijed, tijelima nisko, nogama utisnutim u snijeg.

Sie gaben sich alle Mühe, den Schlitten zu ziehen, aber er bewegte sich nicht.

Sva im je snaga išla u vuču, ali saonice se nisu micale.

Der Schlitten blieb wie ein im Schnee festgefrorener Anker stecken.

Sanke su ostale zaglavljene, poput sidra zamrznutog u zbijenom snijegu.

Nach einem zweiten Versuch blieben die Hunde wieder stehen und keuchten schwer.

Nakon drugog pokušaja, psi su se ponovno zaustavili, teško dahćući.

Hal hob die Peitsche noch einmal, gerade als Mercedes erneut eingriff.

Hal je još jednom podigao bič, baš kad se Mercedes ponovno umiješala.

Sie fiel vor Buck auf die Knie und umarmte seinen Hals.

Kleknula je pred Bucka i zagrlila ga oko vrata.

Tränen traten ihr in die Augen, als sie den erschöpften Hund anflehte.

Suze su joj ispunile oči dok je molila iscrpljenog psa.

„Ihr Armen", sagte sie, „warum zieht ihr nicht einfach stärker?"

„Jadni dragi moji", rekla je, „zašto jednostavno ne povučete jače?"

„Wenn du ziehst, wirst du nicht so ausgepeitscht."

„Ako budeš vukao, nećeš biti ovako bičevan."

Buck mochte Mercedes nicht, aber er war zu müde, um ihr jetzt zu widerstehen.

Buck nije volio Mercedes, ali bio je previše umoran da bi joj se sada odupirao.

Er akzeptierte ihre Tränen als einen weiteren Teil dieses elenden Tages.

Prihvatio je njezine suze kao samo još jedan dio jadnog dana.

Einer der zuschauenden Männer ergriff schließlich das Wort, nachdem er seinen Ärger unterdrückt hatte.

Jedan od promatrača konačno je progovorio nakon što je suzdržao bijes.

„Es ist mir egal, was mit euch passiert, Leute, aber diese Hunde sind wichtig."

„Ne zanima me što će se vama dogoditi, ali ti psi su važni."

„Wenn du helfen willst, mach den Schlitten los – er ist am Schnee festgefroren."

„Ako želiš pomoći, odveži te sanjke - smrznule su se na snijegu."

„Drücken Sie fest auf die Gee-Stange, rechts und links, und brechen Sie die Eisversiegelung."

"Snažno pritisni motku, desno i lijevo, i razbij ledeni pečat."

Ein dritter Versuch wurde unternommen, diesmal auf Vorschlag des Mannes.

Učinjen je treći pokušaj, ovaj put slijedeći čovjekov prijedlog.

Hal schaukelte den Schlitten von einer Seite auf die andere und löste so die Kufen.

Hal je ljuljao saonice s jedne strane na drugu, oslobađajući klizače.

Obwohl der Schlitten überladen und unhandlich war, machte er schließlich einen Satz nach vorne.

Sanke, iako preopterećene i nezgrapne, konačno su krenule naprijed.

Buck und die anderen zogen wild, angetrieben von einem Sturm aus Schleudertraumen.

Buck i ostali su divlje vukli, nošeni olujom udaraca bičem.

Hundert Meter weiter machte der Weg eine Biegung und führte in die Straße hinein.

Stotinjak metara ispred, staza se zavijala i spuštala u ulicu.

Um den Schlitten aufrecht zu halten, hätte es eines erfahrenen Fahrers bedurft.

Trebao je vješt vozač da sanjke drži u uspravnom položaju.

Hal war nicht geschickt und der Schlitten kippte, als er um die Kurve schwang.

Hal nije bio vješt, a saonice su se prevrnule dok su se zaokretale u zavoju.

Lose Zurrgurte gaben nach und die Hälfte der Ladung ergoss sich auf den Schnee.

Labavi vezovi su popustili i polovica tereta se prosula na snijeg.

Die Hunde hielten nicht an; der leichtere Schlitten flog auf der Seite weiter.

Psi se nisu zaustavili; lakše saonice su letjele na boku.

Wütend über die Beschimpfungen und die schwere Last rannten die Hunde noch schneller.

Ljuti zbog zlostavljanja i teškog tereta, psi su trčali brže.

Buck rannte wütend los und das Team folgte ihm.

Buck, bijesan, dao se u trk, a tim ga je slijedio.

Hal rief „Whoa! Whoa!", aber das Team beachtete ihn nicht.

Hal je viknuo „Vau! Vau!", ali tim nije obraćao pažnju na njega.

Er stolperte, fiel und wurde am Geschirr über den Boden geschleift.

Spotaknuo se, pao i pojas ga je vukao po tlu.

Der umgekippte Schlitten wurde über ihn geworfen, als die Hunde weiterrasten.

Prevrnute saonice su ga pregazile dok su psi jurili naprijed.

Die restlichen Vorräte verteilten sich über die belebte Straße von Skaguay.

Ostatak zaliha razasuo se po prometnoj ulici Skaguaya.

Gutherzige Menschen eilten herbei, um die Hunde anzuhalten und die Ausrüstung einzusammeln.

Dobrodušni ljudi požurili su zaustaviti pse i skupiti opremu.

Sie gaben den neuen Reisenden auch direkte und praktische Ratschläge.

Također su davali savjete, izravne i praktične, novim putnicima.

„Wenn Sie Dawson erreichen wollen, nehmen Sie die halbe Ladung und die doppelte Anzahl an Hunden mit."

„Ako želiš doći do Dawsona, uzmi pola tereta i udvostruči broj pasa."

Hal, Charles und Mercedes hörten zu, wenn auch nicht mit Begeisterung.

Hal, Charles i Mercedes su slušali, iako ne s oduševljenjem.

Sie bauten ihr Zelt auf und begannen, ihre Vorräte zu sortieren.

Razapeli su šator i počeli sortirati svoje zalihe.

Heraus kamen Konserven, die die Zuschauer laut lachen ließen.

Izašle su konzervirane proizvode, što je nasmijalo promatrače naglas.

„Konserven auf dem Weg? Bevor die schmelzen, verhungern Sie", sagte einer.

„Konzervirane stvari na stazi? Umrijet ćeš od gladi prije nego što se to otopi", rekao je jedan.

„Hoteldecken? Die wirfst du am besten alle weg."

„Hotelske deke? Bolje ih je sve baciti."

„Schmeißen Sie auch das Zelt weg, und hier spült niemand mehr Geschirr."

„Riješi se i šatora, pa ovdje nitko ne pere suđe."

„Sie glauben, Sie fahren in einem Pullman-Zug mit Bediensteten an Bord?"

„Misliš da se voziš Pullmanovim vlakom s poslugom u vlaku?"

Der Prozess begann – jeder nutzlose Gegenstand wurde beiseite geworfen.

Proces je započeo - svaka beskorisna stvar je bačena na stranu.

Mercedes weinte, als ihre Taschen auf den schneebedeckten Boden geleert wurden.

Mercedes je plakala kad su joj torbe ispraznile na snježno tlo.

Sie schluchzte ohne Pause über jeden einzelnen hinausgeworfenen Gegenstand.

Jecala je nad svakim bačenim predmetom, jednim po jednim bez prestanka.

Sie schwor, keinen Schritt weiterzugehen – nicht einmal für zehn Charleses.

Zaklela se da neće učiniti ni korak više - čak ni za deset Charlesova.

Sie flehte alle Menschen in ihrer Nähe an, ihr ihre wertvollen Sachen zu überlassen.

Molila je svaku osobu u blizini da joj dopusti da zadrži svoje dragocjenosti.

Schließlich wischte sie sich die Augen und begann, auch die wichtigsten Kleidungsstücke wegzuwerfen.

Napokon je obrisala oči i počela bacati čak i najvažniju odjeću.

Als sie mit ihrem eigenen fertig war, begann sie, die Vorräte der Männer auszuräumen.

Kad je završila sa svojim, počela je prazniti muške zalihe.

Wie ein Wirbelwind verwüstete sie die Habseligkeiten von Charles und Hal.

Poput vihora, probila je Charlesove i Halove stvari.

Obwohl die Ladung halbiert wurde, war sie immer noch viel schwerer als nötig.

Iako je teret bio prepolovljen, i dalje je bio daleko teži nego što je bilo potrebno.

In dieser Nacht gingen Charles und Hal los und kauften sechs neue Hunde.

Te noći, Charles i Hal su izašli i kupili šest novih pasa.

Diese neuen Hunde gesellten sich zu den ursprünglichen sechs, plus Teek und Koona.

Ovi novi psi pridružili su se originalnoj šestorici, plus Teeku i Kooni.

Zusammen bildeten sie ein Gespann aus vierzehn Hunden, die vor den Schlitten gespannt wurden.

Zajedno su činili tim od četrnaest pasa privezanih za saonice.

Doch die neuen Hunde waren für die Schlittenarbeit ungeeignet und schlecht ausgebildet.

Ali novi psi bili su nesposobni i slabo obučeni za rad u saonicama.

Drei der Hunde waren kurzhaarige Vorstehhunde und einer war ein Neufundländer.

Tri psa bila su kratkodlaki ptičari, a jedan je bio njufaundlend.

Bei den letzten beiden Hunden handelte es sich um Mischlinge ohne eindeutige Rasse oder Zweckbestimmung.

Posljednja dva psa bili su pse bez ikakve jasne pasmine ili namjene.

Sie haben den Weg nicht verstanden und ihn nicht schnell gelernt.

Nisu razumjeli stazu i nisu je brzo naučili.

Buck und seine Kameraden beobachteten sie mit Verachtung und tiefer Verärgerung.

Buck i njegovi drugovi promatrali su ih s prezirom i dubokom iritacijom.

Obwohl Buck ihnen beibrachte, was sie nicht tun sollten, konnte er ihnen keine Pflicht beibringen.

Iako ih je Buck naučio što ne smiju raditi, nije ih mogao naučiti dužnosti.

Sie kamen mit dem Leben auf dem Wanderpfad und dem Ziehen von Zügeln und Schlitten nicht gut zurecht.

Nisu dobro podnosili vuču ili vuču uzdi i saonica.

Nur die Mischlinge versuchten, sich anzupassen, und selbst ihnen fehlte der Kampfgeist.

Samo su se mješanci pokušali prilagoditi, a čak je i njima nedostajalo borbenog duha.

Die anderen Hunde waren durch ihr neues Leben verwirrt, geschwächt und gebrochen.

Ostali psi bili su zbunjeni, oslabljeni i slomljeni svojim novim životom.

Da die neuen Hunde ahnungslos und die alten erschöpft waren, gab es kaum Hoffnung.

S novim psima koji nisu imali pojma, a stari su bili iscrpljeni, nada je bila slaba.

Bucks Team hatte zweitausendfünfhundert Meilen eines rauen Pfades zurückgelegt.

Buckov tim je prešao dvjesto tisuća i petsto milja surove staze.

Dennoch waren die beiden Männer fröhlich und stolz auf ihr großes Hundegespann.

Ipak, dvojica muškaraca bila su vesela i ponosna na svoj veliki pseći tim.

Sie dachten, sie würden mit Stil reisen, mit vierzehn Hunden an der Leine.

Mislili su da putuju sa stilom, s četrnaest uvezanih pasa.

Sie hatten gesehen, wie Schlitten nach Dawson aufbrachen und andere von dort ankamen.

Vidjeli su saonice kako odlaze za Dawson, a druge kako odatle stižu.

Aber noch nie hatten sie eins gesehen, das von bis zu vierzehn Hunden gezogen wurde.

Ali nikada nisu vidjeli da ga vuče čak četrnaest pasa.

Es gab einen Grund, warum solche Teams in der arktischen Wildnis selten waren.

Postojao je razlog zašto su takvi timovi bili rijetki u arktičkoj divljini.

Kein Schlitten konnte genug Futter transportieren, um vierzehn Hunde für die Reise zu versorgen.

Nijedna zaprega nije mogla prevesti dovoljno hrane za četrnaest pasa tijekom putovanja.

Aber Charles und Hal wussten das nicht – sie hatten nachgerechnet.

Ali Charles i Hal to nisu znali - već su izračunali.

Sie haben das Futter berechnet: so viel pro Hund, so viele Tage, fertig.

Olovkom su isplanirali hranu: toliko po psu, toliko dana, gotovo.

Mercedes betrachtete ihre Zahlen und nickte, als ob es Sinn machte.

Mercedes je pogledala njihove brojke i kimnula kao da to ima smisla.

Zumindest auf dem Papier erschien ihr alles sehr einfach.

Sve joj se činilo vrlo jednostavnim, barem na papiru.

Am nächsten Morgen führte Buck das Team langsam die verschneite Straße hinauf.

Sljedećeg jutra, Buck je polako vodio tim uz snježnu ulicu.

Weder er noch die Hunde hinter ihm hatten Energie oder Tatendrang.

Nije bilo energije ni duha ni u njemu ni u psima iza njega.

Sie waren von Anfang an todmüde, es waren keine Reserven mehr vorhanden.

Bili su mrtvi umorni od samog početka - nije bilo više rezerve.

Buck hatte bereits vier Fahrten zwischen Salt Water und Dawson unternommen.

Buck je već četiri puta putovao između Salt Watera i Dawsona.

Als er nun erneut vor derselben Spur stand, empfand er nichts als Bitterkeit.

Sada, suočen ponovno s istim putem, nije osjećao ništa osim gorčine.

Er war nicht mit dem Herzen dabei und die anderen Hunde auch nicht.

Nije bio oduševljen time, kao ni drugim psima.

Die neuen Hunde waren schüchtern und den Huskys fehlte jegliches Vertrauen.

Novi psi su bili plašljivi, a haskijima je nedostajalo nikakvo povjerenje.

Buck spürte, dass er sich auf diese beiden Männer oder ihre Schwester nicht verlassen konnte.

Buck je osjetio da se ne može osloniti na ova dva muškarca ili njihovu sestru.

Sie wussten nichts und zeigten auf dem Weg keine Anzeichen, etwas zu lernen.

Nisu znali ništa i nisu pokazivali znakove učenja na stazi.

Sie waren unorganisiert und es fehlte ihnen jeglicher Sinn für Disziplin.

Bili su neorganizirani i nedostajao im je svaki osjećaj za disciplinu.

Sie brauchten jedes Mal die halbe Nacht, um ein schlampiges Lager aufzubauen.

Trebalo im je pola noći da svaki put postave neuredni logor.

Und den halben nächsten Morgen verbrachten sie wieder damit, am Schlitten herumzufummeln.

I pola sljedećeg jutra proveli su ponovno petljajući sa sankama.

Gegen Mittag hielten sie oft nur an, um die ungleichmäßige Beladung zu korrigieren.

Do podneva su se često zaustavljali samo da poprave neravnomjeran teret.

An manchen Tagen legten sie insgesamt weniger als sechzehn Kilometer zurück.

Nekih su dana ukupno putovali manje od deset milja.

An anderen Tagen schafften sie es überhaupt nicht, das Lager zu verlassen.

Drugih dana uopće nisu uspjeli napustiti logor.

Sie kamen nie auch nur annähernd an die geplante Nahrungsdistanz heran.

Nikada se nisu približili planiranoj udaljenosti za hranu.

Wie erwartet ging das Futter für die Hunde sehr schnell aus.

Kao što se i očekivalo, vrlo brzo im je ponestalo hrane za pse.

Sie haben die Sache noch schlimmer gemacht, indem sie in den ersten Tagen zu viel gefüttert haben.

Pogoršali su stvari prejedanjem u ranim danima.

Mit jeder unvorsichtigen Ration rückte der Hungertod näher.

To je sa svakim nepažljivim obrokom približavalo glad.

Die neuen Hunde hatten nicht gelernt, mit sehr wenig zu überleben.

Novi psi nisu naučili preživjeti s vrlo malo hrane.

Sie aßen hungrig, ihr Appetit war zu groß für den Weg.

Jeli su gladno, s apetitom prevelikim za put.

Als Hal sah, wie die Hunde schwächer wurden, glaubte er, dass das Futter nicht ausreichte.

Vidjevši kako psi slabe, Hal je vjerovao da hrana nije dovoljna.

Er verdoppelte die Rationen und verschlimmerte damit den Fehler noch.

Udvostručio je obroke, čime je greška postala još gora.

Mercedes verschärfte das Problem mit Tränen und leisem Flehen.

Mercedes je problemu doprinijela suzama i tihim molbama.

Als sie Hal nicht überzeugen konnte, fütterte sie die Hunde heimlich.

Kad nije mogla uvjeriti Hala, potajno je nahranila pse.

Sie stahl den Fisch aus den Säcken und gab ihn ihnen hinter seinem Rücken.

Krala je iz vreća s ribom i davala im je iza njegovih leđa.

Doch was die Hunde wirklich brauchten, war nicht mehr Futter, sondern Ruhe.

Ali ono što psima zaista nije bilo potrebno bila je više hrane - bio je to odmor.

Sie kamen nur langsam voran, aber der schwere Schlitten schleppte sich trotzdem weiter.

Loše su napredovali, ali teške saonice su se i dalje vukle.

Allein dieses Gewicht zehrte jeden Tag an ihrer verbleibenden Kraft.

Samo ta težina im je svakodnevno iscrpljivala preostalu snagu.

Dann kam es zur Phase der Unterernährung, da die Vorräte zur Neige gingen.

Zatim je uslijedila faza pothranjenosti jer su zalihe nestajale.

Eines Morgens stellte Hal fest, dass die Hälfte des Hundefutters bereits weg war.

Hal je jednog jutra shvatio da je pola pseće hrane već nestalo.

Sie hatten nur ein Viertel der gesamten Wegstrecke zurückgelegt.

Prešli su samo četvrtinu ukupne udaljenosti staze.

Es konnten keine Lebensmittel mehr gekauft werden, egal zu welchem Preis.

Više se nije mogla kupiti hrana, bez obzira na ponuđenu cijenu.

Er reduzierte die Portionen der Hunde unter die normale Tagesration.

Smanjio je porcije pasa ispod standardne dnevne porcije.

Gleichzeitig forderte er längere Reisemöglichkeiten, um die Verluste auszugleichen.

Istovremeno, zahtijevao je dulja putovanja kako bi nadoknadio gubitak.

Mercedes und Charles unterstützten diesen Plan, scheiterten jedoch bei der Umsetzung.

Mercedes i Charles su podržali ovaj plan, ali nisu uspjeli u njegovoj izvedbi.

Ihr schwerer Schlitten und ihre mangelnden Fähigkeiten machten ein Vorankommen nahezu unmöglich.

Njihove teške saonice i nedostatak vještine učinili su napredak gotovo nemogućim.

Es war einfach, weniger Futter zu geben, aber unmöglich, mehr Anstrengung zu erzwingen.

Bilo je lako dati manje hrane, ali nemoguće prisiliti se na veći napor.

Sie konnten weder früher anfangen, noch konnten sie Überstunden machen.

Nisu mogli rano krenuti, niti su mogli putovati prekovremeno.

Sie wussten nicht, wie sie mit den Hunden und überhaupt mit sich selbst arbeiten sollten.

Nisu znali kako upravljati psima, a ni sobom, što se toga tiče.

Der erste Hund, der starb, war Dub, der unglückliche, aber fleißige Dieb.

Prvi pas koji je uginuo bio je Dub, nesretni, ali vrijedni lopov.

Obwohl Dub oft bestraft wurde, leistete er ohne zu klagen seinen Beitrag.

Iako često kažnjavan, Dub je nosio svoju dužnost bez prigovora.

Seine Schulterverletzung verschlimmerte sich ohne Pflege und nötige Ruhe.

Njegovo ozlijeđeno rame se pogoršavalo bez njege ili potrebe za odmorom.

Schließlich beendete Hal mit dem Revolver Dubs Leiden.

Konačno, Hal je upotrijebio revolver kako bi okončao Dubovu patnju.

Ein gängiges Sprichwort besagt, dass normale Hunde an der Husky-Ration sterben.

Uobičajena izreka tvrdila je da normalni psi umiru od haskijevih obroka.

Bucks sechs neue Gefährten bekamen nur die Hälfte des Futteranteils des Huskys.

Buckovih šest novih suputnika imalo je samo polovicu haskijevog udjela hrane.

Zuerst starb der Neufundländer, dann die drei kurzhaarigen Vorstehhunde.

Prvo je uginuo novofaundlend, a zatim tri kratkodlaka poenta.

Die beiden Mischlinge hielten länger durch, kamen aber schließlich wie die anderen um.

Dva mješanca su se duže držala, ali su na kraju uginula kao i ostali.

Zu diesem Zeitpunkt waren alle Annehmlichkeiten und die Sanftheit des Südens verschwunden.

Do tada su sve pogodnosti i blagost Juga nestale.

Die drei Menschen hatten die letzten Spuren ihrer zivilisierten Erziehung abgelegt.

To troje ljudi odbacilo je posljednje tragove svog civiliziranog odgoja.

Ohne Glamour und Romantik wurde das Reisen in die Arktis zur brutalen Realität.

Lišeno glamura i romantike, arktičko putovanje postalo je brutalno stvarno.

Es war eine Realität, die zu hart für ihr Männlichkeits- und Weiblichkeitsgefühl war.

Bila je to presurova stvarnost za njihov osjećaj muževnosti i ženstvenosti.

Mercedes weinte nicht mehr um die Hunde, sondern nur noch um sich selbst.

Mercedes više nije plakala za psima, već je sada plakala samo za sobom.

Sie verbrachte ihre Zeit damit, zu weinen und mit Hal und Charles zu streiten.

Vrijeme je provodila plačući i svađajući se s Halom i Charlesom.

Streiten war das Einzige, wozu sie nie zu müde waren.

Svađa je bila jedina stvar za koju se nikad nisu previše umorili.

Ihre Gereiztheit rührte vom Elend her, wuchs mit ihm und übertraf es.

Njihova razdražljivost dolazila je iz bijede, rasla je s njom i nadmašila je.

Die Geduld des Weges, die diejenigen kennen, die sich abmühen und freundlich leiden, kam nie.

Strpljenje na putu, poznato onima koji se trude i pate ljubazno, nikada nije došlo.

Diese Geduld, die die Sprache trotz Schmerzen süß hält, war ihnen unbekannt.

To strpljenje, koje održava govor slatkim kroz bol, bilo im je nepoznato.

Sie besaßen nicht die geringste Spur von Geduld und schöpften keine Kraft aus dem anmutigen Leiden.

Nisu imali ni traga strpljenja, ni snage crpene iz patnje s milošću.

Sie waren steif vor Schmerz – ihre Muskeln, Knochen und ihr Herz schmerzten.

Bili su ukočeni od boli - boljeli su ih mišići, kosti i srca.

Aus diesem Grund bekamen sie eine scharfe Zunge und waren schnell im Umgang mit harten Worten.

Zbog toga su postali oštri na jeziku i brzi na grube riječi.

Jeder Tag begann und endete mit wütenden Stimmen und bitteren Klagen.

Svaki dan je počinjao i završavao ljutitim glasovima i gorkim pritužbama.

Charles und Hal stritten sich, wann immer Mercedes ihnen eine Chance gab.

Charles i Hal su se svađali kad god bi im Mercedes dala priliku.

Jeder Mann glaubte, dass er mehr als seinen gerechten Anteil an der Arbeit geleistet hatte.

Svaki je čovjek vjerovao da je učinio više nego što mu pripada.

Keiner von beiden ließ es sich je entgehen, dies immer wieder zu sagen.

Niti jedno od njih nije propustilo priliku da to kaže, iznova i iznova.

Manchmal stand Mercedes auf der Seite von Charles, manchmal auf der Seite von Hal.

Ponekad je Mercedes stala na stranu Charlesa, ponekad na stranu Hala.

Dies führte zu einem großen und endlosen Streit zwischen den dreien.

To je dovelo do velike i beskrajne svađe među njima trojicom.

Ein Streit darüber, wer Brennholz hacken sollte, geriet außer Kontrolle.

Spor oko toga tko bi trebao cijepati drva za ogrjev izmakao je kontroli.

Bald wurden Väter, Mütter, Cousins und verstorbene Verwandte genannt.

Ubrzo su imenovani očevi, majke, rođaci i preminuli rođaci.

Hal's Ansichten über Kunst oder die Theaterstücke seines Onkels wurden Teil des Kampfes.

Halovi stavovi o umjetnosti ili drame njegovog ujaka postali su dio borbe.

Auch Charles' politische Überzeugungen wurden in die Debatte einbezogen.

Charlesova politička uvjerenja također su ušla u raspravu.

Für Mercedes schienen sogar die Gerüchte über die Schwester ihres Mannes relevant zu sein.

Mercedes su se čak i tračevi muževljeve sestre činili relevantnima.

Sie äußerte ihre Meinung dazu und zu vielen Fehlern in Charles' Familie.

Iznijela je mišljenja o tome i o mnogim manama Charlesove obitelji.

Während sie stritten, blieb das Feuer aus und das Lager war halb fertig.

Dok su se prepirali, vatra je ostala ugašena, a logor napola zapaljen.

In der Zwischenzeit waren die Hunde unterkühlt und hatten nichts zu fressen.

U međuvremenu, psi su ostali hladni i bez ikakve hrane.

Mercedes hegte einen Groll, den sie als zutiefst persönlich betrachtete.

Mercedes je imala zamjerku koju je smatrala duboko osobnom.

Sie fühlte sich als Frau misshandelt und fühlte sich ihrer Privilegien beraubt.

Osjećala se zlostavljano kao žena, uskraćene su joj njezine privilegije blagonaklonosti.

Sie war hübsch und sanft und pflegte ihr ganzes Leben lang ritterliche Gesten.

Bila je lijepa i nježna, i cijeli život navikla na viteštvo.

Doch ihr Mann und ihr Bruder begegneten ihr nun mit Ungeduld.

Ali njezin muž i brat sada su se prema njoj odnosili s nestrpljenjem.

Sie hatte die Angewohnheit, sich hilflos zu verhalten, und sie begannen, sich zu beschweren.

Imala je naviku ponašati se bespomoćno, a oni su se počeli žaliti.

Sie war davon beleidigt und machte ihnen das Leben noch schwerer.

Uvrijeđena time, dodatno im je otežala život.

Sie ignorierte die Hunde und bestand darauf, den Schlitten selbst zu fahren.

Ignorirala je pse i inzistirala je da sama vozi saonice.

Obwohl sie von leichter Gestalt war, wog sie fünfundvierzig Kilo.

Iako je bila lagane građe, težila je sto dvadeset funti.

Diese zusätzliche Belastung war zu viel für die hungernden, schwachen Hunde.

Taj dodatni teret bio je prevelik za izgladnjele, slabe pse.

Trotzdem ritt sie tagelang, bis die Hunde in den Zügeln zusammenbrachen.

Ipak, jahala je danima, sve dok se psi nisu srušili pod uzde.

Der Schlitten stand still und Charles und Hal baten sie, zu laufen.

Sanke su stajale mirno, a Charles i Hal su je molili da hoda.

Sie flehten und flehten, aber sie weinte und nannte sie grausam.

Molili su i preklinjali, ali ona je plakala i nazivala ih okrutnima.

Einmal zogen sie sie mit purer Kraft und Wut vom Schlitten.

Jednom prilikom su je silom i bijesom skinuli sa saonica.

Nach dem, was damals passiert ist, haben sie es nie wieder versucht.

Nikada više nisu pokušali nakon onoga što se tada dogodilo.

Sie wurde schlaff wie ein verwöhntes Kind und setzte sich in den Schnee.

Opustila se poput razmaženog djeteta i sjela u snijeg.

Sie gingen weiter, aber sie weigerte sich aufzustehen oder ihnen zu folgen.

Krenuli su dalje, ali ona je odbila ustati ili ih slijediti.

Nach drei Meilen hielten sie an, kehrten um und trugen sie zurück.

Nakon tri milje, zaustavili su se, vratili i odnijeli je natrag.

Sie luden sie wieder auf den Schlitten, wobei sie erneut rohe Gewalt anwandten.

Ponovno su je utovarili na sanjke, ponovno koristeći sirovu snagu.

In ihrem tiefen Elend zeigten sie gegenüber dem Leid der Hunde keine Skrupel.

U svojoj dubokoj bijedi, bili su bešćutni prema patnji pasa.

Hal glaubte, man müsse sich abhärten und zwang anderen diesen Glauben auf.

Hal je vjerovao da se čovjek mora otvrdnuti i nametao je to uvjerenje drugima.

Er versuchte zunächst, seiner Schwester seine Philosophie zu predigen

Prvo je pokušao propovijedati svoju filozofiju sestri

und dann predigte er erfolglos seinem Schwager.

a zatim je bezuspješno propovijedao svom šogoru.

Bei den Hunden hatte er mehr Erfolg, aber nur, weil er ihnen weh tat.

Imao je više uspjeha sa psima, ali samo zato što ih je ozlijedio.

Bei Five Fingers ist das Hundefutter komplett ausgegangen.

U Five Fingersu, hrana za pse je potpuno ostala bez hrane.

Eine zahnlose alte Squaw verkaufte ein paar Pfund gefrorenes Pferdeleder

Bezuba stara skvo prodala je nekoliko kilograma smrznute konjske kože

Hal tauschte seinen Revolver gegen das getrocknete Pferdefell.

Hal je zamijenio svoj revolver za osušenu konjsku kožu.

Das Fleisch stammte von den Pferden der Viehzüchter, die Monate zuvor verhungert waren.

Meso je došlo od izgladnjelih konja stočara mjesecima ranije.

Gefroren war die Haut wie verzinktes Eisen: zäh und ungenießbar.

Smrznuta, koža je bila poput pocinčanog željeza; žilava i nejestiva.

Die Hunde mussten endlos auf dem Fell herumkauen, um es zu fressen.

Psi su morali beskrajno žvakati kožu kako bi je pojeli.

Doch die ledrigen Fäden und das kurze Haar waren kaum Nahrung.

Ali kožaste niti i kratka kosa teško da su bile hrana.

Das Fell war größtenteils irritierend und kein echtes Nahrungsmittel.

Većina kože bila je iritantna i nije bila hrana u pravom smislu riječi.

Und während all dem taumelte Buck vorne herum, wie in einem Albtraum.

I kroz sve to, Buck se teturao sprijeda, kao u noćnoj mori.

Er zog, wenn er dazu in der Lage war; wenn nicht, blieb er liegen, bis er mit einer Peitsche oder einem Knüppel hochgehoben wurde.

Vukao je kad god je mogao; kad nije, ležao je dok ga bič ili palica ne bi podigli.

Sein feines, glänzendes Fell hatte jegliche Steifheit und jeglichen Glanz verloren, den es einst hatte.

Njegova fina, sjajna dlaka izgubila je svu nekadašnju čvrstoću i sjaj.

Sein Haar hing schlaff herunter, war zerzaust und mit getrocknetem Blut von den Schlägen verklebt.

Kosa mu je visjela mlohavo, raščupana i zgrušana od osušene krvi od udaraca.

Seine Muskeln schrumpften zu Sehnen und seine Fleischpolster waren völlig abgenutzt.

Mišići su mu se smanjili u žice, a svi kožni jastučići bili su istrošeni.

Jede Rippe, jeder Knochen war deutlich durch die Falten der runzligen Haut zu sehen.

Svako rebro, svaka kost jasno se vidjela kroz nabore naborane kože.

Es war herzzerreißend, doch Bucks Herz konnte nicht brechen.

Bilo je srceparajuće, ali Buckovo srce se nije moglo slomiti.

Der Mann im roten Pullover hatte das getestet und vor langer Zeit bewiesen.

Čovjek u crvenom džemperu to je davno isprobao i dokazao.

So wie es bei Buck war, war es auch bei allen seinen übrigen Teamkollegen.

Kao što je bilo s Buckom, tako je bilo i sa svim njegovim preostalim suigračima.

Insgesamt waren es sieben, jeder einzelne ein wandelndes Skelett des Elends.

Bilo ih je ukupno sedam, svaki od njih hodajući kostur bijede.

Sie waren gegenüber den Peitschenhieben taub geworden und spürten nur noch entfernten Schmerz.

Utrnuli su od udaraca bičem, osjećajući samo daleku bol.

Sogar Bild und Ton erreichten sie nur schwach, wie durch dichten Nebel.

Čak su im i vid i zvuk dopirali slabo, kao kroz gustu maglu.

Sie waren nicht halb lebendig – es waren Knochen mit schwachen Funken darin.

Nisu bili napola živi - bili su to kosti s prigušenim iskrama u sebi.

Als sie angehalten wurden, brachen sie wie Leichen zusammen, ihre Funken waren fast erloschen.

Kad su se zaustavili, srušili su se poput leševa, njihove su iskre gotovo nestale.

Und als die Peitsche oder der Knüppel erneut zuschlug, sprühten schwache Funken.

A kad bič ili toljaga ponovno udarili, iskre su slabo treperile.

Dann erhoben sie sich, taumelten vorwärts und schleiften ihre Gliedmaßen vor sich her.

Zatim su se digli, teturali naprijed i vukli udove naprijed.

Eines Tages stürzte der nette Billee und konnte überhaupt nicht mehr aufstehen.

Jednog dana, ljubazni Billee je pao i više se uopće nije mogao ustati.

Hal hatte seinen Revolver eingetauscht und benutzte stattdessen eine Axt, um Billee zu töten.

Hal je zamijenio svoj revolver, pa je umjesto toga ubio Billeeja sjekirom.

Er schlug ihm auf den Kopf, schnitt dann seinen Körper los und schleifte ihn weg.

Udario ga je po glavi, zatim mu je odsjekao tijelo i odvukao ga.

Buck sah dies und die anderen auch; sie wussten, dass der Tod nahe war.

Buck je to vidio, kao i ostali; znali su da je smrt blizu.

Am nächsten Tag ging Koona und ließ nur fünf Hunde im hungernden Team zurück.

Sljedećeg dana Koona je otišao, ostavljajući samo pet pasa u izgladnjelom timu.

Joe war nicht länger gemein, sondern zu weit weg, um überhaupt noch viel mitzubekommen.

Joe, više ne zao, bio je previše daleko da bi uopće bio svjestan ištaga.

Pike täuschte seine Verletzung nicht länger vor und war kaum bei Bewusstsein.

Pike, više ne glumeći ozljedu, jedva je bio pri svijesti.

Solleks, der immer noch treu war, beklagte, dass er nicht mehr die Kraft hatte, etwas zu geben.

Solleks, još uvijek vjeran, tugovao je što nema snage dati.

Teek wurde am häufigsten geschlagen, weil er frischer war, aber schnell nachließ.

Teek je najviše pretučen jer je bio svježiji, ali je brzo slabio.

Und Buck, der immer noch in Führung lag, sorgte nicht länger für Ordnung und setzte sie auch nicht durch.

A Buck, još uvijek na čelu, više nije održavao red niti ga provodio.

Halb blind vor Schwäche folgte Buck der Spur nur nach Gefühl.

Poluslijep od slabosti, Buck je slijedio trag samo osjećajem.

Es war schönes Frühlingswetter, aber keiner von ihnen bemerkte es.

Bilo je prekrasno proljetno vrijeme, ali nitko od njih to nije primijetio.

Jeden Tag ging die Sonne früher auf und später unter als zuvor.

Svaki dan sunce je izlazilo ranije i zalazilo kasnije nego prije.

Um drei Uhr morgens dämmerte es, die Dämmerung dauerte bis neun Uhr.

Do tri ujutro svanula je zora; sumrak je trajao do devet.

Die langen Tage waren erfüllt von der vollen Strahlkraft des Frühlingssonnenscheins.

Dugi dani bili su ispunjeni punim sjajem proljetnog sunca.

Die gespenstische Stille des Winters hatte sich in ein warmes Murmeln verwandelt.

Sablasna tišina zime pretvorila se u toplo mrmljanje.

Das ganze Land erwachte und war erfüllt von der Freude am Leben.

Cijela se zemlja budila, živjela od radosti živih bića.

Das Geräusch kam von etwas, das den Winter über tot und reglos dagelegen hatte.

Zvuk je dolazio iz onoga što je ležalo mrtvo i nepomično tijekom zime.

Jetzt bewegten sich diese Dinger wieder und schüttelten den langen Frostschlaf ab.

Sada su se ta stvorenja ponovno pomaknula, otresajući se dugog ledenog sna.

Saft stieg durch die dunklen Stämme der wartenden Kiefern.

Sok se dizao kroz tamna debla borova koji su čekali.

An jedem Zweig von Weiden und Espen treiben leuchtende junge Knospen aus.

Vrbe i jasike izbijaju sjajne mlade pupoljke na svakoj grančici.

Sträucher und Weinreben erstrahlten in frischem Grün, als der Wald zum Leben erwachte.

Grmlje i vinova loza poprimili su svježu zelenu boju dok su šume oživljavale.

Nachts zirpten Grillen und in der Sonne krabbelten Käfer.

Cvirci su noću cvrčali, a kukci su gmizali na dnevnom suncu.

Rebhühner dröhnten und Spechte klopften tief in den Bäumen.

Jarebice su tutnjale, a djetlići su kucali duboko u drveću.

Eichhörnchen schnatterten, Vögel sangen und Gänse schnatterten über den Hunden.

Vjeverice su čavrljale, ptice pjevale, a guske su trubile nad psima.

Das Wildgeflügel kam in scharfen Keilen und flog aus dem Süden heran.

Divlje peradi su dolazile u oštrim klinovima, leteći s juga.

Von jedem Hügel ertönte die Musik verborgener, rauschender Bäche.

Sa svake padine dopirala je glazba skrivenih, žuborećih potoka.

Alles taute auf, brach, bog sich und geriet wieder in Bewegung.

Sve se odmrznulo i puklo, savilo i ponovno se pokrenulo.

Der Yukon bemühte sich, die Kälteketten des gefrorenen Eises zu durchbrechen.

Yukon se naprezao da razbije hladne lance smrznutog leda.

Das Eis schmolz von unten, während die Sonne es von oben zum Schmelzen brachte.

Led se topio odozdo, dok ga je sunce topilo odozgo.

Luftlöcher öffneten sich, Risse breiteten sich aus und Brocken fielen in den Fluss.

Otvorili su se otvori za zrak, pukotine su se proširile, a komadi su padali u rijeku.

Inmitten dieses pulsierenden und lodernden Lebens taumelten die Reisenden.

Usred sveg tog užurbanog i plamtećeg života, putnici su teturali.

Zwei Männer, eine Frau und ein Rudel Huskys liefen wie die Toten.

Dva muškarca, žena i čopor haskija hodali su kao mrtvi.

Die Hunde fielen, Mercedes weinte, fuhr aber immer noch Schlitten.

Psi su padali, Mercedes je plakala, ali je i dalje vozila saonice.

Hal fluchte schwach und Charles blinzelte mit tränenden Augen.

Hal je slabo opsovao, a Charles je trepnuo kroz suzne oči.

Sie stolperten in John Thorntons Lager an der Mündung des White River.

Nabasali su na logor Johna Thorntona kod ušća Bijele rijeke.

Als sie anhielten, fielen die Hunde flach um, als wären sie alle tot.

Kad su se zaustavili, psi su se srušili na zemlju, kao da su svi udareni mrtvi.

Mercedes wischte sich die Tränen ab und sah zu John Thornton hinüber.

Mercedes je obrisala suze i pogledala Johna Thorntona.

Charles saß langsam und steif auf einem Baumstamm, mit Schmerzen vom Weg.

Charles je sjedio na trupcu, polako i ukočeno, boleći se od staze.

Hal redete, während Thornton das Ende eines Axtstiels schnitzte.

Hal je govorio dok je Thornton rezbario vrh drške sjekire.

Er schnitzte Birkenholz und antwortete mit kurzen, bestimmten Antworten.

Rezao je brezovo drvo i odgovarao kratkim, čvrstim odgovorima.

Wenn man ihn fragte, gab er Ratschläge, war sich jedoch sicher, dass diese nicht befolgt würden.

Kad su ga pitali, dao je savjet, siguran da ga se neće poslušati.

Hal erklärte: „Sie sagten uns, dass das Eis auf dem Weg schmelzen würde."

Hal je objasnio: „Rekli su nam da se led na stazi otapa."

„Sie sagten, wir sollten bleiben, wo wir waren – aber wir haben es bis nach White River geschafft."

„Rekli su da ostanemo ovdje - ali stigli smo do White Rivera."

Er schloss mit höhnischem Ton, als wolle er einen Sieg in der Not für sich beanspruchen.

Završio je podrugljivim tonom, kao da tvrdi da je pobijedio u teškoćama.

„Und sie haben dir die Wahrheit gesagt", antwortete John Thornton Hal ruhig.

„I rekli su ti istinu", tiho je odgovorio John Thornton Halu.

„Das Eis kann jeden Moment nachgeben – es ist kurz davor, abzufallen."

„Led može popustiti svakog trena — spreman je otpasti."

„Nur durch blindes Glück und ein paar Narren wäre es möglich gewesen, lebend so weit zu kommen."

"Samo slijepa sreća i budale mogli su doživjeti ovoliko života."

„Ich sage es Ihnen ganz offen: Ich würde mein Leben nicht für alles Gold Alaskas riskieren."

„Kažem ti otvoreno, ne bih riskirao život za svo aljaško zlato."

„Das liegt wohl daran, dass Sie kein Narr sind", antwortete Hal.

„To je valjda zato što nisi budala", odgovori Hal.

„Trotzdem fahren wir weiter nach Dawson." Er rollte seine Peitsche ab.

„Svejedno, idemo dalje do Dawsona." Odmotao je bič.

„Komm rauf, Buck! Hallo! Steh auf! Los!", rief er barsch.

„Popni se gore, Buck! Bok! Ustaj! Hajde!" oštro je viknuo.

Thornton schnitzte weiter, wohl wissend, dass Narren nicht auf Vernunft hören.

Thornton je nastavio rezbariti, znajući da budale neće čuti razum.

Einen Narren aufzuhalten war sinnlos – und zwei oder drei Narren änderten nichts.

Zaustaviti budalu bilo je uzaludno - a dvije ili tri budale nisu ništa promijenile.

Doch als das Team Hal's Befehl hörte, bewegte es sich nicht.

Ali tim se nije pomaknuo na zvuk Halove naredbe.

Jetzt konnten sie nur noch durch Schläge wieder auf die Beine kommen und weiterkommen.

Do sada su ih samo udarci mogli natjerati da se dignu i krenu naprijed.

Immer wieder knallte die Peitsche über die geschwächten Hunde.

Bič je iznova i iznova udarao po oslabljenim psima.

John Thornton presste die Lippen fest zusammen und sah schweigend zu.

John Thornton čvrsto je stisnuo usne i promatrao u tišini.

Solleks war der Erste, der unter der Peitsche auf die Beine kam.

Solleks je prvi puzajući skočio na noge pod bičem.

Dann folgte Teek zitternd. Joe schrie auf, als er stolperte.

Zatim je Teek drhtavo krenuo za njim. Joe je kriknuo dok se spoticao.

Pike versuchte aufzustehen, scheiterte zweimal und stand schließlich unsicher da.

Pike je pokušao ustati, dvaput nije uspio, a onda je konačno nesigurno stao.

Aber Buck blieb liegen, wo er hingefallen war, und bewegte sich dieses Mal überhaupt nicht.

Ali Buck je ležao tamo gdje je pao, ovaj put se uopće nije pomicao.

Die Peitsche schlug immer wieder auf ihn ein, aber er gab keinen Laut von sich.

Bič ga je udarao iznova i iznova, ali nije ispustio ni glasa.

Er zuckte nicht zusammen und wehrte sich nicht, sondern blieb einfach still und ruhig.

Nije se trznuo niti opirao, jednostavno je ostao miran i tih.

Thornton rührte sich mehr als einmal, als wolle er etwas sagen, tat es aber nicht.

Thornton se pomaknuo više puta, kao da će progovoriti, ali nije.

Seine Augen wurden feucht und immer noch knallte die Peitsche gegen Buck.

Oči su mu se navlažile, a bič je i dalje udarao o Bucka.

Schließlich begann Thornton langsam auf und ab zu gehen, unsicher, was er tun sollte.

Konačno, Thornton je počeo polako koračati, nesiguran što da radi.

Es war das erste Mal, dass Buck versagt hatte, und Hal wurde wütend.

Bio je to prvi put da Buck nije uspio, a Hal se razbjesnio.

Er warf die Peitsche weg und nahm stattdessen die schwere Keule.

Bacio je bič i umjesto toga podigao tešku toljagu.

Der Holzknüppel schlug hart auf, aber Buck stand immer noch nicht auf, um sich zu bewegen.

Drvena toljaga snažno je pala, ali Buck se i dalje nije dizao da se pomakne.

Wie seine Teamkollegen war er zu schwach – aber mehr als das.

Poput svojih suigrača, bio je preslab - ali više od toga.

Buck hatte beschlossen, sich nicht zu bewegen, egal was als Nächstes passieren würde.

Buck je odlučio da se ne miče, bez obzira na to što će se dogoditi.

Er spürte, wie etwas Dunkles und Bestimmtes direkt vor ihm schwebte.

Osjetio je nešto mračno i sigurno kako lebdi tik ispred sebe.

Diese Angst hatte ihn ergriffen, sobald er das Flussufer erreicht hatte.

Taj ga je strah obuzeo čim je stigao do obale rijeke.

Dieses Gefühl hatte ihn nicht verlassen, seit er das Eis unter seinen Pfoten dünner werden fühlte.

Taj osjećaj ga nije napustio otkad je osjetio kako mu je led tanak pod šapama.

Etwas Schreckliches wartete – er spürte es gleich weiter unten auf dem Weg.

Nešto strašno ga je čekalo - osjećao je to odmah niz stazu.

Er würde nicht auf das Schreckliche vor ihm zugehen

Nije namjeravao hodati prema toj strašnoj stvari ispred sebe.

Er würde keinem Befehl gehorchen, der ihn zu diesem Ding führte.

Nije namjeravao poslušati nikakvu naredbu koja ga je dovela do te stvari.

Der Schmerz der Schläge war für ihn kaum noch spürbar, er war zu weit weg.

Bol od udaraca ga sada jedva da je doticala - bio je previše umoran.

Der Funke des Lebens flackerte schwach und erlosch unter jedem grausamen Schlag.

Iskra života slabo je treperila, prigušena pod svakim okrutnim udarcem.

Seine Glieder fühlten sich fremd an, sein ganzer Körper schien einem anderen zu gehören.

Udovi su mu bili udaljeni; cijelo tijelo kao da je pripadalo nekome drugome.

Er spürte eine seltsame Taubheit, als der Schmerz vollständig nachließ.

Osjetio je čudnu utrnulost dok je bol potpuno nestajala.

Aus der Ferne spürte er, dass er geschlagen wurde, aber er wusste es kaum.

Iz daljine je osjećao da ga tuku, ali jedva je bio svjestan toga.

Er konnte die Schläge schwach hören, aber sie taten nicht mehr wirklich weh.

Slabo je čuo tupe udarce, ali više nisu istinski boljeli.

Die Schläge trafen, aber sein Körper schien nicht mehr sein eigener zu sein.

Udarci su padali, ali njegovo tijelo više nije izgledalo kao njegovo.

Dann stieß John Thornton plötzlich und ohne Vorwarnung einen wilden Schrei aus.

Tada je iznenada, bez upozorenja, John Thornton divlje kriknuo.

Es war unartikuliert, eher der Schrei eines Tieres als eines Menschen.

Bio je neartikuliran, više krik zvijeri nego čovjeka.

Er sprang mit der Keule auf den Mann zu und stieß Hal nach hinten.

Skočio je na čovjeka s palicom i srušio Hala unatrag.

Hal flog, als wäre er von einem Baum getroffen worden, und landete hart auf dem Boden.

Hal je poletio kao da ga je udarilo drvo, teško sletjevši na tlo.

Mercedes schrie laut vor Panik und umklammerte ihr Gesicht.

Mercedes je u panici glasno vrisnula i uhvatila se za lice.

Charles sah nur zu, wischte sich die Augen und blieb sitzen.

Charles je samo gledao, obrisao oči i ostao sjediti.

Sein Körper war vor Schmerzen zu steif, um aufzustehen oder beim Kampf mitzuhelfen.

Tijelo mu je bilo previše ukočeno od boli da bi ustao ili pomogao u borbi.

Thornton stand über Buck, zitterte vor Wut und konnte nicht sprechen.

Thornton je stajao nad Buckom, drhteći od bijesa, nesposoban progovoriti.

Er zitterte vor Wut und kämpfte darum, trotz allem seine Stimme wiederzufinden.

Tresao se od bijesa i borio se da pronađe svoj glas kroz njega.

„Wenn du den Hund noch einmal schlägst, bringe ich dich um", sagte er schließlich.

„Ako još jednom udariš tog psa, ubit ću te", konačno je rekao.

Hal wischte sich das Blut aus dem Mund und kam wieder nach vorne.

Hal je obrisao krv s usta i ponovno prišao.

„Es ist mein Hund", murmelte er. „Geh mir aus dem Weg, sonst kriege ich dich wieder in Ordnung."

„To je moj pas", promrmljao je. „Makni se s puta ili ću te ja srediti."

„Ich gehe nach Dawson und Sie halten mich nicht auf", fügte er hinzu.

„Idem u Dawson, a ti me nećeš zaustaviti", dodao je.

Thornton stand fest zwischen Buck und dem wütenden jungen Mann.

Thornton je čvrsto stajao između Bucka i ljutitog mladića.

Er hatte nicht die Absicht, zur Seite zu treten oder Hal vorbeizulassen.

Nije imao namjeru da se pomakne ili pusti Hala da prođe.

Hal zog sein Jagdmesser heraus, das lang und gefährlich in der Hand lag.

Hal je izvukao svoj lovački nož, dug i opasan u ruci.

Mercedes schrie, dann weinte sie und lachte dann in wilder Hysterie.

Mercedes je vrištala, zatim plakala, a zatim se divlje histerično smijala.

Thornton schlug mit dem Axtstiel hart und schnell auf Hals Hand.

Thornton je snažno i brzo udario Halovu ruku drškom sjekire.

Das Messer wurde aus Hals Griff gerissen und flog zu Boden.

Nož je ispao iz Halovog stiska i odletio na tlo.

Hal versuchte, das Messer aufzuheben, und Thornton klopfte erneut auf seine Fingerknöchel.

Hal je pokušao podići nož, a Thornton je ponovno lupnuo zglobovima.

Dann bückte sich Thornton, griff nach dem Messer und hielt es fest.

Tada se Thornton sagnuo, zgrabio nož i držao ga.

Mit zwei schnellen Hieben des Axtstiels zerschnitt er Bucks Zügel.

S dva brza udarca drškom sjekire prerezao je Buckove uzde.

Hal hatte keine Kraft mehr, sich zu wehren, und trat von dem Hund zurück.

Hal nije više imao borbenosti i odmaknuo se od psa.

Außerdem brauchte Mercedes jetzt beide Arme, um aufrecht zu bleiben.

Osim toga, Mercedes je sada trebala obje ruke da bi se održala uspravno.

Buck war dem Tod zu nahe, um noch einmal einen Schlitten ziehen zu können.

Buck je bio preblizu smrti da bi ponovno bio koristan za vuču saonica.

Ein paar Minuten später legten sie ab und fuhren flussabwärts.

Nekoliko minuta kasnije, krenuli su niz rijeku.

Buck hob schwach den Kopf und sah ihnen nach, wie sie die Bank verließen.

Buck je slabo podigao glavu i gledao ih kako izlaze iz banke.

Pike führte das Team an, mit Solleks am Ende des Feldes.

Pike je predvodio momčad, a Solleks je bio na začelju na poziciji volana.

Joe und Teek gingen dazwischen, beide humpelten vor Erschöpfung.

Joe i Teek su hodali između, obojica šepajući od iscrpljenosti.

Mercedes saß auf dem Schlitten und Hal hielt die lange Lenkstange fest.

Mercedes je sjedila na sanjkama, a Hal je čvrsto držao dugu motku za hvatanje.

Charles stolperte hinterher, seine Schritte waren unbeholfen und unsicher.

Charles je teturao iza sebe, koraci su mu bili nespretni i nesigurni.

Thornton kniete neben Buck und tastete vorsichtig nach gebrochenen Knochen.

Thornton je kleknuo pokraj Bucka i nježno opipao slomljene kosti.

Seine Hände waren rau, bewegten sich aber mit Freundlichkeit und Sorgfalt.

Ruke su mu bile grube, ali pokreti su im bili ljubazni i pažljivi.

Bucks Körper wies Blutergüsse auf, wies jedoch keine bleibenden Verletzungen auf.

Buckovo tijelo je bilo u modricama, ali nije pokazivalo trajne ozljede.

Zurück blieben schrecklicher Hunger und nahezu völlige Schwäche.

Ono što je ostalo bila je strašna glad i gotovo potpuna slabost.

Als dies klar wurde, war der Schlitten bereits weit flussabwärts gefahren.

Dok se to razvedrilo, saonice su već otišle daleko nizvodno.

Mann und Hund sahen zu, wie der Schlitten langsam über das knackende Eis kroch.

Čovjek i pas gledali su kako saonice polako pužu preko pucajućeg leda.

Dann sahen sie, wie der Schlitten in eine Mulde sank.

Zatim su vidjeli kako saonice tonu u udubinu.

Die Gee-Stange flog in die Höhe, und Hal klammerte sich immer noch vergeblich daran fest.

Motka je odletjela gore, a Hal se još uvijek uzalud držao za nju.

Mercedes' Schrei erreichte sie über die kalte Ferne.

Mercedesin vrisak dopro je do njih preko hladne udaljenosti.

Charles drehte sich um und trat zurück – aber er war zu spät.

Charles se okrenuo i koraknuo unatrag - ali bilo je prekasno.

Eine ganze Eisdecke brach nach und sie alle fielen hindurch.

Cijela ledena ploča se srušila i svi su propali.

Hunde, Schlitten und Menschen verschwanden im schwarzen Wasser darunter.

Psi, saonice i ljudi nestali su u crnoj vodi ispod.

An der Stelle, an der sie vorbeigekommen waren, war nur ein breites Loch im Eis zurückgeblieben.

Samo je široka rupa u ledu ostala tamo gdje su prošli.

Der Boden des Pfades war nach unten abgesunken – genau wie Thornton gewarnt hatte.

Dno staze se urušilo - baš kao što je Thornton upozorio.

Thornton und Buck sahen sich einen Moment lang schweigend an.

Thornton i Buck su se pogledali i na trenutak zašutjeli.

„Du armer Teufel", sagte Thornton leise und Buck leckte ihm die Hand.

„Jadniče", reče Thornton tiho, a Buck mu poliza ruku.

Aus Liebe zu einem Mann
Iz ljubavi prema čovjeku

John Thornton erfror in der Kälte des vergangenen Dezembers seine Füße.
Johnu Thorntonu su se smrzle noge u hladnoći prethodnog prosinca.

Seine Partner machten es ihm bequem und ließen ihn allein genesen.
Njegovi partneri su ga smjestili i ostavili ga da se sam oporavlja.

Sie fuhren den Fluss hinauf, um ein Floß mit Sägestämmen für Dawson zu holen.
Otišli su uz rijeku kako bi skupili gomilu pilana za Dawsona.

Er humpelte noch leicht, als er Buck vor dem Tod rettete.
Još je lagano šepao kad je spasio Bucka od smrti.

Aber bei anhaltend warmem Wetter verschwand sogar dieses Hinken.
Ali kako je toplo vrijeme potrajalo, čak je i to hramanje nestalo.

Buck ruhte sich an langen Frühlingstagen am Flussufer aus.
Ležeći uz obalu rijeke tijekom dugih proljetnih dana, Buck se odmarao.

Er beobachtete das fließende Wasser und lauschte den Vögeln und Insekten.
Promatrao je tekuću vodu i slušao ptice i kukce.

Langsam erlangte Buck unter Sonne und Himmel seine Kraft zurück.
Polako je Buck vraćao snagu pod suncem i nebom.

Nach einer Reise von dreitausend Meilen war eine Pause ein wunderbares Gefühl.
Odmor je bio predivan nakon putovanja od tri tisuće milja.

Buck wurde träge, als seine Wunden heilten und sein Körper an Gewicht zunahm.
Buck je postao lijen dok su mu rane zacjeljivale, a tijelo se punilo.

Seine Muskeln wurden fester und das Fleisch bedeckte wieder seine Knochen.

Mišići su mu se učvrstili, a meso se vratilo da prekrije njegove kosti.

Sie ruhten sich alle aus – Buck, Thornton, Skeet und Nig.

Svi su se odmarali - Buck, Thornton, Skeet i Nig.

Sie warteten auf das Floß, das sie nach Dawson bringen sollte.

Čekali su splav koja će ih odvesti do Dawsona.

Skeet war ein kleiner Irish Setter, der sich mit Buck anfreundete.

Skeet je bio mali irski seter koji se sprijateljio s Buckom.

Buck war zu schwach und krank, um ihr bei ihrem ersten Treffen Widerstand zu leisten.

Buck je bio preslab i bolestan da bi joj se odupro pri njihovom prvom susretu.

Skeet hatte die Heilereigenschaft, die manche Hunde von Natur aus besitzen.

Skeet je imao osobinu iscjelitelja koju neki psi prirodno posjeduju.

Wie eine Katzenmutter leckte und reinigte sie Bucks offene Wunden.

Poput majke mačke, lizala je i čistila Buckove otvorene rane.

Jeden Morgen nach dem Frühstück wiederholte sie ihre sorgfältige Arbeit.

Svako jutro nakon doručka ponavljala je svoj pažljivi rad.

Buck erwartete ihre Hilfe ebenso sehr wie die von Thornton.

Buck je očekivao njezinu pomoć koliko i Thorntonovu.

Nig war auch freundlich, aber weniger offen und weniger liebevoll.

Nig je također bio prijateljski nastrojen, ali manje otvoren i manje privržen.

Nig war ein großer schwarzer Hund, halb Bluthund, halb Hirschhund.

Nig je bio veliki crni pas, dijelom krvoslednik, a dijelom jelenski hrt.

Er hatte lachende Augen und eine unendlich gute Seele.

Imao je nasmijane oči i beskrajnu dobrotu u duši.

Zu Bucks Überraschung zeigte keiner der Hunde Eifersucht ihm gegenüber.

Na Buckovo iznenađenje, nijedan pas nije pokazao ljubomoru prema njemu.

Sowohl Skeet als auch Nig erfuhren die Freundlichkeit von John Thornton.

I Skeet i Nig dijelili su ljubaznost Johna Thorntona.

Als Buck stärker wurde, verleiteten sie ihn zu albernen Hundespielen.

Kako je Buck postajao sve jači, namamili su ga u glupe pseće igre.

Auch Thornton spielte oft mit ihnen und konnte ihrer Freude nicht widerstehen.

Thornton se također često igrao s njima, ne mogavši odoljeti njihovoj radosti.

Auf diese spielerische Weise gelang Buck der Übergang von der Krankheit in ein neues Leben.

Na ovaj razigran način, Buck je prešao iz bolesti u novi život.

Endlich hatte er Liebe gefunden – wahre, brennende und leidenschaftliche Liebe.

Ljubav - istinska, goruća i strastvena ljubav - napokon je bila njegova.

Auf Millers Anwesen hatte er diese Art von Liebe nie erlebt.

Nikada nije upoznao ovakvu ljubav na Millerovom imanju.

Mit den Söhnen des Richters hatte er Arbeit und Abenteuer geteilt.

Sa sučevim sinovima dijelio je posao i avanturu.

Bei den Enkeln sah er steifen und prahlerischen Stolz.

Kod unuka je vidio ukočen i hvalisav ponos.

Mit Richter Miller selbst verband ihn eine respektvolle Freundschaft.

Sa samim sucem Millerom imao je prijateljstvo puno poštovanja.

Doch mit Thornton kam eine Liebe, die Feuer, Wahnsinn und Anbetung war.

Ali ljubav koja je bila vatra, ludilo i obožavanje došla je s Thorntonom.

Dieser Mann hatte Bucks Leben gerettet, und das allein bedeutete sehr viel.

Ovaj čovjek je spasio Buckov život, i samo to je mnogo značilo.

Aber darüber hinaus war John Thornton der ideale Meistertyp.

Ali više od toga, John Thornton bio je idealan tip učitelja.

Andere Männer kümmerten sich aus Pflichtgefühl oder geschäftlicher Notwendigkeit um Hunde.

Drugi su se muškarci brinuli za pse iz dužnosti ili poslovne nužde.

John Thornton kümmerte sich um seine Hunde, als wären sie seine Kinder.

John Thornton se brinuo za svoje pse kao da su mu djeca.

Er kümmerte sich um sie, weil er sie liebte und einfach nicht anders konnte.

Brinuo se za njih jer ih je volio i jednostavno si nije mogao pomoći.

John Thornton sah sogar weiter, als die meisten Menschen jemals sehen konnten.

John Thornton je vidio čak i dalje nego što je većina ljudi ikada uspjela vidjeti.

Er vergaß nie, sie freundlich zu grüßen oder ein aufmunterndes Wort zu sagen.

Nikada nije zaboravio ljubazno ih pozdraviti ili im reći koju riječ utjehe.

Er liebte es, mit den Hunden zusammenzusitzen und lange zu reden, oder, wie er sagte, „gasy".

Volio je sjediti sa psima na duge razgovore, ili "nadut", kako je govorio.

Er packte Bucks Kopf gern grob zwischen seinen starken Händen.

Volio je grubo zgrabiti Buckovu glavu svojim snažnim rukama.

Dann lehnte er seinen Kopf an Bucks und schüttelte ihn sanft.

Zatim je naslonio glavu na Buckovu i nježno ga protresao.

Die ganze Zeit über beschimpfte er Buck mit unhöflichen Namen, die für ihn Liebe bedeuteten.

Sve vrijeme je Bucka nazivao grubim imenima koja su za Bucka značila ljubav.

Buck bereiteten diese grobe Umarmung und diese Worte große Freude.

Bucku su taj grubi zagrljaj i te riječi donijeli duboku radost.

Sein Herz schien bei jeder Bewegung vor Glück zu beben.

Činilo se da mu srce pri svakom pokretu zalupava od sreće.

Als er anschließend aufsprang, sah sein Mund aus, als würde er lachen.

Kad je poslije skočio, usta su mu izgledala kao da se smiju.

Seine Augen leuchteten hell und seine Kehle zitterte vor unausgesprochener Freude.

Oči su mu jarko sjale, a grlo mu je drhtalo od neizrečene radosti.

Sein Lächeln blieb in diesem Zustand der Ergriffenheit und glühenden Zuneigung stehen.

Njegov osmijeh je stajao nepomično u tom stanju emocija i blistave naklonosti.

Dann rief Thornton nachdenklich aus: „Gott! Er kann fast sprechen!"

Tada je Thornton zamišljeno uzviknuo: „Bože! on gotovo može govoriti!"

Buck hatte eine seltsame Art, Liebe auszudrücken, die beinahe Schmerzen verursachte.

Buck je imao čudan način izražavanja ljubavi koji je gotovo uzrokovao bol.

Er umklammerte Thorntons Hand oft sehr fest mit seinen Zähnen.

Često je čvrsto stiskao Thorntonovu ruku zubima.

Der Biss würde tiefe Spuren hinterlassen, die noch einige Zeit blieben.

Ugriz će ostaviti duboke tragove koji će ostati neko vrijeme nakon toga.

Buck glaubte, dass diese Eide Liebe waren, und Thornton wusste das auch.

Buck je vjerovao da su te zakletve ljubav, a Thornton je znao isto.

Meistens zeigte sich Bucks Liebe in stiller, fast stummer Verehrung.

Najčešće se Buckova ljubav pokazivala u tihom, gotovo nijemom obožavanju.

Obwohl er sich freute, wenn man ihn berührte oder ansprach, suchte er nicht nach Aufmerksamkeit.

Iako je bio oduševljen kada bi ga se dodirnulo ili mu se govorilo, nije tražio pažnju.

Skeet schob ihre Nase unter Thorntons Hand, bis er sie streichelte.

Skeet je gurnula nos pod Thorntonovu ruku dok je nije pomilovao.

Nig kam leise herbei und legte seinen großen Kopf auf Thorntons Knie.

Nig je tiho prišao i naslonio svoju veliku glavu na Thorntonovo koljeno.

Buck hingegen war zufrieden damit, aus respektvoller Distanz zu lieben.

Buck je, nasuprot tome, bio zadovoljan što voli s poštovane udaljenosti.

Er lag stundenlang zu Thorntons Füßen, wachsam und aufmerksam beobachtend.

Satima je ležao pred Thorntonovim nogama, budan i pomno promatrajući.

Buck studierte jedes Detail des Gesichts seines Herrn und jede kleinste Bewegung.

Buck je proučavao svaki detalj lica svog gospodara i najmanji pokret.

Oder er blieb weiter weg liegen und betrachtete schweigend die Gestalt des Mannes.

Ili je ležao dalje, u tišini proučavajući čovjekov oblik.

Buck beobachtete jede kleine Bewegung, jede Veränderung seiner Haltung oder Geste.

Buck je promatrao svaki mali pokret, svaku promjenu držanja ili geste.

Diese Verbindung war so stark, dass sie Thorntons Blick oft auf sich zog.

Ta je veza bila toliko snažna da je često privlačila Thorntonov pogled.

Er begegnete Bucks Blick ohne Worte, Liebe schimmerte deutlich hindurch.

Sreo je Buckov pogled bez riječi, kroz koji je jasno sjala ljubav.

Nach seiner Rettung ließ Buck Thornton lange Zeit nicht aus den Augen.

Dugo nakon što je spašen, Buck nije ispuštao Thorntona iz vida.

Immer wenn Thornton das Zelt verließ, folgte Buck ihm dicht auf den Fersen.

Kad god bi Thornton napustio šator, Buck bi ga pomno slijedio van.

All die strengen Herren im Nordland hatten Buck Angst gemacht, zu vertrauen.

Svi strogi gospodari na Sjeveru su Bucka uplašili da povjeruje.

Er befürchtete, dass kein Mann länger als kurze Zeit sein Herr bleiben könnte.

Bojao se da nitko ne može ostati njegov gospodar dulje od kratkog vremena.

Er befürchtete, dass John Thornton wie Perrault und François verschwinden würde.

Bojao se da će John Thornton nestati poput Perraulta i Françoisa.

Sogar nachts quälte die Angst, ihn zu verlieren, Buck mit unruhigem Schlaf.

Čak i noću, strah od gubitka njega proganjao je Buckov nemiran san.

Als Buck aufwachte, kroch er in die Kälte hinaus und ging zum Zelt.

Kad se Buck probudio, iskrao se na hladnoću i otišao do šatora.

Er lauschte aufmerksam auf das leise Geräusch des Atmens in seinem Inneren.

Pažljivo je osluškivao tihi zvuk disanja iznutra.

Trotz Bucks tiefer Liebe zu John Thornton blieb die Wildnis am Leben.

Unatoč Buckovoj dubokoj ljubavi prema Johnu Thorntonu, divljina je ostala živa.

Dieser im Norden erwachte primitive Instinkt ist nicht verschwunden.

Taj primitivni instinkt, probuđen na Sjeveru, nije nestao.

Liebe brachte Hingabe, Treue und die warme Verbundenheit des Kaminfeuers.

Ljubav je donijela odanost, lojalnost i toplu vezu uz kamin.

Aber Buck behielt auch seine wilden Instinkte, scharf und stets wachsam.

Ali Buck je također zadržao svoje divlje instinkte, oštre i uvijek budne.

Er war nicht nur ein gezähmtes Haustier aus den sanften Ländern der Zivilisation.

Nije bio samo pripitomljeni ljubimac iz mekih krajeva civilizacije.

Buck war ein wildes Wesen, das hereingekommen war, um an Thorntons Feuer zu sitzen.

Buck je bio divlje biće koje je došlo sjesti kraj Thorntonove vatre.

Er sah aus wie ein Südlandhund, aber in ihm lebte Wildheit.

Izgledao je kao pas iz Južnja, ali u njemu je živjela divljina.

Seine Liebe zu Thornton war zu groß, um zuzulassen, dass er den Mann bestohlen hätte.

Njegova ljubav prema Thorntonu bila je prevelika da bi dopustio krađu od njega.

Aber in jedem anderen Lager würde er dreist und ohne Pause stehlen.

Ali u bilo kojem drugom taboru, krao bi hrabro i bez zastoja.

Er war beim Stehlen so geschickt, dass ihn niemand erwischen oder beschuldigen konnte.

Bio je toliko spretan u krađi da ga nitko nije mogao uhvatiti niti optužiti.

Sein Gesicht und sein Körper waren mit Narben aus vielen vergangenen Kämpfen übersät.

Lice i tijelo bili su mu prekriveni ožiljcima od mnogih prošlih borbi.

Buck kämpfte immer noch erbittert, aber jetzt kämpfte er mit mehr List.

Buck se i dalje žestoko borio, ali sada se borio s više lukavstva.

Skeet und Nig waren zu sanft, um zu kämpfen, und sie gehörten Thornton.

Skeet i Nig bili su previše nježni za borbu, a bili su Thorntonovi.

Aber jeder fremde Hund, egal wie stark oder mutig, wich zurück.

Ali svaki čudan pas, bez obzira koliko bio snažan ili hrabar, popustio je.

Ansonsten kämpfte der Hund gegen Buck und um sein Leben.

Inače, pas se našao u borbi s Buckom; boreći se za svoj život.

Buck kannte keine Gnade, wenn er sich entschied, gegen einen anderen Hund zu kämpfen.

Buck nije imao milosti kad se odlučio boriti protiv drugog psa.

Er hatte das Gesetz der Keule und des Reißzahns im Nordland gut gelernt.

Dobro je naučio zakon toljage i očnjaka na Sjeveru.

Er gab nie einen Vorteil auf und wich nie einer Schlacht aus.

Nikada nije ispustio prednost i nikada nije odustao od bitke.

Er hatte Spitz und die wildesten Post- und Polizeihunde studiert.

Proučavao je Špica i najžešće poštanske i policijske pse.

Er wusste genau, dass es im wilden Kampf keinen Mittelweg gab.

Jasno je znao da u divljoj borbi nema srednjeg puta.

Er musste herrschen oder beherrscht werden; Gnade zu zeigen, hieße, Schwäche zu zeigen.

Morao je vladati ili biti vladan; pokazivanje milosrđa značilo je pokazivanje slabosti.

In der rauen und brutalen Welt des Überlebens kannte man keine Gnade.

Milost je bila nepoznata u surovom i brutalnom svijetu preživljavanja.

Gnade zu zeigen wurde als Angst angesehen und Angst führte schnell zum Tod.

Pokazivanje milosrđa smatralo se strahom, a strah je brzo vodio do smrti.

Das alte Gesetz war einfach: töten oder getötet werden, essen oder gefressen werden.

Stari zakon bio je jednostavan: ubij ili budi ubijen, pojedi ili budi pojeden.

Dieses Gesetz stammte aus längst vergangenen Zeiten und Buck befolgte es vollständig.

Taj zakon došao je iz dubine vremena, a Buck ga se u potpunosti pridržavao.

Buck war älter als sein Alter und die Anzahl seiner Atemzüge.

Buck je bio stariji od svojih godina i broja udaha koje je udahnuo.

Er verband die ferne Vergangenheit klar mit der Gegenwart.

Jasno je povezao davnu prošlost sa sadašnjim trenutkom.

Die tiefen Rhythmen der Zeitalter bewegten sich durch ihn wie die Gezeiten.

Duboki ritmovi stoljeća kretali su se kroz njega poput plime i oseke.

Die Zeit pulsierte in seinem Blut so sicher, wie die Jahreszeiten die Erde bewegen.

Vrijeme je pulsiralo u njegovoj krvi jednako sigurno kao što su godišnja doba pomicala zemlju.

Er saß mit starker Brust und weißen Reißzähnen an Thorntons Feuer.

Sjedio je kraj Thorntonove vatre, snažnih prsa i bijelih očnjaka.

Sein langes Fell wehte, aber hinter ihm beobachteten ihn die Geister wilder Hunde.

Njegovo dugo krzno vijorilo se, ali iza njega su promatrali duhovi divljih pasa.

Halbwölfe und Vollwölfe regten sich in seinem Herzen und seinen Sinnen.

Polubukovi i pravi vukovi komešali su se u njegovom srcu i osjetilima.

Sie probierten sein Fleisch und tranken dasselbe Wasser wie er.

Kušali su njegovo meso i pili istu vodu kao i on.

Sie schnupperten neben ihm den Wind und lauschten dem Wald.

Njuškali su vjetar uz njega i osluškivali šumu.

Sie flüsterten die Bedeutung der wilden Geräusche in der Dunkelheit.

Šaptali su značenja divljih zvukova u tami.

Sie prägten seine Stimmungen und leiteten jede seiner stillen Reaktionen.

Oblikovali su njegova raspoloženja i vodili svaku njegovu tihu reakciju.

Sie lagen bei ihm, während er schlief, und wurden Teil seiner tiefen Träume.

Ležali su s njim dok je spavao i postajali dio njegovih dubokih snova.

Sie träumten mit ihm, über ihn hinaus und bildeten seinen Geist.

Sanjali su s njim, izvan njega, i činili su sam njegov duh.

Die Geister der Wildnis riefen so stark, dass Buck sich hingezogen fühlte.

Duhovi divljine zvali su tako snažno da se Buck osjećao privučeno.

Mit jedem Tag wurden die Menschheit und ihre Ansprüche in Bucks Herzen schwächer.

Čovječanstvo i njegovi zahtjevi svakim su danom slabili u Buckovom srcu.

Tief im Wald würde ein seltsamer und aufregender Ruf erklingen.

Duboko u šumi, začuo se čudan i uzbudljiv zov.

Jedes Mal, wenn er den Ruf hörte, verspürte Buck einen Drang, dem er nicht widerstehen konnte.

Svaki put kad bi čuo poziv, Buck bi osjetio poriv kojem nije mogao odoljeti.

Er wollte sich vom Feuer und den ausgetretenen menschlichen Pfaden abwenden.

Namjeravao se okrenuti od vatre i s utabanih ljudskih staza.

Er wollte in den Wald eintauchen und weitergehen, ohne zu wissen, warum.

Namjeravao je zaroniti u šumu, krenuti naprijed ne znajući zašto.

Er hinterfragte diese Anziehungskraft nicht, denn der Ruf war tief und kraftvoll.

Nije dovodio u pitanje tu privlačnost, jer je poziv bio dubok i snažan.

Oft erreichte er den grünen Schatten und die weiche, unberührte Erde

Često je dopirao do zelene sjene i meke, netaknute zemlje

Doch dann zog ihn die große Liebe zu John Thornton zurück zum Feuer.

Ali onda ga je snažna ljubav prema Johnu Thorntonu ponovno povukla k vatri.

Nur John Thornton hatte Bucks wildes Herz wirklich in seiner Gewalt.

Samo je John Thornton istinski držao Buckovo divlje srce u svom stisku.

Der Rest der Menschheit hatte für Buck keinen bleibenden Wert oder keine bleibende Bedeutung.

Ostatak čovječanstva nije imao trajnu vrijednost ili značenje za Bucka.

Fremde könnten ihn loben oder ihm mit freundlichen Händen über das Fell streicheln.

Stranci bi ga mogli pohvaliti ili prijateljski pogladiti njegovo krzno.

Buck blieb ungerührt und ging vor lauter Zuneigung davon.

Buck je ostao nepokolebljiv i otišao je od prevelike naklonosti.

Hans und Pete kamen mit dem lange erwarteten Floß

Hans i Pete su stigli sa splavom koji se dugo čekao

Buck ignorierte sie, bis er erfuhr, dass sie sich in der Nähe von Thornton befanden.

Buck ih je ignorirao sve dok nije saznao da su blizu Thorntona.

Danach tolerierte er sie, zeigte ihnen jedoch nie seine volle Zuneigung.

Nakon toga ih je tolerirao, ali im nikada nije pokazao punu toplinu.

Er nahm Essen oder Freundlichkeiten von ihnen an, als täte er ihnen einen Gefallen.

Uzimao je hranu ili ljubaznost od njih kao da im čini uslugu.

Sie waren wie Thornton – einfach, ehrlich und klar im Denken.

Bili su poput Thorntona - jednostavni, iskreni i jasnih misli.

Gemeinsam reisten sie zu Dawsons Sägewerk und dem großen Wirbel

Svi zajedno su otputovali do Dawsonove pilane i velikog vrtloga

Auf ihrer Reise lernten sie Bucks Wesen tiefgründig kennen.

Na svom putovanju naučili su duboko razumjeti Buckovu prirodu.

Sie versuchten nicht, sich näherzukommen, wie es Skeet und Nig getan hatten.

Nisu se pokušavali zbližiti kao što su to učinili Skeet i Nig.

Doch Bucks Liebe zu John Thornton wurde mit der Zeit immer stärker.

Ali Buckova ljubav prema Johnu Thorntonu s vremenom se samo produbljivala.

Nur Thornton könnte Buck im Sommer eine Last auf die Schultern laden.

Samo je Thornton mogao ljeti staviti teret na Bucka.

Was auch immer Thornton befahl, Buck war bereit, es uneingeschränkt zu tun.

Što god Thornton naredio, Buck je bio spreman u potpunosti izvršiti.

Eines Tages, nachdem sie Dawson in Richtung der Quellgewässer des Tanana verlassen hatten,

Jednog dana, nakon što su napustili Dawson i krenuli prema izvorima Tanane,

die Gruppe saß auf einer Klippe, die dreihundert Fuß bis zum nackten Fels abfiel.

Grupa je sjedila na litici koja se spuštala metar do gole stijene.

John Thornton saß nahe der Kante und Buck ruhte sich neben ihm aus.

John Thornton sjedio je blizu ruba, a Buck se odmarao pokraj njega.

Thornton hatte plötzlich eine Idee und rief die Männer auf sich aufmerksam.

Thorntonu je iznenada sinula misao i skrenuo je pozornost muškaraca.

Er deutete über den Abgrund und gab Buck einen einzigen Befehl.

Pokazao je preko ponora i dao Bucku jednu naredbu.

„Spring, Buck!", sagte er und schwang seinen Arm über den Abgrund.

„Skoči, Buck!" rekao je, zamahujući rukom preko provalije.

Einen Moment später musste er Buck packen, der sofort lossprang, um zu gehorchen.

U trenutku je morao zgrabiti Bucka, koji je skočio da ga posluša.

Hans und Pete eilten nach vorne und zogen beide in Sicherheit.

Hans i Pete su pojurili naprijed i povukli obojicu na sigurno.

Nachdem alles vorbei war und sie wieder zu Atem gekommen waren, ergriff Pete das Wort.

Nakon što je sve završilo i nakon što su došli do daha, Pete se oglasio.

„Die Liebe ist unheimlich", sagte er, erschüttert von der wilden Hingabe des Hundes.

„Ljubav je neobična", rekao je, potresen psećom žestokom odanošću.

Thornton schüttelte den Kopf und antwortete mit ruhiger Ernsthaftigkeit.

Thornton je odmahnuo glavom i odgovorio mirnom ozbiljnošću.

„Nein, die Liebe ist großartig", sagte er, „aber auch schrecklich."

„Ne, ljubav je sjajna", rekao je, „ali i strašna."

„Manchmal, das muss ich zugeben, macht mir diese Art von Liebe Angst."

„Ponekad, moram priznati, ovakva me ljubav plaši."

Pete nickte und sagte: „Ich möchte nicht der Mann sein, der dich berührt."

Pete je kimnuo i rekao: „Ne bih volio biti čovjek koji će te dodirnuti."

Er sah Buck beim Sprechen ernst und voller Respekt an.

Gledao je Bucka dok je govorio, ozbiljno i puno poštovanja.

„Py Jingo!", sagte Hans schnell. „Ich auch nicht, nein, Sir."

„Py Jingo!" brzo reče Hans. „Ni ja, ne, gospodine."

Noch vor Jahresende wurden Petes Befürchtungen in Circle City wahr.

Prije kraja godine, Peteovi su se strahovi ostvarili u Circle Cityju.

Ein grausamer Mann namens Black Burton hat in der Bar eine Schlägerei angezettelt.

Okrutni čovjek po imenu Black Burton započeo je tučnjavu u baru.

Er war wütend und bösartig und ging auf einen Neuling los.

Bio je ljut i zloban, napadao je novog pripravnika.

John Thornton schritt ein, ruhig und gutmütig wie immer.

John Thornton je uskočio, miran i dobrodušan kao i uvijek.

Buck lag mit gesenktem Kopf in einer Ecke und beobachtete Thornton aufmerksam.

Buck je ležao u kutu, pognute glave, pomno promatrajući Thorntona.

Burton schlug plötzlich zu und sein Schlag ließ Thornton herumwirbeln.

Burton je iznenada udario, a njegov je udarac zavrtio Thorntona.

Nur die Stangenreling verhinderte, dass er hart auf den Boden stürzte.

Samo ga je ograda šanka spriječila da snažno padne na tlo.

Die Beobachter hörten ein Geräusch, das weder Bellen noch Jaulen war

Promatrači su čuli zvuk koji nije bio lavež ili cviljenje

Ein tiefes Brüllen kam von Buck, als er auf den Mann zustürzte.

Duboki urlik začuo se od Bucka dok se jurnuo prema čovjeku.

Burton riss seinen Arm hoch und rettete nur knapp sein eigenes Leben.

Burton je podigao ruku i jedva spasio vlastiti život.

Buck prallte gegen ihn und warf ihn flach auf den Boden.

Buck se zabio u njega i srušio ga na pod.

Buck biss tief in den Arm des Mannes und stürzte sich dann auf die Kehle.

Buck je duboko ugrizao čovjeku ruku, a zatim se bacio na grlo.

Burton konnte den Angriff nur teilweise blocken und sein Hals wurde aufgerissen.

Burton je mogao samo djelomično blokirati, a vrat mu je bio razderan.

Männer stürmten mit erhobenen Knüppeln herein und vertrieben Buck von dem blutenden Mann.

Muškarci su uletjeli unutra s podignutim palicama i otjerali Bucka s krvavog čovjeka.

Ein Chirurg arbeitete schnell, um den Blutausfluss zu stoppen.

Kirurg je brzo djelovao kako bi zaustavio krvarenje.

Buck ging auf und ab und knurrte, während er immer wieder versuchte anzugreifen.

Buck je koračao i režao, pokušavajući napasti iznova i iznova.

Nur schwingende Knüppel hielten ihn davon ab, Burton zu erreichen.

Samo su ga palice za zamahivanje spriječile da dođe do Burtona.

Eine Bergarbeiterversammlung wurde einberufen und noch vor Ort abgehalten.

Sastanak rudara je sazvan i održan odmah na licu mjesta.

Sie waren sich einig, dass Buck provoziert worden war, und stimmten für seine Freilassung.

Složili su se da je Buck bio isprovociran i glasali su za njegovo oslobađanje.

Doch Bucks wilder Name hallte nun durch jedes Lager in Alaska.

Ali Buckovo žestoko ime sada je odjekivalo u svakom logoru na Aljasci.

Später im Herbst rettete Buck Thornton erneut auf eine neue Art und Weise.

Kasnije te jeseni, Buck je ponovno spasio Thorntona na novi način.

Die drei Männer steuerten ein langes Boot durch wilde Stromschnellen.

Trojica muškaraca vodila su dugi čamac niz nemirne brzake.

Thornton steuerte das Boot und rief Anweisungen zur Küste.

Thornton je upravljao čamcem, dozivajući upute za dolazak do obale.

Hans und Pete rannten an Land und hielten sich an einem Seil fest, das sie von Baum zu Baum führte.

Hans i Pete trčali su po kopnu, držeći uže od drveta do drveta.

Buck hielt am Ufer Schritt und behielt seinen Herrn immer im Auge.

Buck je držao korak na obali, neprestano promatrajući svog gospodara.

An einer ungünstigen Stelle ragten Felsen aus dem schnellen Wasser hervor.

Na jednom gadnom mjestu, stijene su stršile ispod brze vode.

Hans ließ das Seil los und Thornton steuerte das Boot weit.

Hans je pustio uže, a Thornton je široko upravljao čamcem.

Hans sprintete, um das Boot an den gefährlichen Felsen vorbei wieder zu erreichen.

Hans je sprintom stigao do čamca, prošavši kroz opasne stijene.

Das Boot passierte den Felsvorsprung, geriet jedoch in eine stärkere Strömung.

Čamac je prešao preko ruba, ali je udario u jači dio struje.

Hans griff zu schnell nach dem Seil und brachte das Boot aus dem Gleichgewicht.

Hans je prebrzo zgrabio uže i izbacio čamac iz ravnoteže.

Das Boot kenterte und prallte mit dem Hinterteil nach oben gegen das Ufer.

Brod se prevrnuo i udario u obalu, dnom prema gore.

Thornton wurde hinausgeworfen und in den wildesten Teil des Wassers geschwemmt.

Thorntona je izbacilo i odnijelo u najdivljiji dio vode.

Kein Schwimmer hätte in diesen tödlichen, reißenden Gewässern überleben können.

Nijedan plivač ne bi mogao preživjeti u tim smrtonosnim, brzim vodama.

Buck sprang sofort hinein und jagte seinen Herrn den Fluss hinunter.

Buck je odmah skočio i potjerao svog gospodara niz rijeku.

Nach dreihundert Metern erreichte er endlich Thornton.

Nakon tristo metara, napokon je stigao do Thorntona.

Thornton packte Buck am Schwanz und Buck drehte sich zum Ufer um.

Thornton je uhvatio Bucka za rep, a Buck se okrenuo prema obali.

Er schwamm mit voller Kraft und kämpfte gegen den wilden Sog des Wassers an.

Plivao je punom snagom, boreći se s divljim otporom vode.

Sie bewegten sich schneller flussabwärts, als sie das Ufer erreichen konnten.

Kretali su se nizvodno brže nego što su mogli stići do obale.

Vor ihnen toste der Fluss immer lauter und stürzte in tödliche Stromschnellen.

Ispred, rijeka je sve jače hučala dok se ulijevala u smrtonosne brzake.

Felsen schnitten durch das Wasser wie die Zähne eines riesigen Kamms.

Stijene su sjekle vodu poput zubaca ogromnog češlja.

Die Anziehungskraft des Wassers in der Nähe des Tropfens war wild und unausweichlich.

Povlačenje vode blizu pada bilo je divlje i neizbježno.

Thornton wusste, dass sie das Ufer nie rechtzeitig erreichen würden.

Thornton je znao da nikada neće moći stići na obalu na vrijeme.

Er schrammte über einen Felsen, zerschmetterte einen zweiten,

Grebao je po jednoj stijeni, udario o drugu,

Und dann prallte er gegen einen dritten Felsen, den er mit beiden Händen festhielt.

A onda se zabio u treću stijenu, uhvativši je objema rukama.

Er ließ Buck los und übertönte das Gebrüll: „Los, Buck! Los!"

Pustio je Bucka i viknuo preko buke: „Naprijed, Buck! Naprijed!"

Buck konnte sich nicht über Wasser halten und wurde von der Strömung mitgerissen.

Buck nije mogao ostati na površini i struja ga je odnijela.

Er kämpfte hart und versuchte, sich umzudrehen, kam aber überhaupt nicht voran.

Borio se snažno, mučeći se da se okrene, ali nije nimalo napredovao.

Dann hörte er, wie Thornton den Befehl über das Tosen des Flusses hinweg wiederholte.

Tada je čuo Thorntona kako ponavlja naredbu preko huka rijeke.

Buck erhob sich aus dem Wasser und hob den Kopf, als wolle er einen letzten Blick werfen.

Buck se propeo iz vode i podigao glavu kao da ga posljednji put pogleda.

dann drehte er sich um und gehorchte und schwamm entschlossen auf das Ufer zu.

zatim se okrenuo i poslušao, odlučno plivajući prema obali.

Pete und Hans zogen ihn im letzten Moment an Land.

Pete i Hans su ga izvukli na obalu u posljednjem mogućem trenutku.

Sie wussten, dass Thornton sich nur noch wenige Minuten am Felsen festklammern konnte.

Znali su da se Thornton može držati stijene još samo nekoliko minuta.

Sie rannten das Ufer hinauf zu einer Stelle weit oberhalb der Stelle, an der er hing.

Potrčali su uz obalu do mjesta daleko iznad mjesta gdje je visio.

Sie befestigten die Bootsleine sorgfältig an Bucks Hals und Schultern.

Pažljivo su privezali brodski konop za Buckov vrat i ramena.

Das Seil saß eng, war aber locker genug zum Atmen und für Bewegung.

Uže je bilo čvrsto pričvršćeno, ali dovoljno labavo za disanje i kretanje.

Dann warfen sie ihn erneut in den reißenden, tödlichen Fluss.

Zatim su ga ponovno bacili u brzu, smrtonosnu rijeku.

Buck schwamm mutig, verpasste jedoch seinen Winkel in die Kraft des Stroms.

Buck je hrabro plivao, ali je promašio svoj kut u snazi struje.

Er sah zu spät, dass er an Thornton vorbeiziehen würde.

Prekasno je shvatio da će proći pored Thorntona.

Hans riss das Seil fest, als wäre Buck ein kenterndes Boot.

Hans je čvrsto zategnuo uže, kao da je Buck prevrnuti brod.

Die Strömung zog ihn nach unten und er verschwand unter der Oberfläche.

Struja ga je povukla pod vodu i on je nestao ispod površine.

Sein Körper schlug gegen das Ufer, bevor Hans und Pete ihn herauszogen.

Tijelo mu je udarilo u banku prije nego što su ga Hans i Pete izvukli.

Er war halb ertrunken und sie haben das Wasser aus ihm herausgeprügelt.

Bio je napola utopljen, a oni su mu istiskivali vodu.

Buck stand auf, taumelte und brach erneut auf dem Boden zusammen.

Buck je ustao, posrnuo i ponovno se srušio na tlo.

Dann hörten sie Thorntons Stimme, die schwach vom Wind getragen wurde.

Tada su čuli Thorntonov glas slabo nošen vjetrom.

Obwohl die Worte undeutlich waren, wussten sie, dass er dem Tode nahe war.

Iako riječi nisu bile jasne, znali su da je blizu smrti.

Der Klang von Thorntons Stimme traf Buck wie ein elektrischer Schlag.

Zvuk Thorntonovog glasa pogodio je Bucka poput električnog udara.

Er sprang auf, rannte das Ufer hinauf und kehrte zum Startpunkt zurück.

Skočio je i potrčao uz obalu, vraćajući se do mjesta polaska.

Wieder banden sie Buck das Seil fest und wieder betrat er den Bach.

Ponovno su privezali uže za Bucka i ponovno je ušao u potok.

Diesmal schwamm er direkt und entschlossen in das rauschende Wasser.

Ovaj put je plivao direktno i čvrsto u brzu vodu.

Hans ließ das Seil langsam los, während Pete darauf achtete, dass es sich nicht verhedderte.

Hans je polako ispuštao uže dok ga je Pete sprječavao da se zapetlja.

Buck schwamm schnell, bis er direkt über Thornton auf einer Linie lag.

Buck je snažno plivao sve dok se nije poravnao točno iznad Thorntona.

Dann drehte er sich um und raste wie ein Zug mit voller Geschwindigkeit nach unten.

Zatim se okrenuo i pojurio dolje poput vlaka u punoj brzini.

Thornton sah ihn kommen, machte sich bereit und schlang die Arme um seinen Hals.

Thornton ga je ugledao kako dolazi, pripremio se i obgrlio ga oko vrata.

Hans band das Seil fest um einen Baum, als beide unter Wasser gezogen wurden.

Hans je čvrsto svezao uže oko drveta dok su obojica bili povučeni pod zemlju.

Sie stürzten unter Wasser und zerschellten an Felsen und Flusstrümmern.

Prevrtali su se pod vodom, udarajući u stijene i riječne krhotine.

In einem Moment war Buck oben, im nächsten erhob sich Thornton keuchend.

U jednom trenutku Buck je bio na vrhu, a u sljedećem Thornton se digao dahćući.

Zerschlagen und erstickend steuerten sie auf das Ufer zu und waren in Sicherheit.

Izudarani i gušeći se, skrenuli su prema obali i sigurnosti.

Thornton erlangte sein Bewusstsein wieder und lag quer über einem Treibholzbaumstamm.

Thornton se osvijestio, ležeći preko nanesenog balvana.

Hans und Pete haben hart gearbeitet, um ihm Atem und Leben zurückzugeben.

Hans i Pete su naporno radili kako bi mu vratili dah i život.

Sein erster Gedanke galt Buck, der regungslos und schlaff dalag.

Prva mu je pomisao bila na Bucka, koji je ležao nepomično i mlohavo.

Nig heulte über Bucks Körper und Skeet leckte sanft sein Gesicht.

Nig je zavijao nad Buckovim tijelom, a Skeet mu je nježno polizao lice.

Thornton, wund und verletzt, untersuchte Buck mit vorsichtigen Händen.

Thornton, bolan i u modricama, pažljivo je pregledao Bucka.

Er stellte fest, dass der Hund drei Rippen gebrochen hatte, jedoch keine tödlichen Wunden aufwies.

Pronašao je tri slomljena rebra, ali nije bilo smrtonosnih rana kod psa.

„Damit ist die Sache geklärt", sagte Thornton. „Wir zelten hier." Und das taten sie.

„To rješava stvar", rekao je Thornton. „Ovdje kampiramo." I kampirali su.

Sie blieben, bis Bucks Rippen verheilt waren und er wieder laufen konnte.

Ostali su dok Bucku nisu zacijelila rebra i dok ponovno nije mogao hodati.

In diesem Winter vollbrachte Buck eine Leistung, die seinen Ruhm noch weiter steigerte.

Te zime, Buck je izveo podvig koji je dodatno povećao njegovu slavu.

Es war weniger heroisch als Thornton zu retten, aber genauso beeindruckend.

Bilo je manje herojsko od spašavanja Thorntona, ali jednako impresivno.

In Dawson benötigten die Partner Vorräte für eine weite Reise.

U Dawsonu su partnerima bile potrebne zalihe za daleko putovanje.

Sie wollten nach Osten reisen, in unberührte Wildnisgebiete.

Željeli su putovati na Istok, u netaknute divlje krajeve.

Bucks Tat im Eldorado Saloon machte diese Reise möglich.

Buckovo djelo u Eldorado Saloonu omogućilo je to putovanje.

Es begann damit, dass Männer bei einem Drink mit ihren Hunden prahlten.

Počelo je s muškarcima koji su se hvalili svojim psima uz piće.

Bucks Ruhm machte ihn zur Zielscheibe von Herausforderungen und Zweifeln.

Buckova slava učinila ga je metom izazova i sumnji.

Thornton blieb stolz und ruhig und verteidigte Bucks Namen standhaft.

Thornton, ponosan i smiren, čvrsto je branio Buckovo ime.

Ein Mann sagte, sein Hund könne problemlos zweihundertsechsunddreißig kg ziehen.

Jedan je čovjek rekao da njegov pas može s lakoćom vući petsto kilograma.

Ein anderer sagte sechshundert und ein dritter prahlte mit siebenhundert.

Drugi je rekao šest stotina, a treći se hvalio sa sedam stotina.

„Pfft!", sagte John Thornton, „Buck kann einen fünfhundert kg schweren Schlitten ziehen."

„Pfft!" rekao je John Thornton, „Buck može vući saonice od tisuću funti."

Matthewson, ein Bonanza-König, beugte sich vor und forderte ihn heraus.

Matthewson, kralj Bonanze, nagnuo se naprijed i izazvao ga.

„Glauben Sie, er kann so viel Gewicht in Bewegung setzen?"

„Misliš da može pokrenuti toliku težinu?"

„Und Sie glauben, er kann das Gewicht volle hundert Meter weit ziehen?"

"I misliš da može povući tu težinu punih stotinu metara?"

Thornton antwortete kühl: „Ja. Buck ist Hund genug, um das zu tun."

Thornton je hladno odgovorio: „Da. Buck je dovoljno jak da to učini."

„Er wird tausend Pfund in Bewegung setzen und es hundert Meter weit ziehen."

"Pokrenut će tisuću funti i povući ga stotinu metara."

Matthewson lächelte langsam und stellte sicher, dass alle Männer seine Worte hörten.

Matthewson se polako nasmiješio i pobrinuo se da svi muškarci čuju njegove riječi.

„Ich habe tausend Dollar, die sagen, dass er es nicht kann. Da ist es."

„Imam tisuću dolara u kojima piše da ne može. Eto ga."

Er knallte einen Sack Goldstaub von der Größe einer Wurst auf die Theke.

Tresnuo je vrećicom zlatne prašine veličine kobasice o šank.

Niemand sagte ein Wort. Die Stille um sie herum wurde drückend und angespannt.

Nitko nije rekao ni riječi. Tišina je oko njih postajala sve teža i napetija.

Thorntons Bluff – wenn es denn einer war – war ernst genommen worden.

Thorntonov blef - ako ga je uopće bilo - shvaćen je ozbiljno.

Er spürte, wie ihm die Hitze im Gesicht aufstieg und das Blut in seine Wangen schoss.

Osjetio je vrućinu u licu dok mu je krv jurnula u obraze.

In diesem Moment war seine Zunge seiner Vernunft voraus.

U tom trenutku mu je jezik preduhitrio razum.

Er wusste wirklich nicht, ob Buck fünfhundert kg bewegen konnte.

Zaista nije znao može li Buck pomaknuti tisuću funti.

Eine halbe Tonne! Allein die Größe ließ ihm das Herz schwer werden.

Pola tone! Sama veličina mu je stezala srce.

Er hatte Vertrauen in Bucks Stärke und hielt ihn für fähig.

Vjerovao je u Buckovu snagu i smatrao ga je sposobnim.

Doch einer solchen Herausforderung war er noch nie begegnet, nicht auf diese Art und Weise.

Ali nikada se nije suočio s ovakvim izazovom, ne ovakvim.

Ein Dutzend Männer beobachteten ihn still und warteten darauf, was er tun würde.

Dvanaest muškaraca ga je tiho promatralo, čekajući da vide što će učiniti.

Er hatte das Geld nicht – Hans und Pete auch nicht.

Nije imao novca - ni Hans ni Pete.

„Ich habe draußen einen Schlitten", sagte Matthewson kalt und direkt.

„Imam sanjke vani", rekao je Matthewson hladno i izravno.

„Es ist mit zwanzig Säcken zu je fünfzig Pfund beladen, alles Mehl.

„Natovareno je s dvadeset vreća, svaka po pedeset funti, sve brašno."

Lassen Sie sich also jetzt nicht von einem fehlenden Schlitten als Ausrede ausreden", fügte er hinzu.

"Zato nemoj dopustiti da ti nestale sanjke sada budu izgovor", dodao je.

Thornton stand still da. Er wusste nicht, was er sagen sollte.

Thornton je šutio. Nije znao koje riječi da ponudi.

Er blickte sich die Gesichter an, ohne sie deutlich zu erkennen.

Promatrao je lica oko sebe, ali ih nije jasno vidio.

Er sah aus wie ein Mann, der in Gedanken erstarrt war und versuchte, neu zu starten.

Izgledao je kao čovjek zamrznut u mislima, pokušavajući ponovno pokrenuti stvari.

Dann sah er Jim O'Brien, einen Freund aus der Mastodon-Zeit.

Tada je ugledao Jima O'Briena, prijatelja iz dana Mastodonta.

Dieses vertraute Gesicht gab ihm Mut, von dem er nicht wusste, dass er ihn hatte.

To poznato lice dalo mu je hrabrost za koju nije znao da je ima.

Er drehte sich um und fragte mit leiser Stimme: „Können Sie mir tausend leihen?"

Okrenuo se i tiho upitao: „Možete li mi posuditi tisuću?"

„Sicher", sagte O'Brien und ließ bereits einen schweren Sack neben dem Gold fallen.

„Naravno", rekao je O'Brien, već ispuštajući tešku vreću pokraj zlata.

„Aber ehrlich gesagt, John, ich glaube nicht, dass das Biest das tun kann."

„Ali iskreno, John, ne vjerujem da zvijer može to učiniti."

Alle im Eldorado Saloon strömten nach draußen, um sich die Veranstaltung anzusehen.

Svi u Eldorado Saloonu pojurili su van kako bi vidjeli događaj.

Sie ließen Tische und Getränke zurück und sogar die Spiele wurden unterbrochen.

Napustili su stolove i pića, a čak su i igre bile pauzirane.

Dealer und Spieler kamen, um das Ende der kühnen Wette mitzuerleben.

Dileri i kockari došli su svjedočiti kraju smjele oklade.

Hunderte versammelten sich auf der vereisten Straße um den Schlitten.

Stotine ljudi okupilo se oko saonica na zaleđenoj otvorenoj ulici.

Matthewsons Schlitten stand mit einer vollen Ladung Mehlsäcke da.

Matthewsonove saonice stajale su pune vreća brašna.

Der Schlitten stand stundenlang bei Minustemperaturen.

Sanke su satima stajale na minus temperaturama.

Die Kufen des Schlittens waren fest am festgetretenen Schnee festgefroren.

Klizači saonica bili su čvrsto smrznuti na utabanom snijegu.

Die Männer wetteten zwei zu eins, dass Buck den Schlitten nicht bewegen könne.

Muškarci su ponudili kvotu dva prema jedan da Buck neće moći pomaknuti saonice.

Es kam zu einem Streit darüber, was „ausbrechen" eigentlich bedeutet.

Izbila je rasprava o tome što "izbiti" zapravo znači.

O'Brien sagte, Thornton solle die festgefrorene Basis des Schlittens lösen.

O'Brien je rekao da Thornton treba olabaviti smrznutu podlogu saonica.

Buck könnte dann aus einem soliden, bewegungslosen Start „ausbrechen".

Buck je tada mogao "izbiti" iz čvrstog, nepomičnog početka.

Matthewson argumentierte, dass der Hund auch die Läufer befreien müsse.

Matthewson je tvrdio da pas mora osloboditi i trkače.

Die Männer, die von der Wette gehört hatten, stimmten Matthewsons Ansicht zu.

Muškarci koji su čuli okladu složili su se s Matthewsonovim mišljenjem.

Mit dieser Entscheidung stiegen die Chancen auf drei zu eins gegen Buck.

S tom presudom, izgledi su skočili na tri prema jedan protiv Bucka.

Niemand trat vor, um die wachsende Drei-zu-eins-Chance auf sich zu nehmen.

Nitko nije istupio kako bi iskoristio rastuće izglede tri prema jedan.

Kein einziger Mann glaubte, dass Buck diese große Leistung vollbringen könnte.

Niti jedan čovjek nije vjerovao da Buck može izvesti taj veliki podvig.

Thornton war zu der Wette gedrängt worden, obwohl er voller Zweifel war.

Thorntona su na brzinu uvukli u okladu, opterećenog sumnjama.

Nun blickte er auf den Schlitten und das zehnköpfige Hundegespann daneben.

Sada je pogledao saonice i zapregu od deset pasa pokraj njih.

Als ich die Realität der Aufgabe sah, erschien sie noch unmöglicher.

Vidjeti stvarnost zadatka učinilo ga je još nemogućim.

Matthewson war in diesem Moment voller Stolz und Selbstvertrauen.

Matthewson je u tom trenutku bio pun ponosa i samopouzdanja.

„Drei zu eins!", rief er. „Ich wette noch tausend, Thornton!"

„Tri prema jedan!" viknuo je. „Kladim se na još tisuću, Thorntone!"

Was sagst du dazu?", fügte er laut genug hinzu, dass es alle hören konnten.

„Što kažeš?" dodao je dovoljno glasno da ga svi čuju.

Thorntons Gesicht zeigte seine Zweifel, aber sein Geist war aufgeblüht.

Thorntonovo lice odavalo je sumnje, ali mu se duh uzdigao.

Dieser Kampfgeist ignorierte alle Widrigkeiten und fürchtete sich überhaupt nicht.

Taj borbeni duh ignorirao je izglede i nije se ničega bojao.

Er forderte Hans und Pete auf, ihr gesamtes Bargeld auf den Tisch zu bringen.

Nazvao je Hansa i Petea da donesu sav svoj novac na stol.

Ihnen blieb nicht mehr viel übrig – insgesamt nur
zweihundert Dollar.

Malo im je ostalo - samo dvjesto dolara zajedno.

Diese kleine Summe war ihr gesamtes Vermögen in
schweren Zeiten.

Taj mali iznos bio je njihovo ukupno bogatstvo tijekom teških
vremena.

Dennoch setzten sie ihr gesamtes Vermögen auf
Matthewsons Wette.

Ipak, uložili su svo bogatstvo protiv Matthewsonove oklade.

Das zehnköpfige Hundegespann wurde abgekoppelt und
vom Schlitten wegbewegt.

Zaprega od deset pasa bila je otkačena i udaljila se od saonica.

Buck wurde in die Zügel genommen und trug sein
vertrautes Geschirr.

Buck je stavljen na uzde, noseći svoju poznatu ormu.

Er hatte die Energie der Menge aufgefangen und die
Spannung gespürt.

Osjetio je energiju gomile i napetost.

Irgendwie wusste er, dass er etwas für John Thornton tun
musste.

Nekako je znao da mora nešto učiniti za Johna Thorntona.

Die Leute murmelten voller Bewunderung über die stolze
Gestalt des Hundes.

Ljudi su s divljenjem mrmljali na ponosnu pseću figuru.

Er war schlank und stark und hatte kein einziges Gramm
Fleisch zu viel.

Bio je mršav i snažan, bez ijednog dodatnog gramića mesa.

Sein Gesamtgewicht von hundertfünfzig Pfund bestand nur
aus Kraft und Ausdauer.

Njegova puna težina od sto pedeset funti sastojala se od snage
i izdržljivosti.

Bucks Fell glänzte wie Seide und strotzte vor Gesundheit
und Kraft.

Buckov kaput blistao je poput svile, gust od zdravlja i snage.

Das Fell an seinem Hals und seinen Schultern schien sich
aufzurichten und zu sträuben.

Krzno uz njegov vrat i ramena kao da se podiglo i nakostriješilo.

Seine Mähne bewegte sich leicht, jedes Haar war voller Energie.

Griva mu se lagano pomicala, svaka vlas živjela je od njegove velike energije.

Seine breite Brust und seine starken Beine passten zu seinem schweren, robusten Körperbau.

Njegova široka prsa i snažne noge odgovarale su njegovoj teškoj, žilavoj građi.

Unter seinem Mantel spannten sich Muskeln, straff und fest wie geschmiedetes Eisen.

Mišići su mu se mreškali pod kaputom, napeti i čvrsti poput okovanog željeza.

Männer berührten ihn und schworen, er sei gebaut wie eine Stahlmaschine.

Muškarci su ga dodirivali i kleli se da je građen poput čeličnog stroja.

Die Quoten sanken leicht auf zwei zu eins gegen den großen Hund.

Izgledi su se neznatno smanjili na dva prema jedan protiv velikog psa.

Ein Mann von den Skookum Benches drängte sich stotternd nach vorne.

Čovjek sa Skookumovih klupa progurao se naprijed, mucajući.

„Gut, Sir! Ich biete achthundert für ihn – vor der Prüfung, Sir!"

„Dobro, gospodine! Nudim osamsto za njega - prije ispita, gospodine!"

„Achthundert, so wie er jetzt dasteht!", beharrte der Mann.

„Osamsto, koliko sada stoji!" inzistirao je čovjek.

Thornton trat vor, lächelte und schüttelte ruhig den Kopf.

Thornton je istupio naprijed, nasmiješio se i mirno odmahnuo glavom.

Matthewson schritt schnell mit warnender Stimme und einem Stirnrunzeln ein.

Matthewson se brzo umiješao upozoravajućim glasom i namrštio se.

„Sie müssen Abstand von ihm halten", sagte er. „Geben Sie ihm Raum."

„Moraš se odmaknuti od njega", rekao je. „Daj mu prostora."

Die Menge verstummte; nur die Spieler boten noch zwei zu eins.

Gomila je utihnula; samo su kockari još uvijek nudili dva prema jedan.

Alle bewunderten Bucks Körperbau, aber die Last schien zu groß.

Svi su se divili Buckovoj građi, ali teret je izgledao prevelik.

Zwanzig Säcke Mehl – jeder fünfzig Pfund schwer – schienen viel zu viel.

Dvadeset vreća brašna - svaka teška pedeset funti - činilo se previše.

Niemand war bereit, seinen Geldbeutel zu öffnen und sein Geld zu riskieren.

Nitko nije bio spreman otvoriti vrećicu i riskirati svoj novac.

Thornton kniete neben Buck und nahm seinen Kopf in beide Hände.

Thornton je kleknuo pokraj Bucka i uhvatio mu glavu objema rukama.

Er drückte seine Wange an Bucks und sprach in sein Ohr.

Prislonio je obraz uz Buckov i progovorio mu na uho.

Es gab jetzt kein spielerisches Schütteln oder geflüsterte liebevolle Beleidigungen.

Više nije bilo razigranog tresenja niti šaputanja ljubavnih uvreda.

Er murmelte nur leise: „So sehr du mich liebst, Buck."

Samo je tiho promrmljao: „Koliko god me voliš, Buck."

Buck stieß ein leises Winseln aus, seine Begierde konnte er kaum zurückhalten.

Buck je ispustio tihi jauk, jedva obuzdavajući nestrpljenje.

Die Zuschauer beobachteten neugierig, wie Spannung in der Luft lag.

Promatrači su sa znatiželjom promatrali kako napetost ispunjava zrak.

Der Moment fühlte sich fast unwirklich an, wie etwas jenseits der Vernunft.

Trenutak se činio gotovo nestvarnim, kao nešto izvan razuma.

Als Thornton aufstand, nahm Buck sanft seine Hand zwischen die Kiefer.

Kad je Thornton ustao, Buck mu je nježno uhvatio ruku za čeljust.

Er drückte mit den Zähnen nach unten und ließ dann langsam und sanft los.

Pritisnuo je zubima, a zatim polako i nježno pustio.

Es war eine stille Antwort der Liebe, nicht ausgesprochen, aber verstanden.

Bio je to tihi odgovor ljubavi, ne izgovoren, već shvaćen.

Thornton trat weit von dem Hund zurück und gab das Signal.

Thornton se odmaknuo daleko od psa i dao znak.

„Jetzt, Buck", sagte er und Buck antwortete mit konzentrierter Ruhe.

„Dakle, Buck", rekao je, a Buck je odgovorio usredotočenim mirom.

Buck spannte die Leinen und lockerte sie dann um einige Zentimeter.

Buck je zategnuo tračnice, a zatim ih olabavio za nekoliko centimetara.

Dies war die Methode, die er gelernt hatte; seine Art, den Schlitten zu zerbrechen.

To je bila metoda koju je naučio; njegov način da razbije saonice.

„Mensch!", rief Thornton mit scharfer Stimme in der schweren Stille.

„Bože!" viknuo je Thornton oštrim glasom u teškoj tišini.

Buck drehte sich nach rechts und stürzte sich mit seinem gesamten Gewicht nach vorn.

Buck se okrenuo udesno i skočio svom svojom težinom.

Das Spiel verschwand und Bucks gesamte Masse traf die straffen Leinen.

Opuštenost je nestala, a Buckova puna masa udarila je u uske tračnice.

Der Schlitten zitterte und die Kufen machten ein knackendes, knisterndes Geräusch.

Sanke su se tresle, a klizači su ispuštali oštar pucketavi zvuk.

„Haw!", befahl Thornton und änderte erneut Bucks Richtung.

„Haw!" zapovjedi Thornton, ponovno mijenjajući Buckov smjer.

Buck wiederholte die Bewegung und zog diesmal scharf nach links.

Buck je ponovio pokret, ovaj put oštro povukavši ulijevo.

Das Knacken des Schlittens wurde lauter, die Kufen knackten und verschoben sich.

Sanke su pucketale glasnije, klizači su pucketali i pomicali se.

Die schwere Last rutschte leicht seitwärts über den gefrorenen Schnee.

Teški teret klizio je lagano postrance preko smrznutog snijega.

Der Schlitten hatte sich aus der Umklammerung des eisigen Pfades gelöst!

Sanke su se oslobodile stiska zaleđene staze!

Die Männer hielten den Atem an, ohne zu merken, dass sie nicht einmal atmeten.

Muškarci su zadržavali dah, nesvjesni da čak ni ne dišu.

„Jetzt ZIEHEN!", rief Thornton durch die eisige Stille.

„Sada, POVUCI!" viknuo je Thornton kroz ledenu tišinu.

Thorntons Befehl klang scharf wie ein Peitschenknall.

Thorntonova naredba odjeknula je oštro, poput udarca bičem.

Buck stürzte sich mit einem heftigen und heftigen Ausfallschritt nach vorne.

Buck se bacio naprijed žestokim i udarnim iskorakom.

Sein ganzer Körper war aufgrund der enormen Belastung angespannt und verkrampft.

Cijelo mu se tijelo napelo i zgrčilo od ogromnog napora.

Unter seinem Fell spannten sich Muskeln wie lebendig werdende Schlangen.

Mišići su mu se mreškali pod krznom poput zmija koje oživljavaju.

Seine breite Brust war tief, der Kopf nach vorne zum Schlitten gestreckt.

Njegova velika prsa bila su niska, glava ispružena prema saonicama.

Seine Pfoten bewegten sich blitzschnell und seine Krallen zerschnitten den gefrorenen Boden.

Šape su mu se kretale poput munje, kandže su sijekle smrznuto tlo.

Er kämpfte um jeden Zentimeter Bodenhaftung und hinterließ tiefe Rillen.

Utori su bili duboki dok se borio za svaki centimetar prianjanja.

Der Schlitten schaukelte, zitterte und begann eine langsame, unruhige Bewegung.

Sanke su se zaljuljale, zadrhtale i započele sporo, nemirno kretanje.

Ein Fuß rutschte aus und ein Mann in der Menge stöhnte laut auf.

Jedna noga je poskliznula, a čovjek u gomili je glasno zastenjao.

Dann machte der Schlitten mit einer ruckartigen, heftigen Bewegung einen Satz nach vorne.

Zatim su saonice krenule naprijed trzavim, grubim pokretom.

Es hörte nicht wieder auf – noch einen halben Zoll ... einen Zoll ... zwei Zoll mehr.

Nije se opet zaustavilo - pola centimetra... centimetar... dva centimetra više.

Die Stöße wurden kleiner, als der Schlitten an Geschwindigkeit zunahm.

Trzaji su postajali sve manji kako su saonice počele ubrzavati.

Bald zog Buck mit sanfter, gleichmäßiger Rollkraft.

Ubrzo je Buck vukao glatkom, ravnomjernom, kotrljajućom snagom.

Die Männer schnappten nach Luft und erinnerten sich schließlich wieder daran zu atmen.

Muškarci su uzdahnuli i konačno se sjetili ponovno disati.

Sie hatten nicht bemerkt, dass ihnen vor Ehrfurcht der Atem stockte.

Nisu primijetili da im je od strahopoštovanja zastao dah.

Thornton rannte hinterher und rief kurze, fröhliche Befehle.

Thornton je trčao iza, vičući kratke, vesele naredbe.

Vor uns lag ein Stapel Brennholz, der die Entfernung markierte.

Ispred je bila hrpa drva za ogrjev koja je označavala udaljenost.

Als Buck sich dem Haufen näherte, wurde der Jubel immer lauter.

Kako se Buck približavao hrpi, navijanje je postajalo sve glasnije i glasnije.

Der Jubel schwoll zu einem Brüllen an, als Buck den Endpunkt passierte.

Navijanje se pretvorilo u urlik dok je Buck prolazio krajnju točku.

Männer sprangen auf und schrien, sogar Matthewson grinste.

Muškarci su skakali i vikali, čak se i Matthewson nasmiješio.

Hüte flogen durch die Luft, Fäustlinge wurden gedankenlos und ziellos herumgeworfen.

Šeširi su letjeli u zrak, rukavice su bacane bez razmišljanja i cilja.

Männer packten einander und schüttelten sich die Hände, ohne zu wissen, wer es war.

Muškarci su se uhvatili i rukovali ne znajući s kim.

Die ganze Menge war in wilder, freudiger Stimmung.

Cijela je gomila brujala u divljem, radosnom slavlju.

Thornton fiel mit zitternden Händen neben Buck auf die Knie.

Thornton je drhtavim rukama pao na koljena pokraj Bucka.

Er drückte seinen Kopf an Bucks und schüttelte ihn sanft hin und her.

Pritisnuo je glavu uz Buckovu i nježno ga protresao naprijed-natrag.

Diejenigen, die näher kamen, hörten, wie er den Hund mit stiller Liebe verfluchte.

Oni koji su se približavali čuli su ga kako s tihom ljubavlju proklinje psa.

Er beschimpfte Buck lange – leise, herzlich und emotional.

Dugo je psovao Bucka - tiho, toplo, s emocijama.

„Gut, Sir! Gut, Sir!", rief der König der Skookum-Bank hastig.

„Dobro, gospodine! Dobro, gospodine!" povikao je kralj Skookumske klupe u žurbi.

„Ich gebe Ihnen tausend – nein, zwölfhundert – für diesen Hund, Sir!"

„Dat ću vam tisuću — ne, tisuću i dvijesto — za tog psa, gospodine!"

Thornton stand langsam auf, seine Augen glänzten vor Emotionen.

Thornton se polako ustao, a oči su mu sjale od emocija.

Tränen strömten ihm ohne jede Scham über die Wangen.

Suze su mu otvoreno tekle niz obraze bez ikakvog srama.

„Sir", sagte er zum König der Skookum-Bank, ruhig und bestimmt

„Gospodine", rekao je kralju klupe Skookum, mirno i čvrsto

„Nein, Sir. Sie können zur Hölle fahren, Sir. Das ist meine endgültige Antwort."

„Ne, gospodine. Možete ići dovraga, gospodine. To je moj konačni odgovor."

Buck packte Thorntons Hand sanft mit seinen starken Kiefern.

Buck je nježno uhvatio Thorntonovu ruku svojim snažnim čeljustima.

Thornton schüttelte ihn spielerisch, ihre Bindung war so tief wie eh und je.

Thornton ga je razigrano protresao, njihova veza duboka kao i uvijek.

Die Menge, bewegt von diesem Moment, trat schweigend zurück.

Gomila, dirnuta trenutkom, povukla se u tišini.

Von da an wagte es niemand mehr, diese heilige Zuneigung zu unterbrechen.

Od tada se nitko nije usudio prekinuti takvu svetu naklonost.

Der Klang des Rufs
Zvuk poziva

Buck hatte in fünf Minuten Sechzehnhundert Dollar verdient.
Buck je zaradio tisuću i šest stotina dolara u pet minuta.
Mit dem Geld konnte John Thornton einen Teil seiner Schulden begleichen.
Novac je omogućio Johnu Thorntonu da otplati dio svojih dugova.
Mit dem restlichen Geld machte er sich mit seinen Partnern auf den Weg nach Osten.
S ostatkom novca krenuo je na Istok sa svojim partnerima.
Sie suchten nach einer sagenumwobenen verlorenen Mine, die so alt ist wie das Land selbst.
Tražili su legendarni izgubljeni rudnik, star kao i sama zemlja.
Viele Männer hatten nach der Mine gesucht, aber nur wenige hatten sie je gefunden.
Mnogi su ljudi tražili rudnik, ali malo ih je ikada pronašlo.
Während der gefährlichen Suche waren nicht wenige Männer verschwunden.
Više od nekoliko muškaraca je nestalo tijekom opasne potrage.
Diese verlorene Mine war sowohl in Geheimnisse als auch in eine alte Tragödie gehüllt.
Ovaj izgubljeni rudnik bio je obavijen i misterijom i starom tragedijom.
Niemand wusste, wer der erste Mann war, der die Mine entdeckt hatte.
Nitko nije znao tko je bio prvi čovjek koji je pronašao rudnik.
In den ältesten Geschichten wird niemand namentlich erwähnt.
Najstarije priče ne spominju nikoga po imenu.
Dort hatte immer eine alte, baufällige Hütte gestanden.
Ondje je oduvijek bila jedna stara, trošna koliba.
Sterbende Männer hatten geschworen, dass sich neben dieser alten Hütte eine Mine befand.

Umirući ljudi su se kleli da se pored te stare kolibe nalazi rudnik.

Sie bewiesen ihre Geschichten mit Gold, wie es nirgendwo sonst zu finden ist.

Svoje su priče dokazali zlatom kakvo se nigdje drugdje ne može naći.

Keine lebende Seele hatte den Schatz von diesem Ort jemals geplündert.

Nitko živ nikada nije opljačkao blago s tog mjesta.

Die Toten waren tot, und Tote erzählen keine Geschichten.

Mrtvi su bili mrtvi, a mrtvi ljudi ne pričaju priče.

Also machten sich Thornton und seine Freunde auf den Weg in den Osten.

Tako su se Thornton i njegovi prijatelji uputili na Istok.

Pete und Hans kamen mit Buck und sechs starken Hunden.

Pete i Hans su se pridružili, dovodeći Bucka i šest snažnih pasa.

Sie begaben sich auf einen unbekannten Weg, an dem andere gescheitert waren.

Krenuli su nepoznatim putem gdje su drugi podbacili.

Sie rodelten siebzig Meilen den zugefrorenen Yukon River hinauf.

Sankali su se sedamdeset milja uz zaleđenu rijeku Yukon.

Sie bogen links ab und folgten dem Pfad bis zum Stewart.

Skrenuli su lijevo i slijedili stazu u Stewart.

Sie passierten Mayo und McQuestion und drängten weiter.

Prošli su pokraj Mayoa i McQuestiona, nastavljajući dalje.

Der Stewart schrumpfte zu einem Strom, der sich durch zerklüftete Gipfel schlängelte.

Stewart se smanjio u potok, provlačeći se preko nazubljenih vrhova.

Diese scharfen Gipfel markierten das Rückgrat des Kontinents.

Ovi oštri vrhovi označavali su samu kralježnicu kontinenta.

John Thornton verlangte wenig von den Menschen oder der Wildnis.

John Thornton je malo tražio od ljudi ili divljine.

Er fürchtete nichts in der Natur und begegnete der Wildnis mit Leichtigkeit.

Nije se bojao ničega u prirodi i s lakoćom se suočavao s divljinom.

Nur mit Salz und einem Gewehr konnte er reisen, wohin er wollte.

Samo sa soli i puškom mogao je putovati kamo god je želio.

Wie die Eingeborenen jagte er auf seiner Reise nach Nahrung.

Poput domorodaca, lovio je hranu dok je putovao.

Wenn er nichts fing, machte er weiter und vertraute auf sein Glück.

Ako ništa ne bi ulovio, nastavio bi dalje, uzdajući se u sreću.

Auf dieser langen Reise war Fleisch die Hauptnahrungsquelle.

Na ovom dugom putovanju, meso je bila glavna hrana koju su jeli.

Der Schlitten enthielt Werkzeuge und Munition, jedoch keinen strengen Zeitplan.

Sanke su sadržavale alat i streljivo, ali nije bilo strogog rasporeda.

Buck liebte dieses Herumwandern, die endlose Jagd und das Fischen.

Buck je volio ovo lutanje; beskrajni lov i ribolov.

Wochenlang waren sie Tag für Tag unterwegs.

Tjednima su putovali dan za danom.

Manchmal schlugen sie Lager auf und blieben wochenlang dort.

Drugi put su pravili logore i ostajali nepomično tjednima.

Die Hunde ruhten sich aus, während die Männer im gefrorenen Dreck gruben.

Psi su se odmarali dok su muškarci kopali po smrznutoj zemlji.

Sie erwärmten Pfannen über dem Feuer und suchten nach verborgenem Gold.

Grijali su tave na vatri i tražili skriveno zlato.

An manchen Tagen hungerten sie, an anderen feierten sie Feste.

Nekih su dana gladovali, a nekih su dana imali gozbe.

Ihre Mahlzeiten hingen vom Wild und vom Jagdglück ab.

Njihovi obroci ovisili su o divljači i sreći u lovu.

Als der Sommer kam, trugen Männer und Hunde schwere Lasten auf ihren Rücken.

Kad je došlo ljeto, muškarci i psi su natovarili terete na leđa.

Sie fuhren mit dem Floß über blaue Seen, die in Bergwäldern versteckt waren.

Splavarili su preko plavih jezera skrivenih u planinskim šumama.

Sie segelten in schmalen Booten auf Flüssen, die noch nie von Menschen kartiert worden waren.

Plovili su uskim čamcima rijekama koje nitko nikada nije mapirao.

Diese Boote wurden aus Bäumen gebaut, die sie in der Wildnis gesägt haben.

Ti su brodovi bili izgrađeni od drveća koje su pilili u divljini.

Die Monate vergingen und sie schlängelten sich durch die wilden, unbekannten Länder.

Mjeseci su prolazili, a oni su se vijugali kroz divlje nepoznate krajeve.

Es waren keine Männer dort, doch alte Spuren deuteten darauf hin, dass Männer dort gewesen waren.

Nije bilo muškaraca tamo, ali stari tragovi su nagovještavali da su muškarci bili tamo.

Wenn die verlorene Hütte echt war, dann waren einst andere hier entlang gekommen.

Ako je Izgubljena koliba bila stvarna, onda su i drugi nekoć prolazili ovuda.

Sie überquerten hohe Pässe bei Schneestürmen, sogar im Sommer.

Prelazili su visoke prijevoje u mećavama, čak i ljeti.

Sie zitterten unter der Mitternachtssonne auf kahlen Berghängen.

Drhtali su pod ponoćnim suncem na golim planinskim obroncima.

Zwischen der Baumgrenze und den Schneefeldern stiegen sie langsam auf.

Između ruba drveća i snježnih polja, polako su se penjali.

In warmen Tälern schlugen sie nach Schwärmen aus Mücken und Fliegen.

U toplim dolinama, udarali su po oblacima komaraca i muha.

Sie pflückten süße Beeren in der Nähe von Gletschern in voller Sommerblüte.

Brali su slatke bobice blizu ledenjaka u punom ljetnom cvatu.

Die Blumen, die sie fanden, waren genauso schön wie die im Süden.

Cvijeće koje su pronašli bilo je jednako lijepo kao ono u Južnoj zemlji.

Im Herbst erreichten sie eine einsame Region voller stiller Seen.

Te jeseni stigli su u usamljenu regiju ispunjenu tihim jezerima.

Das Land war traurig und leer, einst voller Vögel und Tiere.

Zemlja je bila tužna i pusta, nekada življela pticama i zvjerima.

Jetzt gab es kein Leben mehr, nur noch den Wind und das Eis, das sich in Pfützen bildete.

Sada nije bilo života, samo vjetar i led koji se stvarao u lokvama.

Mit einem sanften, traurigen Geräusch schlugen die Wellen gegen die leeren Ufer.

Valovi su udarali o prazne obale tihim, tužnim zvukom.

Ein weiterer Winter kam und sie folgten erneut schwachen, alten Spuren.

Došla je još jedna zima i opet su slijedili slabe, stare tragove.

Dies waren die Spuren von Männern, die schon lange vor ihnen gesucht hatten.

To su bili tragovi ljudi koji su tražili davno prije njih.

Einmal fanden sie einen Pfad, der tief in den dunklen Wald hineinreichte.

Jednom su pronašli stazu usječenu duboko u mračnu šumu.

Es war ein alter Pfad und sie hatten das Gefühl, dass die verlorene Hütte ganz in der Nähe war.

Bila je to stara staza, i osjećali su da je izgubljena koliba blizu.

Doch die Spur führte nirgendwo hin und verlor sich im dichten Wald.

Ali staza nije vodila nikamo i gubila se u gustoj šumi.

Wer auch immer die Spur angelegt hat und warum, das wusste niemand.

Tko god je napravio stazu i zašto ju je napravio, nitko nije znao.

Später fanden sie das Wrack einer Hütte, versteckt zwischen den Bäumen.

Kasnije su pronašli ruševine kolibe skrivene među drvećem.

Verrottende Decken lagen verstreut dort, wo einst jemand geschlafen hatte.

Trule deke ležale su razbacane tamo gdje je netko nekoć spavao.

John Thornton fand darin ein Steinschlossgewehr mit langem Lauf.

John Thornton je unutra pronašao zakopanu kremenu pušku s dugom cijevi.

Er wusste, dass es sich um eine Waffe von Hudson Bay aus den frühen Handelstagen handelte.

Znao je da je ovo top iz Hudsonovog zaljeva još iz ranih trgovačkih dana.

Damals wurden solche Gewehre gegen Stapel von Biberfellen eingetauscht.

U to vrijeme takve su se puške mijenjale za hrpe dabrovih koža.

Das war alles – von dem Mann, der die Hütte gebaut hatte, gab es keine Spur mehr.

To je bilo sve - nije ostao nikakav trag o čovjeku koji je sagradio kolibu.

Der Frühling kam wieder und sie fanden keine Spur von der verlorenen Hütte.

Proljeće je ponovno došlo, a nisu pronašli ni traga Izgubljenoj kolibi.

Stattdessen fanden sie ein breites Tal mit einem seichten Bach.

Umjesto toga pronašli su široku dolinu s plitkim potokom.

Gold lag wie glatte, gelbe Butter auf dem Pfannenboden.

Zlato je ležalo na dnu tave poput glatkog, žutog maslaca.

Sie hielten dort an und suchten nicht weiter nach der Hütte.

Zaustavili su se tamo i nisu dalje tražili kolibu.

Jeden Tag arbeiteten sie und fanden Tausende in Goldstaub.

Svaki dan su radili i pronalazili tisuće u zlatnoj prašini.

Sie packten das Gold in Säcke aus Elchhaut, jeder Fünfzig Pfund schwer.

Zlato su pakirali u vreće od losove kože, svaku po pedeset funti.

Die Säcke waren wie Brennholz vor ihrer kleinen Hütte gestapelt.

Vreće su bile naslagane poput drva za ogrjev ispred njihove male kolibe.

Sie arbeiteten wie Giganten und die Tage vergingen wie im Flug.

Radili su kao divovi, a dani su prolazili poput brzih snova.

Sie häuften Schätze an, während die endlosen Tage schnell vorbeizogen.

Gomilali su blago dok su beskrajni dani brzo prolazili.

Außer ab und zu Fleisch zu schleppen, gab es für die Hunde nicht viel zu tun.

Psi nisu imali puno posla osim što su s vremena na vrijeme nosili meso.

Thornton jagte und tötete das Wild, und Buck lag am Feuer.

Thornton je lovio i ubijao divljač, a Buck je ležao kraj vatre.

Er verbrachte viele Stunden schweigend, versunken in Gedanken und Erinnerungen.

Provodio je duge sate u tišini, izgubljen u mislima i sjećanjima.

Das Bild des haarigen Mannes kam Buck immer häufiger in den Sinn.

Slika dlakavog čovjeka sve se češće pojavljivala u Buckovim mislima.

Jetzt, wo es kaum noch Arbeit gab, träumte Buck, während er ins Feuer blinzelte.

Sad kad je posla bilo malo, Buck je sanjario trepćući prema vatri.

In diesen Träumen wanderte Buck mit dem Mann in eine andere Welt.

U tim snovima, Buck je lutao s čovjekom u drugom svijetu.

Angst schien das stärkste Gefühl in dieser fernen Welt zu sein.

Strah se činio najjačim osjećajem u tom dalekom svijetu.

Buck sah, wie der haarige Mann mit gesenktem Kopf schlief.

Buck je vidio dlakavog čovjeka kako spava nisko pognute glave.

Seine Hände waren gefaltet und sein Schlaf war unruhig und unterbrochen.

Ruke su mu bile stisnute, a san nemiran i isprekidan.

Er wachte immer ruckartig auf und starrte ängstlich in die Dunkelheit.

Znao se naglo probuditi i prestrašeno zurit u tamu.

Dann warf er mehr Holz ins Feuer, um die Flamme hell zu halten.

Zatim bi bacao još drva na vatru kako bi plamen održao jakim.

Manchmal spazierten sie an einem Strand entlang, der an einem grauen, endlosen Meer entlangführte.

Ponekad su šetali plažom uz sivo, beskrajno more.

Der haarige Mann sammelte Schalentiere und aß sie im Gehen.

Dlakavi čovjek je brao školjke i jeo ih dok je hodao.

Seine Augen suchten immer nach verborgenen Gefahren in den Schatten.

Njegove su oči uvijek tražile skrivene opasnosti u sjenama.

Seine Beine waren immer bereit, beim ersten Anzeichen einer Bedrohung loszusprinten.

Njegove su noge uvijek bile spremne za sprint na prvi znak prijetnje.

Sie schlichen still und vorsichtig Seite an Seite durch den Wald.

Šuljali su se kroz šumu, tihi i oprezni, jedan pored drugog.

Buck folgte ihm auf den Fersen und beide blieben wachsam.

Buck ga je slijedio za petama, a obojica su ostali na oprezu.

Ihre Ohren zuckten und bewegten sich, ihre Nasen schnüffelten in der Luft.

Uši su im trzale i pomicale se, nosovi su im njuškali zrak.

Der Mann konnte den Wald genauso gut hören und riechen wie Buck.

Čovjek je mogao čuti i namirisati šumu jednako oštro kao i Buck.

Der haarige Mann schwang sich mit plötzlicher Geschwindigkeit durch die Bäume.

Dlakavi čovjek se iznenadnom brzinom zaljuljao kroz drveće.

Er sprang von Ast zu Ast, ohne jemals den Halt zu verlieren.

Skakao je s grane na granu, nikada ne promašujući hvat.

Er bewegte sich über dem Boden genauso schnell wie auf ihm.

Kretao se jednako brzo iznad zemlje kao i po njoj.

Buck erinnerte sich an lange Nächte, in denen er unter den Bäumen Wache hielt.

Buck se sjećao dugih noći pod drvećem, dok je stražario.

Der Mann schlief auf seiner Stange in den Zweigen und klammerte sich fest.

Čovjek je spavao sklupčan u granama, čvrsto se držeći.

Diese Vision des haarigen Mannes war eng mit dem tiefen Ruf verbunden.

Ova vizija dlakavog čovjeka bila je usko povezana s dubokim zovom.

Der Ruf klang noch immer mit eindringlicher Kraft durch den Wald.

Poziv je i dalje odjekivao šumom proganjajućom snagom.

Der Anruf erfüllte Buck mit Sehnsucht und einem rastlosen Gefühl der Freude.

Poziv je ispunio Bucka čežnjom i nemirnim osjećajem radosti.

Er spürte seltsame Triebe und Regungen, die er nicht benennen konnte.

Osjećao je čudne porive i nagone koje nije mogao imenovati.

Manchmal folgte er dem Ruf tief in die Stille des Waldes.

Ponekad je slijedio poziv duboko u tihu šumu.

Er suchte nach dem Ruf und bellte dabei leise oder scharf.

Tražio je zov, lajući tiho ili oštro dok je išao.

Er roch am Moos und der schwarzen Erde, wo die Gräser wuchsen.

Ponjušio je mahovinu i crno tlo gdje su rasle trave.

Er schnaubte entzückt über den reichen Geruch der tiefen Erde.

Frknuo je od užitka na bogate mirise duboke zemlje.

Er hockte stundenlang hinter pilzbefallenen Baumstämmen.

Satima se skrivao iza debala prekrivenih gljivicama.

Er blieb still und lauschte mit großen Augen jedem noch so kleinen Geräusch.

Ostao je miran, širom otvorenih očiju osluškujući svaki, i najmanji zvuk.

Vielleicht hoffte er, das Wesen, das den Ruf auslöste, zu überraschen.

Možda se nadao da će iznenaditi ono što je pozvalo.

Er wusste nicht, warum er so handelte – er tat es einfach.

Nije znao zašto se tako ponašao - jednostavno jest.

Die Triebe kamen aus der Tiefe, jenseits von Denken und Vernunft.

Porivi su dolazili iz dubine, izvan misli ili razuma.

Unwiderstehliche Triebe überkamen Buck ohne Vorwarnung oder Grund.

Neodoljivi porivi obuzeli su Bucka bez upozorenja ili razloga.

Manchmal döste er träge im Lager in der Mittagshitze.

Ponekad je lijeno drijemao u logoru pod podnevnom vrućinom.

Plötzlich hob er den Kopf und stellte aufmerksam die Ohren auf.

Odjednom je podigao glavu, a uši su mu se naćulile.

Dann sprang er auf und stürmte ohne Pause in die Wildnis.
Zatim je skočio i bez zadržavanja jurnuo u divljinu.
Er rannte stundenlang durch Waldwege und offene Flächen.
Satima je trčao šumskim stazama i otvorenim prostorima.
Er liebte es, trockenen Bachläufen zu folgen und Vögel in den Bäumen zu beobachten.
Volio je pratiti suha korita potoka i promatrati ptice u drveću.
Er könnte den ganzen Tag versteckt liegen und den Rebhühnern beim Herumstolzieren zusehen.
Mogao je cijeli dan ležati skriven, promatrajući jarebice kako se šepure uokolo.
Sie trommelten und marschierten, ohne Bucks Anwesenheit zu bemerken.
Bubnjali su i marširali, nesvjesni Buckove još uvijek prisutnosti.
Doch am meisten liebte er das Laufen in der Sommerdämmerung.
Ali ono što je najviše volio bilo je trčanje u sumrak ljeti.
Das schwache Licht und die schläfrigen Waldgeräusche erfüllten ihn mit Freude.
Prigušeno svjetlo i pospani šumski zvukovi ispunjavali su ga radošću.
Er las die Zeichen des Waldes so deutlich, wie ein Mann ein Buch liest.
Čitao je šumske znakove jasno kao što čovjek čita knjigu.
Und er suchte immer nach dem seltsamen Ding, das ihn rief.
I uvijek je tražio onu čudnu stvar koja ga je zvala.
Dieser Ruf hörte nie auf – er erreichte ihn im Wachzustand und im Schlaf.
Taj poziv nikada nije prestajao - dopirao ga je budnog ili spavajućeg.

Eines Nachts erwachte er mit einem Ruck, die Augen waren scharf und die Ohren gespitzt.
Jedne noći se naglo probudio, oštrog pogleda i naćuljenih ušiju.

Seine Nasenlöcher zuckten, während seine Mähne in Wellen sträubte.

Nozdrve su mu se trznule dok mu se griva nakostriješila u valovima.

Aus der Tiefe des Waldes ertönte erneut der alte Ruf.

Iz dubine šume ponovno se začuo zvuk, stari zov.

Diesmal war der Ton klar und deutlich zu hören, ein langes, eindringliches, vertrautes Heulen.

Ovaj put zvuk je odjeknuo jasno, dug, proganjajući, poznati urlik.

Es klang wie der Schrei eines Huskys, aber mit einem seltsamen und wilden Ton.

Bilo je to poput krika haskija, ali čudnog i divljeg tona.

Buck erkannte das Geräusch sofort – er hatte das genaue Geräusch vor langer Zeit gehört.

Buck je odmah prepoznao zvuk - davno je čuo isti zvuk.

Er sprang durch das Lager und verschwand schnell im Wald.

Skočio je kroz logor i brzo nestao u šumi.

Als er sich dem Geräusch näherte, wurde er langsamer und bewegte sich vorsichtig.

Kako se približavao zvuku, usporio je i kretao se oprezno.

Bald erreichte er eine Lichtung zwischen dichten Kiefern.

Ubrzo je stigao do čistine između gustih borova.

Dort saß aufrecht auf seinen Hinterbeinen ein großer, schlanker Timberwolf.

Tamo, uspravno na stražnjim nogama, sjedio je visok, mršav šumski vuk.

Die Nase des Wolfes zeigte zum Himmel und hallte noch immer den Ruf wider.

Vučji nos bio je usmjeren prema nebu, još uvijek odjekujući zovom.

Buck hatte keinen Laut von sich gegeben, doch der Wolf blieb stehen und lauschte.

Buck nije ispustio ni glasa, ali vuk se ipak zaustavio i osluškivao.

Der Wolf spürte etwas, spannte sich an und suchte die Dunkelheit ab.

Osjetivši nešto, vuk se ukočio, pretražujući tamu.

Buck schlich ins Blickfeld, mit gebeugtem Körper und ruhigen Füßen auf dem Boden.

Buck se ušuljao u vidokrug, prignutog tijela, stopala mirno na tlu.

Sein Schwanz war gerade, sein Körper vor Anspannung zusammengerollt.

Rep mu je bio ravan, tijelo čvrsto sklupčano od napetosti.

Er zeigte sowohl eine bedrohliche als auch eine Art raue Freundschaft.

Pokazivao je i prijetnju i neku vrstu grubog prijateljstva.

Es war die vorsichtige Begrüßung, die wilde Tiere einander entgegenbrachten.

Bio je to oprezan pozdrav koji dijele divlje zvijeri.

Aber der Wolf drehte sich um und floh, sobald er Buck sah.

Ali vuk se okrenuo i pobjegao čim je ugledao Bucka.

Buck nahm die Verfolgung auf und sprang wild um sich, begierig darauf, es einzuholen.

Buck je krenuo u potjeru, divlje skačući, željan da ga sustigne.

Er folgte dem Wolf in einen trockenen Bach, der durch einen Holzstau blockiert war.

Slijedio je vuka u suhi potok koji je blokirala drvena barijera.

In die Enge getrieben, wirbelte der Wolf herum und blieb stehen.

Stjeran u kut, vuk se okrenuo i ostao stajati na mjestu.

Der Wolf knurrte und schnappte wie ein gefangener Husky im Kampf.

Vuk je zarežao i škljocao poput uhvaćenog haskija u borbi.

Die Zähne des Wolfes klickten schnell, sein Körper strotzte vor wilder Wut.

Vučji su zubi brzo škljocali, a tijelo mu je kovitlalo od divljeg bijesa.

Buck griff nicht an, sondern umkreiste den Wolf mit vorsichtiger Freundlichkeit.

Buck nije napao, već je s pažljivom prijateljstvom kružio oko vuka.

Durch langsame, harmlose Bewegungen versuchte er, seine Flucht zu verhindern.

Pokušao je spriječiti svoj bijeg sporim, bezopasnim pokretima.

Der Wolf war vorsichtig und verängstigt – Buck war dreimal so schwer wie er.

Vuk je bio oprezan i uplašen - Buck ga je tri puta nadmašio.

Der Kopf des Wolfes reichte kaum bis zu Bucks massiver Schulter.

Vučja glava jedva je dosezala do Buckovog masivnog ramena.

Der Wolf hielt Ausschau nach einer Lücke, rannte los und die Jagd begann von neuem.

Tražeći prazninu, vuk je pobjegao i potjera je ponovno započela.

Buck drängte ihn mehrere Male in die Enge und der Tanz wiederholte sich.

Nekoliko puta ga je Buck stjerao u kut, a ples se ponovio.

Der Wolf war dünn und schwach, sonst hätte Buck ihn nicht fangen können.

Vuk je bio mršav i slab, inače ga Buck ne bi mogao uhvatiti.

Jedes Mal, wenn Buck näher kam, wirbelte der Wolf herum und sah ihn voller Angst an.

Svaki put kad bi se Buck približio, vuk bi se okrenuo i u strahu se suočio s njim.

Dann rannte er bei der ersten Gelegenheit erneut in den Wald.

Tada je, pri prvoj prilici, ponovno odjurio u šumu.

Aber Buck gab nicht auf und schließlich fasste der Wolf Vertrauen zu ihm.

Ali Buck nije odustao i vuk mu je konačno počeo vjerovati.

Er schnüffelte an Bucks Nase und die beiden wurden verspielt und aufmerksam.

Ponjušio je Buckov nos, i njih dvojica su postali razigrani i budni.

Sie spielten wie wilde Tiere, wild und doch schüchtern in ihrer Freude.

Igrali su se poput divljih životinja, žestoki, a opet sramežljivi u svojoj radosti.

Nach einer Weile trabte der Wolf zielstrebig und ruhig davon.

Nakon nekog vremena, vuk je odšetao s mirnom odlučnošću.

Er machte Buck deutlich, dass er beabsichtigte, verfolgt zu werden.

Jasno je pokazao Bucku da ga namjeravaju pratiti.

Sie rannten Seite an Seite durch die Dämmerung.

Trčali su jedno pored drugog kroz sumrak.

Sie folgten dem Bachbett hinauf in die felsige Schlucht.

Slijedili su korito potoka uzbrdo u stjenoviti klanac.

Sie überquerten eine kalte Wasserscheide, wo der Bach entsprungen war.

Prešli su hladnu granicu gdje je potok počeo.

Am gegenüberliegenden Hang fanden sie ausgedehnte Wälder und viele Bäche.

Na dalekoj padini pronašli su široku šumu i mnoge potoke.

Durch dieses weite Land rannten sie stundenlang ohne Pause.

Kroz ovu prostranu zemlju, trčali su satima bez zaustavljanja.

Die Sonne stieg höher, die Luft wurde wärmer, aber sie rannten weiter.

Sunce se podiglo više, zrak se zagrijao, ali oni su trčali dalje.

Buck war voller Freude – er wusste, dass er seiner Berufung folgte.

Buck je bio ispunjen radošću - znao je da odgovara na svoj poziv.

Er rannte neben seinem Waldbruder her, näher an die Quelle des Rufs.

Trčao je uz svog šumskog brata, bliže izvoru poziva.

Alte Gefühle kehrten zurück, stark und schwer zu ignorieren.

Stari osjećaji su se vratili, snažni i teško ih je bilo ignorirati.

Dies waren die Wahrheiten hinter den Erinnerungen aus seinen Träumen.

To su bile istine iza sjećanja iz njegovih snova.

All dies hatte er schon einmal in einer fernen, schattenhaften Welt getan.

Sve je to već prije radio u dalekom i sjenovitom svijetu.

Jetzt tat er es wieder und rannte wild herum, während der Himmel über ihm frei war.

Sad je to opet učinio, divljajući pod otvorenim nebom iznad sebe.

Sie hielten an einem Bach an, um aus dem kalten, fließenden Wasser zu trinken.

Zaustavili su se kod potoka kako bi se napili hladne tekuće vode.

Während er trank, erinnerte sich Buck plötzlich an John Thornton.

Dok je pio, Buck se odjednom sjetio Johna Thorntona.

Er saß schweigend da, hin- und hergerissen zwischen der Anziehungskraft der Loyalität und der Berufung.

Sjeo je u tišini, rastrgan privlačnošću odanosti i poziva.

Der Wolf trabte weiter, kam aber zurück, um Buck anzutreiben.

Vuk je nastavio kasati, ali se vratio da potakne Bucka naprijed.

Er rümpfte die Nase und versuchte, ihn mit sanften Gesten zu beruhigen.

Šmrknuo je nosom i pokušao ga nagovoriti nježnim gestama.

Aber Buck drehte sich um und machte sich auf den Rückweg.

Ali Buck se okrenuo i krenuo natrag putem kojim je došao.

Der Wolf lief lange Zeit neben ihm her und winselte leise.

Vuk je dugo trčao pokraj njega, tiho cvileći.

Dann setzte er sich hin, hob die Nase und stieß ein langes Heulen aus.

Zatim je sjeo, podigao nos i ispustio dugi zavijajući.

Es war ein trauriger Schrei, der leiser wurde, als Buck wegging.

Bio je to tužan krik, koji se omekšao dok se Buck udaljavao.

Buck lauschte, als der Schrei langsam in der Stille des Waldes verklang.

Buck je slušao kako zvuk krika polako nestaje u šumskoj tišini.

John Thornton aß gerade zu Abend, als Buck ins Lager stürmte.

John Thornton je večerao kad je Buck upao u logor.

Buck sprang wild auf ihn zu, leckte, biss und warf ihn um.

Buck je divlje skočio na njega, ližući ga, grizući i prevrćući.

Er warf ihn um, kletterte darauf und küsste sein Gesicht.

Srušio ga je, popeo se na njega i poljubio ga u lice.

Thornton nannte dies liebevoll „den allgemeinen Narren spielen".

Thornton je to s ljubavlju nazvao "igranjem općeg budala".

Die ganze Zeit verfluchte er Buck sanft und schüttelte ihn hin und her.

Cijelo vrijeme je nježno psovao Bucka i tresao ga naprijed-natrag.

Zwei ganze Tage und Nächte lang verließ Buck das Lager kein einziges Mal.

Dva puna dana i noći Buck nijednom nije napustio logor.

Er blieb in Thorntons Nähe und ließ ihn nie aus den Augen.

Držao se blizu Thorntona i nikada ga nije ispuštao iz vida.

Er folgte ihm bei der Arbeit und beobachtete ihn beim Essen.

Prati ga dok je radio i promatrao ga dok je jeo.

Er begleitete Thornton abends in seine Decken und jeden Morgen wieder heraus.

Pratio je Thorntona u njegovim pokrivačima noću i vani svako jutro.

Doch bald kehrte der Ruf des Waldes zurück, lauter als je zuvor.

Ali ubrzo se šumski zov vratio, glasniji nego ikad prije.

Buck wurde wieder unruhig, aufgewühlt von Gedanken an den wilden Wolf.

Buck je ponovno postao nemiran, potaknut mislima o divljem vuku.

Er erinnerte sich an das offene Land und daran, wie sie Seite an Seite gelaufen waren.

Sjetio se otvorenog prostora i trčanja rame uz rame.

Er begann erneut, allein und wachsam in den Wald zu wandern.

Ponovno je počeo lutati šumom, sam i budan.

Aber der wilde Bruder kam nicht zurück und das Heulen war nicht zu hören.

Ali divlji brat se nije vratio, a zavijanje se nije čulo.

Buck begann, draußen zu schlafen und blieb tagelang weg.

Buck je počeo spavati vani, izostavljajući se danima.

Einmal überquerte er die hohe Wasserscheide, wo der Bach entsprungen war.

Jednom je prešao visoki prijevoj gdje je potok počinjao.

Er betrat das Land des dunklen Waldes und der breiten, fließenden Ströme.

Ušao je u zemlju tamnih šuma i širokih tekućih potoka.

Eine Woche lang streifte er umher und suchte nach Spuren seines wilden Bruders.

Tjedan dana je lutao, tražeći znakove divljeg brata.

Er tötete sein eigenes Fleisch und reiste mit langen, unermüdlichen Schritten.

Klao je vlastito meso i putovao dugim, neumornim koracima.

Er fischte in einem breiten Fluss, der bis ins Meer reichte, nach Lachs.

Lovio je lososa u širokoj rijeci koja je dopirala do mora.

Dort kämpfte er gegen einen von Insekten verrückt gewordenen Schwarzbären und tötete ihn.

Tamo se borio i ubio crnog medvjeda kojeg su izludile kukci.

Der Bär war beim Angeln und rannte blind durch die Bäume.

Medvjed je lovio ribu i naslijepo je trčao kroz drveće.

Der Kampf war erbittert und weckte Bucks tiefen Kampfgeist.

Bitka je bila žestoka, probudivši Buckov duboki borbeni duh.

Als Buck zwei Tage später zurückkam, fand er Vielfraße an seiner Beute vor.

Dva dana kasnije, Buck se vratio i pronašao žderave kod svog plijena.

Ein Dutzend von ihnen stritten sich lautstark und wütend um das Fleisch.

Njih dvanaest se bučno i bijesno svađalo oko mesa.

Buck griff an und zerstreute sie wie Blätter im Wind.

Buck je jurnuo i raspršio ih poput lišća na vjetru.

Zwei Wölfe blieben zurück – still, leblos und für immer regungslos.

Dva vuka su ostala iza - tiha, beživotna i nepomična zauvijek.

Der Blutdurst wurde stärker denn je.

Žeđ za krvlju postala je jača nego ikad.

Buck war ein Jäger, ein Killer, der sich von Lebewesen ernährte.

Buck je bio lovac, ubojica, hranio se živim bićima.

Er überlebte allein und verließ sich auf seine Kraft und seine scharfen Sinne.

Preživio je sam, oslanjajući se na svoju snagu i oštra osjetila.

Er gedieh in der Wildnis, wo nur die Zähesten überleben konnten.

Napredovao je u divljini, gdje su mogli živjeti samo najjačiji.

Daraus erwuchs ein großer Stolz, der Bucks ganzes Wesen erfüllte.

Iz toga se pojavio veliki ponos i ispunio cijelo Buckovo biće.

Sein Stolz war in jedem seiner Schritte und in der Anspannung jedes einzelnen Muskels zu erkennen.

Njegov ponos se očitovao u svakom koraku, u podrhtavanju svakog mišića.

Sein Stolz war so deutlich wie seine Sprache und spiegelte sich in seiner Haltung wider.

Njegov ponos bio je jasan kao riječ, što se vidjelo u načinu na koji se držao.

Sogar sein dickes Fell sah majestätischer aus und glänzte heller.

Čak je i njegov debeli kaput izgledao veličanstvenije i jače se sjajio.

Man hätte Buck mit einem riesigen Timberwolf verwechseln können.

Bucka su mogli zamijeniti za divovskog šumskog vuka.

Außer dem Braun an seiner Schnauze und den Flecken über seinen Augen.

Osim smeđe boje na njušci i pjega iznad očiju.

Und der weiße Fellstreifen, der mitten auf seiner Brust
verlief.

I bijeli prug krzna koji mu se protezao niz sredinu prsa.

Er war sogar größer als der größte Wolf dieser wilden Rasse.

Bio je čak i veći od najvećeg vuka te divlje pasmine.

**Sein Vater, ein Bernhardiner, verlieh ihm Größe und einen
schweren Körperbau.**

Njegov otac, bernardinac, dao mu je veličinu i krupnu građu.

**Seine Mutter, eine Schäferin, formte diesen Körper zu einer
wolfsähnlichen Gestalt.**

Njegova majka, pastirica, oblikovala je tu masu u vučji oblik.

**Er hatte die lange Schnauze eines Wolfes, war allerdings
schwerer und breiter.**

Imao je dugu vučju njušku, iako težu i širu.

**Sein Kopf war der eines Wolfes, aber von massiver,
majestätischer Gestalt.**

Glava mu je bila vučja, ali građena na masivnim,
veličanstvenim razmjerima.

Bucks List war die List des Wolfes und der Wildnis.

Buckova lukavost bila je lukavost vuka i divljine.

**Seine Intelligenz hat er sowohl vom Deutschen Schäferhund
als auch vom Bernhardiner.**

Njegova inteligencija dolazila je i od njemačkog ovčara i od
bernardinca.

**All dies und harte Erfahrungen machten ihn zu einer
furchterregenden Kreatur.**

Sve to, uz teško iskustvo, učinilo ga je zastrašujućim
stvorenjem.

**Er war so furchterregend wie jedes andere Tier, das in der
Wildnis des Nordens umherstreifte.**

Bio je jednako zastrašujući kao i svaka zvijer koja je lutala
sjevernom divljinom.

**Buck ernährte sich ausschließlich von Fleisch und erreichte
den Höhepunkt seiner Kraft.**

Živeći samo na mesu, Buck je dosegao puni vrhunac svoje
snage.

Jede Faser seines Körpers strotzte vor Kraft und männlicher Stärke.

Preplavio je moć i mušku snagu u svakom vlaknu svog tijela.

Als Thornton seinen Rücken streichelte, funkelten seine Haare vor Energie.

Kad ga je Thornton pogladila po leđima, dlake su zaiskrile od energije.

Jedes Haar knisterte, aufgeladen durch die Berührung lebendigen Magnetismus.

Svaka je dlaka pucketala, nabijena dodirom živog magnetizma.

Sein Körper und sein Gehirn waren auf die höchstmögliche Tonhöhe eingestellt.

Njegovo tijelo i mozak bili su podešeni na najfiniju moguću frekvenciju.

Jeder Nerv, jede Faser und jeder Muskel arbeitete in perfekter Harmonie.

Svaki živac, vlakno i mišić radili su u savršenom skladu.

Auf jedes Geräusch oder jeden Anblick, der eine Aktion erforderte, reagierte er sofort.

Na bilo koji zvuk ili prizor koji je zahtijevao djelovanje, reagirao je trenutačno.

Wenn ein Husky zum Angriff ansetzte, konnte Buck doppelt so schnell springen.

Ako bi haski skočio u napad, Buck bi mogao skočiti dvostruko brže.

Er reagierte schneller, als andere es sehen oder hören konnten.

Reagirao je brže nego što su drugi mogli vidjeti ili čuti.

Wahrnehmung, Entscheidung und Handlung erfolgten alle in einem fließenden Moment.

Percepcija, odluka i djelovanje došli su u jednom fluidnom trenutku.

Tatsächlich geschahen diese Handlungen getrennt voneinander, aber zu schnell, um es zu bemerken.

U istini, ta su djela bila odvojena, ali prebrza da bi se primijetila.

Die Abstände zwischen diesen Akten waren so kurz, dass sie wie ein einziger Akt wirkten.

Razmaci između tih činova bili su toliko kratki da su se činili kao jedno.

Seine Muskeln und sein Körper waren wie straff gespannte Federn.

Njegovi mišići i tijelo bili su poput čvrsto napetih opruga.

Sein Körper strotzte vor Leben, wild und freudig in seiner Kraft.

Tijelo mu je preplavljeno životom, divlje i radosno u svojoj snazi.

Manchmal hatte er das Gefühl, als würde die Kraft völlig aus ihm herausbrechen.

Ponekad se osjećao kao da će sila potpuno izbiti iz njega.

„So einen Hund hat es noch nie gegeben", sagte Thornton eines ruhigen Tages.

„Nikad nije bilo takvog psa", rekao je Thornton jednog mirnog dana.

Die Partner sahen zu, wie Buck stolz aus dem Lager schritt.

Partneri su gledali kako Buck ponosno korača iz logora.

„Als er erschaffen wurde, veränderte er, was ein Hund sein kann", sagte Pete.

„Kad je stvoren, promijenio je ono što pas može biti", rekao je Pete.

„Bei Gott! Das glaube ich auch", stimmte Hans schnell zu.

„Bože! I ja tako mislim", brzo se složio Hans.

Sie sahen ihn abmarschieren, aber nicht die Veränderung, die danach kam.

Vidjeli su ga kako odlazi, ali ne i promjenu koja je uslijedila nakon toga.

Sobald er den Wald betrat, verwandelte sich Buck völlig.

Čim je ušao u šumu, Buck se potpuno preobrazio.

Er marschierte nicht mehr, sondern bewegte sich wie ein wilder Geist zwischen den Bäumen.

Više nije marširao, već se kretao poput divljeg duha među drvećem.

Er wurde still, katzenpfotenartig, ein Flackern, das durch die Schatten huschte.

Postao je tih, mačjih stopala, poput bljeska koji prolazi kroz sjene.

Er nutzte die Deckung geschickt und kroch wie eine Schlange auf dem Bauch.

Vješto se skrivao, puzeći na trbuhu poput zmije.

Und wie eine Schlange konnte er lautlos nach vorne springen und zuschlagen.

I poput zmije, mogao je skočiti naprijed i udariti u tišini.

Er könnte ein Schneehuhn direkt aus seinem versteckten Nest stehlen.

Mogao je ukrasti kokošku ravno iz njenog skrivenog gnijezda.

Er tötete schlafende Kaninchen, ohne ein einziges Geräusch zu machen.

Ubijao je usnule zečeve bez ijednog glasa.

Er konnte Streifenhörnchen mitten in der Luft fangen, wenn sie zu langsam flohen.

Mogao je uhvatiti vjeverice u zraku dok su bježale presporo.

Selbst Fische in Teichen konnten seinen plötzlichen Angriffen nicht entkommen.

Čak ni ribe u bazenima nisu mogle izbjeći njegove iznenadne napade.

Nicht einmal schlaue Biber, die Dämme reparierten, waren vor ihm sicher.

Čak ni pametni dabrovi koji su popravljali brane nisu bili sigurni od njega.

Er tötete, um Nahrung zu bekommen, nicht zum Spaß – aber seine eigene Beute gefiel ihm am besten.

Ubijao je za hranu, ne za zabavu - ali najviše je volio vlastite ubojstva.

Dennoch war bei manchen seiner stillen Jagden ein hintergründiger Humor spürbar.

Ipak, lukavi humor provlačio se kroz neke od njegovih tihih lova.

Er schlich sich dicht an Eichhörnchen heran, ließ sie aber dann entkommen.

Prišuljao se blizu vjeverica, samo da bi ih pustio da pobjegnu.

Sie wollten in die Bäume fliehen und schnatterten voller Angst und Empörung.

Htjeli su pobjeći u drveće, brbljajući od straha i bijesa.

Mit dem Herbst kamen immer mehr Elche.

Kako je došla jesen, losovi su se počeli pojavljivati u većem broju.

Sie zogen langsam in die tiefer gelegenen Täler, um dem Winter entgegenzukommen.

Polako su se kretali u niske doline kako bi dočekali zimu.

Buck hatte bereits ein junges, streunendes Kalb erlegt.

Buck je već oborio jedno mlado, zalutalo tele.

Doch er sehnte sich danach, einer größeren, gefährlicheren Beute gegenüberzutreten.

Ali žudio je suočiti se s većim, opasnijim plijenom.

Eines Tages fand er an der Wasserscheide, an der Quelle des Baches, seine Chance.

Jednog dana na razvodju, na izvoru potoka, pronašao je svoju priliku.

Eine Herde von zwanzig Elchen war aus bewaldeten Gebieten herübergekommen.

Krdo od dvadeset losova prešlo je iz šumovitog područja.

Unter ihnen war ein mächtiger Stier, der Anführer der Gruppe.

Među njima je bio moćni bik; vođa skupine.

Der Bulle war über ein Meter achtzig Meter groß und sah grimmig und wild aus.

Bik je bio visok preko šest stopa i izgledao je divlje i žestoko.

Er warf sein breites Geweih hin und her, dessen vierzehn Enden sich nach außen verzweigten.

Zamahnuo je svojim širokim rogovima, od kojih se četrnaest vrhova granalo prema van.

Die Spitzen dieser Geweihe hatten einen Durchmesser von sieben Fuß.

Vrhovi tih rogova protezali su se dva metra u širinu.

Seine kleinen Augen brannten vor Wut, als er Buck in der Nähe entdeckte.

Njegove male oči gorjele su od bijesa kad je ugledao Bucka u blizini.

Er stieß ein wütendes Brüllen aus und zitterte vor Wut und Schmerz.

Ispustio je bijesan urlik, drhteći od bijesa i boli.

Nahe seiner Flanke ragte eine gefiederte und scharfe Pfeilspitze hervor.

Vrh strijele stršio je blizu njegovog boka, pernat i oštar.

Diese Wunde trug dazu bei, seine wilde, verbitterte Stimmung zu erklären.

Ova rana pomogla je objasniti njegovo divlje, ogorčeno raspoloženje.

Buck, geleitet von seinem uralten Jagdinstinkt, machte seinen Zug.

Buck, vođen drevnim lovačkim instinktom, napravio je svoj potez.

Sein Ziel war es, den Bullen vom Rest der Herde zu trennen.

Cilj mu je bio odvojiti bika od ostatka krda.

Dies war keine leichte Aufgabe – es erforderte Schnelligkeit und messerscharfe List.

To nije bio lak zadatak - zahtijevala je brzinu i žestoku lukavost.

Er bellte und tanzte in der Nähe des Stiers, gerade außerhalb seiner Reichweite.

Lajao je i plesao blizu bika, taman izvan dometa.

Der Elch stürzte sich mit riesigen Hufen und tödlichem Geweih auf ihn.

Los se nasrnuo s ogromnim kopitima i smrtonosnim rogovima.

Ein Schlag hätte Bucks Leben im Handumdrehen beenden können.

Jedan udarac mogao je Bucku oduzeti život u trenutku.

Der Stier konnte die Bedrohung nicht hinter sich lassen und wurde wütend.

Ne mogavši ostaviti prijetnju iza sebe, bik je poludio.

Er stürmte wütend auf ihn zu, doch Buck entkam ihm jedes Mal.

Bijesno je jurnuo, ali Buck se uvijek izvukao.

Buck täuschte Schwäche vor und lockte ihn weiter von der Herde weg.

Buck je glumio slabost, mameći ga dalje od krda.

Doch die jungen Bullen wollten zurückstürmen, um den Anführer zu beschützen.

Ali mladi bikovi su se namjeravali vratiti u napad kako bi zaštitili vođu.

Sie zwangen Buck zum Rückzug und den Bullen, sich wieder der Gruppe anzuschließen.

Prisilili su Bucka na povlačenje, a bika da se ponovno pridruži skupini.

In der Wildnis herrscht eine tiefe und unaufhaltsame Geduld.

U divljini postoji strpljenje, duboko i nezaustavljivo.

Eine Spinne wartet unzählige Stunden bewegungslos in ihrem Netz.

Pauk nepomično čeka u svojoj mreži bezbroj sati.

Eine Schlange rollt sich ohne zu zucken zusammen und wartet, bis es Zeit ist.

Zmija se svija bez trzanja i čeka da dođe vrijeme.

Ein Panther liegt auf der Lauer, bis der Moment gekommen ist.

Pantera vreba u zasjedi dok ne dođe pravi trenutak.

Dies ist die Geduld von Raubtieren, die jagen, um zu überleben.

To je strpljenje grabežljivaca koji love kako bi preživjeli.

Dieselbe Geduld brannte in Buck, als er in seiner Nähe blieb.

Isto to strpljenje gorjelo je u Bucku dok je ostao blizu.

Er blieb in der Nähe der Herde, verlangsamte ihren Marsch und schürte Angst.

Ostao je blizu krda, usporavajući njegov marš i izazivajući strah.

Er ärgerte die jungen Bullen und schikanierte die Mutterkühe.

Zadirkivao je mlade bikove i maltretirao majke krave.

Er trieb den verwundeten Stier in eine noch tiefere, hilflose Wut.

Ranjenog je bika doveo do još dubljeg, bespomoćnog bijesa.

Einen halben Tag lang zog sich der Kampf ohne Pause hin.

Pola dana se borba odužila bez ikakvog odmora.

Buck griff aus jedem Winkel an, schnell und wild wie der Wind.

Buck je napadao iz svih kutova, brz i žestok poput vjetra.

Er hinderte den Stier daran, sich auszuruhen oder sich bei seiner Herde zu verstecken.

Sprječavao je bika da se odmori ili sakrije sa svojim krdom.

Buck zermürbte den Willen des Elchs schneller als seinen Körper.

Buck je brže iscrpljivao losovu volju nego njegovo tijelo.

Der Tag verging und die Sonne sank tief am nordwestlichen Himmel.

Dan je prošao i sunce je nisko zašlo na sjeverozapadnom nebu.

Die jungen Bullen kehrten langsamer zurück, um ihrem Anführer zu helfen.

Mladi bikovi su se sporije vraćali kako bi pomogli svom vođi.

Die Herbstnächte waren zurückgekehrt und die Dunkelheit dauerte nun sechs Stunden.

Jesenske noći su se vratile, a mrak je sada trajao šest sati.

Der Winter drängte sie bergab in sicherere, wärmere Täler.

Zima ih je pritiskala nizbrdo u sigurnije, toplije doline.

Aber sie konnten dem Jäger, der sie zurückhielt, immer noch nicht entkommen.

Ali ipak nisu mogli pobjeći od lovca koji ih je zadržavao.

Es stand nur ein Leben auf dem Spiel – nicht das der Herde, sondern nur das ihres Anführers.

Samo je jedan život bio u pitanju - ne život krda, već samo život njihovog vođe.

Dadurch wurde die Bedrohung in weite Ferne gerückt und ihre dringende Sorge wurde aufgehoben.

To je prijetnju učinilo udaljenom i ne njihovom hitnom brigom.

Mit der Zeit akzeptierten sie diesen Preis und überließen Buck die Übernahme des alten Bullen.

S vremenom su prihvatili tu cijenu i pustili Bucka da uzme starog bika.

Als die Dämmerung hereinbrach, stand der alte Bulle mit gesenktem Kopf da.

Dok se spuštao sumrak, stari bik je stajao oborene glave.

Er sah zu, wie die Herde, die er geführt hatte, im schwindenden Licht verschwand.

Gledao je kako krdo koje je predvodio nestaje u sve slabijem svjetlu.

Es gab Kühe, die er gekannt hatte, Kälber, deren Vater er einst gewesen war.

Bilo je krava koje je poznavao, teladi čiji je nekoć bio otac.

Es gab jüngere Bullen, gegen die er in vergangenen Saisons gekämpft und die er beherrscht hatte.

Bilo je mlađih bikova s kojima se borio i vladao u prošlim sezonama.

Er konnte ihnen nicht folgen, denn vor ihm kauerte Buck wieder.

Nije ih mogao slijediti - jer je pred njim opet čučao Buck.

Der gnadenlose Schrecken mit den Reißzähnen versperrte ihm jeden Weg.

Nemilosrdni očnjaci blokirali su mu svaki put kojim bi krenuo.

Der Bulle brachte mehr als drei Zentner geballte Kraft auf die Waage.

Bik je težio više od tri stotine kilograma guste snage.

Er hatte ein langes Leben geführt und in einer Welt voller Kämpfe hart gekämpft.

Dugo je živio i teško se borio u svijetu punom borbi.

Doch nun, am Ende, kam der Tod von einem Tier, das weit unter ihm stand.

Pa ipak, sada, na kraju, smrt je došla od zvijeri daleko ispod njega.

Bucks Kopf erreichte nicht einmal die riesigen, mit Knöcheln besetzten Knie des Bullen.

Buckova glava nije se ni podigla do bikovih ogromnih zglobljenih koljena.

Von diesem Moment an blieb Buck Tag und Nacht bei dem Bullen.

Od tog trenutka nadalje, Buck je ostao s bikom danju i noću.

Er gönnte ihm keine Ruhe, erlaubte ihm nie zu grasen oder zu trinken.

Nikad mu nije dao odmora, nikada mu nije dopustio da pase ili pije.

Der Stier versuchte, junge Birkentriebe und Weidenblätter zu fressen.

Bik je pokušao jesti mlade izdanke breze i lišće vrbe.

Aber Buck verjagte ihn, immer wachsam und immer angreifend.

Ali Buck ga je otjerao, uvijek na oprezu i uvijek napadajući.

Sogar an plätschernden Bächen blockte Buck jeden durstigen Versuch ab.

Čak i kod mračnih potoka, Buck je blokirao svaki žedni pokušaj.

Manchmal floh der Stier aus Verzweiflung mit voller Geschwindigkeit.

Ponekad bik, u očaju, bježao punom brzinom.

Buck ließ ihn laufen und lief ruhig direkt hinter ihm her, nie weit entfernt.

Buck ga je pustio da trči, mirno trčeći odmah iza njega, nikad daleko.

Als der Elch innehielt, legte sich Buck hin, blieb aber bereit.

Kad se los zaustavio, Buck je legao, ali je ostao spreman.

Wenn der Bulle versuchte zu fressen oder zu trinken, schlug Buck mit voller Wut zu.

Ako bik pokušao jesti ili piti, Buck bi udario punom bijesom.

Der große Kopf des Stiers sank tiefer unter sein gewaltiges Geweih.

Bikova velika glava klonula je još niže pod njegovim ogromnim rogovima.

Sein Tempo verlangsamte sich, der Trab wurde schwerfällig, ein stolpernder Schritt.

Njegov se tempo usporio, kas je postao težak; spoticajući se hod.

Er stand oft still mit hängenden Ohren und der Nase am Boden.

Često je stajao mirno s obješenim ušima i nosom prislonjenim na tlo.

In diesen Momenten nahm sich Buck Zeit zum Trinken und Ausruhen.

Tijekom tih trenutaka, Buck je odvojio vrijeme za piće i odmor.

Mit heraushängender Zunge und starrem Blick spürte Buck, wie sich das Land veränderte.

S isplaženim jezikom, uprtim pogledom, Buck je osjetio da se krajolik mijenja.

Er spürte, wie sich etwas Neues durch den Wald und den Himmel bewegte.

Osjetio je nešto novo kako se kreće kroz šumu i nebo.

Mit der Rückkehr der Elche kehrten auch andere Wildtiere zurück.

Kako su se losovi vraćali, tako su se vraćala i druga divlja stvorenja.

Das Land fühlte sich lebendig an, mit einer Präsenz, die man nicht sieht, aber deutlich wahrnimmt.

Zemlja se činila živom od prisutnosti, nevidljivom, ali snažno poznatom.

Buck wusste dies weder am Geräusch, noch am Anblick oder am Geruch.

Buck to nije znao ni po zvuku, ni po vidu, ni po mirisu.

Ein tieferes Gefühl sagte ihm, dass neue Kräfte im Gange waren.

Dublji osjećaj govorio mu je da se kreću nove snage.

In den Wäldern und entlang der Bäche herrschte seltsames Leben.

Čudan život se kovitlao kroz šume i uz potoke.

Er beschloss, diesen Geist zu erforschen, nachdem die Jagd beendet war.

Odlučio je istražiti ovog duha nakon što lov bude završen.

Am vierten Tag erlegte Buck endlich den Elch.

Četvrtog dana, Buck je napokon oborio losa.

Er blieb einen ganzen Tag und eine ganze Nacht bei der Beute, fraß und ruhte sich aus.

Ostao je kraj plijena cijeli dan i noć, hraneći se i odmarajući.

Er aß, schlief dann und aß dann wieder, bis er stark und satt war.

Jeo je, pa spavao, pa opet jeo, dok nije bio snažan i sit.

Als er fertig war, kehrte er zum Lager und nach Thornton zurück.

Kad je bio spreman, okrenuo se natrag prema logoru i Thorntonu.

Mit gleichmäßigem Tempo begann er die lange Heimreise.

Ujednačenim tempom započeo je dugo putovanje natrag kući.

Er rannte in seinem unermüdlichen Galopp Stunde um Stunde, ohne auch nur ein einziges Mal vom Weg abzukommen.

Trčao je svojim neumornim trkom, sat za satom, nijednom ne skrećući s puta.

Durch unbekannte Länder bewegte er sich schnurgerade wie eine Kompassnadel.

Kroz nepoznate krajeve kretao se ravno poput igle kompasa.

Sein Orientierungssinn ließ Mensch und Karte im Vergleich schwach erscheinen.

Njegov osjećaj za orijentaciju činio je čovjeka i kartu slabima u usporedbi.

Während Buck rannte, spürte er die Bewegung in der Wildnis stärker.

Dok je Buck trčao, sve je jače osjećao komešanje u divljini.

Es war eine neue Art zu leben, anders als in den ruhigen Sommermonaten.

Bio je to novi život, za razliku od onog tijekom mirnih ljetnih mjeseci.

Dieses Gefühl kam nicht länger als subtile oder entfernte Botschaft.

Taj osjećaj više nije dolazio kao suptilna ili daleka poruka.

Nun sprachen die Vögel von diesem Leben und Eichhörnchen plapperten darüber.

Sada su ptice pričale o tom životu, a vjeverice su brbljale o njemu.

Sogar die Brise flüsterte Warnungen durch die stillen Bäume.

Čak je i povjetarac šaputao upozorenja kroz tiho drveće.

Mehrmals blieb er stehen und schnupperte die frische Morgenluft.

Nekoliko puta je stao i udahnuo svježi jutarnji zrak.

Dort las er eine Nachricht, die ihn schneller nach vorne springen ließ.

Tamo je pročitao poruku koja ga je natjerala da brže skoči naprijed.

Ein starkes Gefühl der Gefahr erfüllte ihn, als wäre etwas schiefgelaufen.

Ispunio ga je težak osjećaj opasnosti, kao da je nešto pošlo po zlu.

Er befürchtete, dass ein Unglück bevorstünde – oder bereits eingetreten war.

Bojao se da dolazi nesreća - ili je već došla.

Er überquerte den letzten Bergrücken und betrat das darunterliegende Tal.

Prešao je posljednji greben i ušao u dolinu ispod.

Er bewegte sich langsamer und war bei jedem Schritt aufmerksamer und vorsichtiger.

Kretao se sporije, budan i oprezan sa svakim korakom.

Drei Meilen weiter fand er eine frische Spur, die ihn erstarren ließ.

Tri milje dalje pronašao je svjež trag koji ga je ukočio.

Die Haare in seinem Nacken stellten sich auf und sträubten sich vor Schreck.

Kosa uz njegov vrat nakostrijcšila se i zakotrljala od uzbune.

Die Spur führte direkt zum Lager, wo Thornton wartete.

Staza je vodila ravno prema logoru gdje je čekao Thornton.

Buck bewegte sich jetzt schneller, seine Schritte waren lautlos und schnell zugleich.

Buck se sada kretao brže, njegov korak je bio i tih i brz.

Seine Nerven lagen blank, als er Zeichen las, die andere übersehen würden.

Živci su mu se stegli dok je čitao znakove koje će drugi propustiti.

Jedes Detail der Spur erzählte eine Geschichte – außer dem letzten Stück.

Svaki detalj na stazi pričao je priču - osim posljednjeg dijela.

Seine Nase erzählte ihm von dem Leben, das hier vorbeigezogen war.

Nos mu je pričao o životu koji je ovuda prošao.

Der Duft vermittelte ihm ein wechselndes Bild, als er dicht hinter ihm folgte.

Miris mu je davao promjenjivu sliku dok je slijedio u stopu.

Doch im Wald selbst war es still geworden, unnatürlich still.

Ali sama šuma je utihnula; neprirodno mirna.

Die Vögel waren verschwunden, die Eichhörnchen hatten sich versteckt, waren still und ruhig.

Ptice su nestale, vjeverice su bile skrivene, tihe i mirne.

Er sah nur ein einziges Grauhörnchen, das flach auf einem toten Baum lag.

Vidio je samo jednu sivu vjevericu, spljoštenu na mrtvom drvetu.

Das Eichhörnchen fügte sich steif und reglos in den Wald ein.

Vjeverica se stopila s okolinom, ukočena i nepomična poput dijela šume.

Buck bewegte sich wie ein Schatten, lautlos und sicher durch die Bäume.

Buck se kretao poput sjene, tiho i sigurno kroz drveće.

Seine Nase zuckte zur Seite, als würde sie von einer unsichtbaren Hand gezogen.

Nos mu se trznuo u stranu kao da ga je povukla nevidljiva ruka.

Er drehte sich um und folgte der neuen Spur tief in ein Dickicht hinein.

Okrenuo se i slijedio novi miris duboko u šikaru.

Dort fand er Nig tot daliegend, von einem Pfeil durchbohrt.

Tamo je pronašao Niga, kako leži mrtav, proboden strijelom.

Der Schaft durchdrang seinen Körper, die Federn waren noch zu sehen.

Strijela je prošla kroz njegovo tijelo, perje se još vidjelo.

Nig hatte sich dorthin geschleppt, war jedoch gestorben, bevor er Hilfe erreichen konnte.

Nig se dovukao tamo, ali je umro prije nego što je stigao do pomoći.

Hundert Meter weiter fand Buck einen weiteren Schlittenhund.

Stotinjak metara dalje, Buck je pronašao još jednog psa za vuču saonica.

Es war ein Hund, den Thornton in Dawson City gekauft hatte.

Bio je to pas kojeg je Thornton kupio još u Dawson Cityju.

Der Hund befand sich in einem tödlichen Kampf und schlug heftig auf dem Weg um sich.

Pas se borio na smrt, snažno se bacajući po stazi.

Buck ging um ihn herum, blieb nicht stehen und richtete den Blick nach vorne.

Buck ga je prošao, ne zaustavljajući se, s pogledom uprtim ispred sebe.

Aus Richtung des Lagers ertönte in der Ferne ein rhythmischer Gesang.

Iz smjera logora dopiralo je udaljeno, ritmično pjevanje.

Die Stimmen schwoll in einem seltsamen, unheimlichen Singsangton an und ab.

Glasovi su se dizali i spuštali u čudnom, jezivom, pjevušavom tonu.

Buck kroch schweigend zum Rand der Lichtung.

Buck je u tišini puzao naprijed do ruba čistine.

Dort sah er Hans mit dem Gesicht nach unten liegen, von vielen Pfeilen durchbohrt.

Tamo je ugledao Hansa kako leži licem prema dolje, proboden mnogim strijelama.

Sein Körper sah aus wie der eines Stachelschweins und war mit gefiederten Schäften bestückt.

Tijelo mu je izgledalo poput dikobraza, prekriveno pernatim strijelama.

Im selben Moment blickte Buck in Richtung der zerstörten Hütte.

U istom trenutku, Buck je pogledao prema srušenoj kolibi.

Bei diesem Anblick stellten sich ihm die Nacken- und Schulterhaare auf.

Od tog prizora kosa mu se nakostriješila na vratu i ramenima.

Ein Sturm wilder Wut durchfuhr Bucks ganzen Körper.

Oluja divljeg bijesa prostrujala je cijelim Buckovim tijelom.

Er knurrte laut, obwohl er nicht wusste, dass er es getan hatte.

Glasno je zarežao, iako nije znao da je to učinio.

Der Klang war rau, erfüllt von furchterregender, wilder Wut.

Zvuk je bio sirov, ispunjen zastrašujućim, divljim bijesom.

Zum letzten Mal in seinem Leben verlor Buck den Verstand und die Gefühle.

Posljednji put u životu, Buck je izgubio razum za emocije.

Es war die Liebe zu John Thornton, die seine sorgfältige Kontrolle brach.

Ljubav prema Johnu Thorntonu slomila je njegovu pažljivu samokontrolu.

Die Yeehats tanzten um die zerstörte Fichtenhütte.

Yeehatsi su plesali oko srušene smrekove kolibe.

Dann ertönte ein Brüllen – und ein unbekanntes Tier stürmte auf sie zu.

Zatim se začula rika - i nepoznata zvijer jurnula je prema njima.

Es war Buck, eine aufbrausende Furie, ein lebendiger Sturm der Rache.

Bio je to Buck; bijes u pokretu; živa oluja osvete.

Wahnsinnig vor Tötungsdrang stürzte er sich mitten unter sie.

Bacio se među njih, lud od potrebe da ubije.

Er sprang auf den ersten Mann, den Yeehat-Häuptling, und traf zielsicher.

Skočio je na prvog čovjeka, poglavicu Yeehata, i pogodio je u pravu točku.

Seine Kehle war aufgerissen und Blut spritzte in einem Strom.

Grlo mu je bilo rasporeno, a krv je šikljala u mlazu.

Buck blieb nicht stehen, sondern riss dem nächsten Mann mit einem Sprung die Kehle durch.

Buck se nije zaustavio, već je jednim skokom prerezao grkljan sljedećem čovjeku.

Er war nicht aufzuhalten – er riss, schlug und machte nie eine Pause, um sich auszuruhen.

Bio je nezaustavljiv - kidao je, sjekao, nikad se nije zaustavljao da se odmori.

Er schoss und sprang so schnell, dass ihre Pfeile ihn nicht treffen konnten.

Skočio je i trzao tako brzo da ga njihove strijele nisu mogle dotaknuti.

Die Yeehats waren in ihrer eigenen Panik und Verwirrung gefangen.

Yeehati su bili uhvaćeni u vlastitoj panici i zbunjenosti.

Ihre Pfeile verfehlten Buck und trafen stattdessen einander.

Njihove su strijele promašile Bucka i umjesto toga pogodile jedna drugu.

Ein Jugendlicher warf einen Speer nach Buck und traf einen anderen Mann.

Jedan mladić bacio je koplje na Bucka i pogodio drugog čovjeka.

Der Speer durchbohrte seine Brust und die Spitze durchbohrte seinen Rücken.

Koplje mu je probilo prsa, a vrh mu je probio leđa.

Die Yeehats wurden von Panik erfasst und zogen sich umgehend zurück.

Teror je obuzeo Yeehatse i oni su se počeli potpuno povlačiti.

Sie schrien vor dem bösen Geist und flohen in die Schatten des Waldes.

Vrištali su od Zlog Duha i pobjegli u šumske sjene.

Buck war wirklich wie ein Dämon, als er die Yeehats jagte.

Uistinu, Buck je bio poput demona dok je progonio Yeehatse.

Er raste hinter ihnen durch den Wald her und erlegte sie wie Rehe.

Jurnuo je za njima kroz šumu, obarajući ih poput jelena.

Für die verängstigten Yeehats wurde es ein Tag des Schicksals und des Terrors.

To je postao dan sudbine i terora za prestrašene Yeehate.

Sie zerstreuten sich über das Land und flohen in alle Richtungen.

Razbježali su se po zemlji, bježeći daleko u svim smjerovima.

Eine ganze Woche verging, bevor sich die letzten Überlebenden in einem Tal trafen.

Prošao je cijeli tjedan prije nego što su se posljednji preživjeli sreli u dolini.

Erst dann zählten sie ihre Verluste und sprachen über das Geschehene.

Tek tada su prebrojali svoje gubitke i govorili o tome što se dogodilo.

Nachdem Buck die Jagd satt hatte, kehrte er zum zerstörten Lager zurück.

Buck se, nakon što se umorio od potjere, vratio u razoreni logor.

Er fand Pete, noch in seine Decken gehüllt, getötet beim ersten Angriff.

Pronašao je Petea, još uvijek u pokrivačima, ubijenog u prvom napadu.

Spuren von Thorntons letztem Kampf waren im Dreck in der Nähe zu sehen.

Znakovi Thorntonove posljednje borbe bili su vidljivi u obližnjoj zemlji.

Buck folgte jeder Spur und erschnüffelte jede Markierung bis zum letzten Punkt.

Buck je pratio svaki trag, njuškajući svaki znak do konačne točke.

Am Rand eines tiefen Teichs fand er den treuen Skeet, der still dalag.

Na rubu dubokog bazena pronašao je vjernog Skeeta kako mirno leži.

Skeets Kopf und Vorderpfoten lagen regungslos im Wasser, er lag tot da.

Skeetova glava i prednje šape bile su u vodi, nepomične u smrti.

Der Teich war schlammig und durch das Abwasser aus den Schleusenkästen verunreinigt.

Bazen je bio blatnjav i zaprljan otpadnim vodama iz odvodnih kutija.

Seine trübe Oberfläche verbarg, was darunter lag, aber Buck kannte die Wahrheit.

Njegova oblačna površina skrivala je ono što se krije ispod, ali Buck je znao istinu.

Er folgte Thorntons Spur bis in den Pool – doch die Spur führte nirgendwo anders hin.

Pratio je Thorntonov miris u bazen - ali miris ga nije vodio nikamo drugdje.

Es gab keinen Geruch, der hinausführte – nur die Stille des tiefen Wassers.

Nije se širio nikakav miris - samo tišina duboke vode.

Den ganzen Tag blieb Buck in der Nähe des Teichs und ging voller Trauer im Lager auf und ab.

Cijeli dan Buck je ostao blizu bazena, tužno koračajući po logoru.

Er wanderte ruhelos umher oder saß regungslos da, in tiefe Gedanken versunken.

Nemirno je lutao ili sjedio u tišini, izgubljen u teškim mislima.

Er kannte den Tod, das Ende des Lebens, das Verschwinden aller Bewegung.

Poznavao je smrt; kraj života; nestanak svakog kretanja.

Er verstand, dass John Thornton weg war und nie wieder zurückkehren würde.

Shvatio je da je John Thornton otišao i da se nikada neće vratiti.

Der Verlust hinterließ eine Leere in ihm, die wie Hunger pochte.

Gubitak je u njemu ostavio prazninu koja je pulsirala poput gladi.

Doch dieser Hunger konnte durch Essen nicht gestillt werden, egal, wie viel er aß.

Ali to je bila glad koju hrana nije mogla utažiti, bez obzira koliko je jeo.

Manchmal, wenn er die toten Yeehats ansah, ließ der Schmerz nach.

Ponekad, dok je gledao mrtve Yeehate, bol bi izblijedjela.

Und dann stieg ein seltsamer Stolz in ihm auf, wild und vollkommen.

A onda se u njemu pojavio čudan ponos, žestok i potpun.

Er hatte den Menschen getötet, das höchste und gefährlichste Wild von allen.

Ubio je čovjeka, što je bila najviša i najopasnija divljač od svih.

Er hatte unter Missachtung des alten Gesetzes von Keule und Reißzahn getötet.

Ubio je prkoseći drevnom zakonu toljage i očnjaka.

Buck schnüffelte neugierig und nachdenklich an ihren leblosen Körpern.

Buck je znatiželjno i zamišljeno njušio njihova beživotna tijela.

Sie waren so leicht gestorben – viel leichter als ein Husky in einem Kampf.

Umrli su tako lako - puno lakše nego haski u borbi.

Ohne ihre Waffen waren sie weder wirklich stark noch stellten sie eine Bedrohung dar.

Bez oružja, nisu imali istinsku snagu ni prijetnju.

Buck würde sie nie wieder fürchten, es sei denn, sie wären bewaffnet.

Buck ih se više nikada neće bojati, osim ako ne budu naoružani.

Nur wenn sie Keulen, Speere oder Pfeile trugen, war er vorsichtig.

Samo kad bi nosili toljage, koplja ili strijele, bio bi oprezan.

Die Nacht brach herein und ein Vollmond stieg hoch über die Baumwipfel.

Pala je noć, a pun mjesec se uzdigao visoko iznad vrhova drveća.

Das blasse Licht des Mondes tauchte das Land in einen sanften, geisterhaften Schein wie am Tag.

Blijeda mjesečeva svjetlost obasjavala je zemlju blagim, sablasnim sjajem poput dana.

Als die Nacht hereinbrach, trauerte Buck noch immer am stillen Teich.

Dok je noć postajala sve dublja, Buck je i dalje tugovao uz tihi bazen.

Dann bemerkte er eine andere Regung im Wald.

Tada je postao svjestan drugačijeg komešanja u šumi.

Die Aufregung kam nicht von den Yeehats, sondern von etwas Älterem und Tieferem.

Uzbuđenje nije dolazilo od Yeehatsa, već od nečeg starijeg i dubljeg.

Er stand auf, spitzte die Ohren und prüfte vorsichtig mit der Nase die Brise.

Ustao je, podigao uši, pažljivo provjeravajući povjetarac nosom.

Aus der Ferne ertönte ein schwacher, scharfer Aufschrei, der die Stille durchbrach.

Iz daljine se začuo slab, oštar krik koji je probio tišinu.

Dann folgte dicht auf den ersten ein Chor ähnlicher Schreie.

Zatim se odmah iza prvog začuo zbor sličnih krikova.

Das Geräusch kam näher und wurde mit jedem Augenblick lauter.

Zvuk se približavao, postajao je sve glasniji sa svakim trenutkom.

Buck kannte diesen Schrei – er kam aus dieser anderen Welt in seiner Erinnerung.

Buck je poznavao ovaj krik - dolazio je iz onog drugog svijeta u njegovom sjećanju.

Er ging in die Mitte des offenen Platzes und lauschte aufmerksam.

Hodao je do središta otvorenog prostora i pažljivo slušao.

Der Ruf ertönte vielstimmig und kraftvoller denn je.

Poziv se začuo, mnogoglasan i snažniji nego ikad.

Und jetzt war Buck mehr denn je bereit, seiner Berufung zu folgen.

I sada, više nego ikad prije, Buck je bio spreman odazvati se svom pozivu.

John Thornton war tot und hatte keine Bindung mehr an die Menschheit.

John Thornton je bio mrtav i u njemu nije ostala nikakva veza s čovjekom.

Der Mensch und alle menschlichen Ansprüche waren verschwunden – er war endlich frei.

Čovjek i svi ljudski zahtjevi su nestali - napokon je bio slobodan.

Das Wolfsrudel jagte Fleisch, wie es einst die Yeehats getan hatten.

Čopor vukova je jurio meso kao što su to nekad činili Yeehatsi.

Sie waren Elchen aus den Waldgebieten gefolgt.

Pratili su losove iz šumovitih krajeva.

Nun überquerten sie, wild und hungrig nach Beute, sein Tal.

Sada, divlji i gladni plijena, prešli su u njegovu dolinu.

Sie kamen auf die mondbeschienene Lichtung und flossen wie silbernes Wasser.

Ušli su na mjesečinom obasjanu čistinu, tekući poput srebrne vode.

Buck stand regungslos in der Mitte und wartete auf sie.

Buck je stajao nepomično u sredini i čekao ih.

Seine ruhige, große Präsenz versetzte das Rudel in Erstaunen und ließ es kurz verstummen.

Njegova mirna, velika prisutnost zapanjila je čopor u kratku tišinu.

Dann sprang der kühnste Wolf ohne zu zögern direkt auf ihn zu.

Tada je najhrabriji vuk bez oklijevanja skočio ravno na njega.

Buck schlug schnell zu und brach dem Wolf mit einem einzigen Schlag das Genick.

Buck je brzo udario i slomio vuku vrat jednim udarcem.

Er stand wieder regungslos da, während der sterbende Wolf sich hinter ihm wand.

Ponovno je nepomično stajao dok se umirući vuk izvijao iza njega.

Drei weitere Wölfe griffen schnell nacheinander an.

Još tri vuka su brzo napala, jedan za drugim.

Jeder von ihnen zog sich blutend zurück, die Kehle oder die Schultern waren aufgeschlitzt.

Svaki se povlačio krvareći, s prerezanim grlima ili ramenima.

Das reichte aus, um das ganze Rudel zu einem wilden Angriff zu provozieren.

To je bilo dovoljno da cijeli čopor pokrene na divlji juriš.

Sie stürmten gemeinsam hinein, waren zu eifrig und zu dicht gedrängt, um einen guten Schlag zu erzielen.

Jurnuli su zajedno, previše nestrpljivi i nagurani da bi dobro udarili.

Dank seiner Schnelligkeit und Geschicklichkeit war Buck in der Lage, dem Angriff immer einen Schritt voraus zu sein.

Buckova brzina i vještina omogućili su mu da ostane ispred napada.

Er drehte sich auf seinen Hinterbeinen und schnappte und schlug in alle Richtungen.

Vrtio se na stražnjim nogama, škljocajući i udarajući u svim smjerovima.

Für die Wölfe schien es, als ob seine Verteidigung nie geöffnet oder ins Wanken geraten wäre.

Vukovima se činilo kao da se njegova obrana nikada nije otvorila niti posustala.

Er drehte sich um und schlug so schnell zu, dass sie nicht hinter ihn gelangen konnten.

Okrenuo se i zamahnuo tako brzo da mu nisu mogli doći iza leđa.

Dennoch zwang ihn ihre Übermacht zum Nachgeben und Zurückweichen.

Unatoč tome, njihov broj ga je prisilio da odustane i povuče se.

Er ging am Teich vorbei und hinunter in das steinige Bachbett.

Prošao je pored bazena i spustio se u kamenito korito potoka.

Dort stieß er auf eine steile Böschung aus Kies und Erde.

Tamo je naišao na strmu obalu od šljunka i zemlje.

Er ist bei den alten Grabungen der Bergleute in einen Eckeinschnitt geraten.

Ušao je u kutni zasječen tijekom starog kopanja rudara.

Jetzt war Buck von drei Seiten geschützt und stand nur noch dem vorderen Wolf gegenüber.

Sada, zaštićen s tri strane, Buck se suočavao samo s prednjim vukom.

Dort stand er in der Enge, bereit für die nächste Angriffswelle.

Tamo je stajao u zaljevu, spreman za sljedeći val napada.

Buck blieb so hartnäckig standhaft, dass die Wölfe zurückwichen.

Buck je tako žestoko držao svoj položaj da su se vukovi povukli.

Nach einer halben Stunde waren sie erschöpft und sichtlich besiegt.

Nakon pola sata bili su iscrpljeni i vidno poraženi.

Ihre Zungen hingen heraus, ihre weißen Reißzähne glänzten im Mondlicht.

Jezici su im visjeli, a bijeli očnjaci su im sjali na mjesečini.

Einige Wölfe legten sich mit erhobenem Kopf hin und spitzten die Ohren in Richtung Buck.

Neki vukovi su legli, podignutih glava, naćuljenih ušiju prema Bucku.

Andere standen still, waren wachsam und beobachteten jede seiner Bewegungen.

Drugi su stajali mirno, budni i pratili svaki njegov pokret.

Einige gingen zum Pool und schlürften kaltes Wasser.

Nekoliko ih je otišlo do bazena i pilo hladnu vodu.

Dann schlich ein großer, schlanker grauer Wolf sanft heran.

Zatim se jedan dugi, mršavi sivi vuk nježno prišuljao naprijed.

Buck erkannte ihn – es war der wilde Bruder von vorhin.

Buck ga je prepoznao - bio je to onaj divlji brat od prije.

Der graue Wolf winselte leise und Buck antwortete mit einem Winseln.

Sivi vuk je tiho cvilio, a Buck je odgovorio cvilenjem.

Sie berührten ihre Nasen, leise und ohne Drohung oder Angst.

Dodirnuli su se nosovima, tiho i bez prijetnje ili straha.

Als nächstes kam ein älterer Wolf, hager und von vielen Kämpfen gezeichnet.

Zatim je došao stariji vuk, mršav i izbrazdane ožiljcima od mnogih bitaka.

Buck wollte knurren, hielt aber inne und schnüffelte an der Nase des alten Wolfes.

Buck je počeo režati, ali je zastao i ponjušio nos starog vuka.

Der Alte setzte sich, hob die Nase und heulte den Mond an.

Starac je sjeo, podigao nos i zavijao na mjesec.

Der Rest des Rudels setzte sich und stimmte in das langgezogene Heulen ein.

Ostatak čopora sjeo je i pridružio se dugom zavijanju.

Und nun ertönte der Ruf an Buck, unmissverständlich und stark.

I sada je Bucku stigao poziv, nepogrešiv i snažan.

Er setzte sich, hob den Kopf und heulte mit den anderen.

Sjeo je, podigao glavu i zavijao s ostalima.

Als das Heulen aufhörte, trat Buck aus seinem felsigen Unterschlupf.

Kad je zavijanje prestalo, Buck je izašao iz svog kamenitog skloništa.

Das Rudel umringte ihn und beschnüffelte ihn zugleich freundlich und vorsichtig.

Čopor se okružio oko njega, njuškajući istovremeno ljubazno i oprezno.

Dann stießen die Anführer einen lauten Schrei aus und rannten in den Wald.

Tada su vođe kriknule i odjurile u šumu.

Die anderen Wölfe folgten und jaulten im Chor, wild und schnell in der Nacht.

Ostali vukovi su ih slijedili, lajući u zboru, divlje i brzo u noći.

Buck rannte mit ihnen, neben seinem wilden Bruder her, und heulte dabei.

Buck je trčao s njima, uz svog divljeg brata, zavijajući dok je trčao.

Hier geht die Geschichte von Buck gut zu Ende.

Ovdje priča o Bucku dobro dolazi do svog kraja.

In den folgenden Jahren bemerkten die Yeehats seltsame Wölfe.

U godinama koje su uslijedile, Yeehati su primijetili čudne vukove.

Einige hatten braune Flecken auf Kopf und Schnauze und weiße Flecken auf der Brust.

Neki su imali smeđu boju na glavi i njušci, bijelu na prsima.

Doch noch mehr fürchteten sie sich vor einer geisterhaften Gestalt unter den Wölfen.

Ali još više su se bojali sablasne figure među vukovima.

Sie sprachen flüsternd vom Geisterhund, dem Anführer des Rudels.

Šapatom su govorili o Psu Duhu, vođi čopora.

Dieser Geisterhund war schlauer als der kühnste Yeehat-Jäger.

Ovaj Pas Duh bio je lukaviji od najsmjelijeg lovca Yeehata.

Der Geisterhund stahl im tiefsten Winter aus Lagern und riss ihre Fallen auseinander.

Pas duh krao je iz logora usred duboke zime i rastrgao im zamke.

Der Geisterhund tötete ihre Hunde und entkam ihren Pfeilen spurlos.

Pas duh ubio je njihove pse i izbjegao njihove strijele bez traga.

Sogar ihre tapfersten Krieger hatten Angst, diesem wilden Geist gegenüberzutreten.

Čak su se i njihovi najhrabriji ratnici bojali suočiti s ovim divljim duhom.

Nein, die Geschichte wird im Laufe der Jahre in der Wildnis immer düsterer.

Ne, priča postaje još mračnija, kako godine prolaze u divljini.

Manche Jäger verschwinden und kehren nie in ihre entfernten Lager zurück.

Neki lovci nestanu i nikada se ne vrate u svoje udaljene logore.

Andere werden mit aufgerissener Kehle erschlagen im Schnee gefunden.

Drugi su pronađeni s razderanim grlima, ubijeni u snijegu.

Um ihren Körper herum sind Spuren – größer als sie ein Wolf hinterlassen könnte.

Oko njihovih tijela su tragovi - veći od onih koje bi mogao napraviti bilo koji vuk.

Jeden Herbst folgen die Yeehats der Spur des Elchs.

Svake jeseni, Yeehati prate trag losa.

Aber ein Tal meiden sie, weil ihnen die Angst tief im Herzen eingegraben ist.

Ali jednu dolinu izbjegavaju sa strahom urezanim duboko u njihova srca.

Man sagt, dass der böse Geist dieses Tal als seine Heimat ausgewählt hat.

Kažu da je dolinu odabrao Zli Duh za svoj dom.

Und wenn die Geschichte erzählt wird, weinen einige Frauen am Feuer.

I kad se priča ispriča, neke žene plaču pokraj vatre.

Aber im Sommer kommt ein Besucher in dieses ruhige, heilige Tal.

Ali ljeti, jedan posjetitelj dolazi u tu tihu, svetu dolinu.

Die Yeehats wissen nichts von ihm und können es auch nicht verstehen.

Yeehati ga ne poznaju, niti bi ga mogli razumjeti.

Der Wolf ist großartig und mit einer Pracht überzogen wie kein anderer seiner Art.

Vuk je velik, odjeven u slavu, kao nijedan drugi u svojoj vrsti.

Er allein überquert den grünen Wald und betritt die Waldlichtung.

On sam prelazi preko zelene šume i ulazi na šumsku čistinu.

Dort sickert goldener Staub aus Elchhautsäcken in den Boden.

Tamo se zlatna prašina iz vreća od losove kože probija u tlo.

Gras und alte Blätter haben das Gelb vor der Sonne verborgen.

Trava i staro lišće sakrili su žutu boju od sunca.

Hier steht der Wolf still, denkt nach und erinnert sich.

Ovdje vuk stoji u tišini, razmišlja i sjeća se.

Er heult einmal – lang und traurig – bevor er sich zum Gehen umdreht.

Zavija jednom - dugo i žalosno - prije nego što se okrene da ode.

Doch er ist nicht immer allein im Land der Kälte und des Schnees.

Ipak, nije uvijek sam u zemlji hladnoće i snijega.

Wenn lange Winternächte über die tiefer gelegenen Täler hereinbrechen.

Kad se duge zimske noći spuste na niže doline.

Wenn die Wölfe dem Wild durch Mondlicht und Frost folgen.

Kad vukovi prate divljač kroz mjesečinu i mraz.

Dann rennt er mit großen, wilden Sprüngen an der Spitze des Rudels entlang.

Zatim trči na čelu čopora, skačući visoko i divlje.

Seine Gestalt überragt die anderen, aus seiner Kehle erklingt Gesang.

Njegov oblik nadvisuje ostale, grlo mu je živo od pjesme.

Es ist das Lied der jüngeren Welt, die Stimme des Rudels.

To je pjesma mlađeg svijeta, glas čopora.

Er singt, während er rennt – stark, frei und für immer wild.

Pjeva dok trči - snažan, slobodan i zauvijek divlji.